JISHUXING HE LVSE MAOYI BILEI
FALV WENTI YANJIU

麓学库
岳法文 | 七

技术性和绿色贸易壁垒法律问题研究
——以纺织品和服装贸易易为中心

聂资鲁 等/著

■ 湖南大学法学重点学科资助
■ 获国家社科基金资助（05BFX055）
■ 法治湖南建设与区域社会治理协同创新
　中心平台建设阶段性成果

嶽麓书院

惟楚有材

於斯為盛

中国检察出版社

图书在版编目（CIP）数据

技术性和绿色贸易壁垒法律问题研究：以纺织品和服装贸易为中心/聂资鲁等著. —北京：中国检察出版社，2016.11
ISBN 978 – 7 – 5102 – 1474 – 5

Ⅰ. ①技…　Ⅱ. ①聂…　Ⅲ. ①贸易壁垒 – 贸易法 – 研究
Ⅳ. ①D996.1 ②F742

中国版本图书馆 CIP 数据核字（2015）第 188968 号

技术性和绿色贸易壁垒法律问题研究

聂资鲁　等著

出版发行：	中国检察出版社
社　　址：	北京市石景山区香山南路 111 号（100144）
网　　址：	中国检察出版社（www.zgjccbs.com）
编辑电话：	(010) 68650028
发行电话：	(010) 88954291　88953175　68686531
经　　销：	新华书店
印　　刷：	河北省三河市燕山印刷有限公司
开　　本：	A5
印　　张：	10.875 印张
字　　数：	298 千字
版　　次：	2016 年 11 月第一版　2016 年 11 月第一次印刷
书　　号：	ISBN 978 – 7 – 5102 – 1474 – 5
定　　价：	28.00 元

跨越纺织品绿色贸易壁垒的法律对策[*]

（代序）

　　近年来，随着经济全球化进程的加速和国际贸易的快速发展，各国间的贸易竞争达到了白热化的程度。技术性贸易壁垒，尤其是绿色贸易壁垒，也日益成为国际贸易发展的主要关卡和障碍。由于在技术、环保水平和经济发展水平等方面存在差异，对于发展中国家来说，发达国家设置的绿色贸易壁垒是一道不易跨越的贸易障碍。因而，就实质而言，绿色贸易壁垒是发达国家利用技术优势限制来自发展中国家商品的贸易保护措施。但我们必须清醒地意识到，既然绿色贸易壁垒是合乎国际法原则和 WTO 规则的贸易措施，发展中国家就应该主动迎接挑战，研究相关规则，努力跨越绿色贸易壁垒。

　　当前，纺织品面临的绿色贸易壁垒主要有：生态纺织品标准（包括国际生态纺织品标准 Oeko – Tex Standard 100）、绿色标志以及绿色技术法规等。

　　由于生态纺织品代表了全球消费和生产的新潮流，Oeko – Tex Standard 100 已成为全世界生态纺织品生产和流通的绿色通行证。因而在这样的背景下，探究跨越生态纺织品标准这样一种新型"绿色贸易壁垒"之策，意义极其重大。

　　Oeko – Tex Standard 100 由国际纺织生态学研究测试协会（Oeko – Tex）负责制定和修订。该标准自 1992 年问世以来，每年修

---

　　*　本文已在《光明日报》2011 年 10 月 3 日发表，作者为聂资鲁、蔡岱松。

订，已成为全球影响最大和最为权威的有关生态纺织品技术标准。

Oeko - Tex Standard 100 以限制纺织品最终产品的有害化学物质为目的，强调产品本身的生态安全性。标准涉及到的有害物质限量或项目考核主要是：pH 值、甲醛、致敏染料、致癌染料、重金属、杀虫剂、邻苯二甲酸酯、色牢度、挥发性、气味测试等。纺织品如经测试，符合标准中所规定的条件，厂家可获得授权在产品上悬挂 Oeko - Tex Standard 100 注册标签。证书的有效期为 1 年，期满后可以申请续期。Oeko - Tex Standard 100 的优点主要体现在它实行公开自愿的申请原则，这符合 WTO 的非歧视性、透明性、公开性贸易原则。

Oeko - Tex Standard 100 是一把双刃剑。它的实施有利于促进各国提高技术水平和产品质量，促进国际贸易的有序和可持续发展，有益于人类的健康和环境的安全；但也极易成为发展中国家的贸易障碍，导致其纺织品成本提高，市场竞争力下降。

目前，我国的纺织品标准主要有：GB 18401 - 2010《国家纺织产品基本安全技术规范》、GB/T 18885 - 2009《生态纺织品技术要求》、HJDZ 30 - 2000《生态纺织品》等，在认证与评定方面主要有 CQC 生态纺织品类产品认证和生态纺织品产品安全认证标志。这些纺织品标准和认证，对于规范和指导中国纺织品的生产和贸易，保护人民健康和生态环境是极其重要的。但也应该看到，我国的纺织品绿色标准体系建设仍滞后于国际贸易的要求，主要表现在：（1）标准的制定没有考虑纺织品的性能及应用中的实际需要；（2）标准的审查、修订工作滞后、周期长；（3）生态纺织品标准的总体水平不高，安全和环保方面的标准较少；（4）生态纺织品标准的法律地位和效率不确定，透明度不高；（5）对国际标准采纳度不够；（6）生态纺织品标准的协调性差，不统一，亟待清理。理论界与实践部门研究的缺乏，是我们敢于面对挑战，知难而上的研究动因，也是本书研究的逻辑起点。

技术标准是保证产品质量的前提。在现有的法律框架下，完善我国生态纺织品技术标准体系，对提高我国纺织品生态质量水平，增强国际市场竞争能力，对打破国外技术贸易壁垒具有重要的意义。我们认为，根据 WTO/TBT 协定，从以下几方面完善生态纺织品技术标准及法规，以建立我国自己的纺织品生态保障机制和纺织品绿色贸易保护体系：一是清理现有的纺织品标准与法规，参照 Oeko－Tex Standard 100 的每年修订版，并以之为基准制定或修订我国生态纺织品强制性标准；二是完善纺织品技术标准的制定、修订体制，使之与国际接轨；三是加强与国际有关生态检测研究机构的交流，达到互认，尽快制定我国统一、规范、与国际接轨的检验方法及标准，并将其列为强制性检验；四是积极参加国际标准化活动，使我国的纺织品与服装行业从采用生态纺织品国际标准，逐步变成国际标准的引领者。

域外经验告诉我们，开展生态纺织品认证是跨越纺织品绿色贸易壁垒较为有效的措施。因而，我们应积极推行生态纺织品国际标准与认证制度，以带动产品质量的提高，从而突破绿色贸易壁垒。

一是促进生态纺织品国际互认以提升产品质量。一个国家的认证、认可工作若不遵守国际规则，其认证结果就得不到国际的承认。为此，要加强纺织品合格评定能力建设，开展国际互认，提升我国纺织品合格评定机构的国际影响力。

二是改革和完善生态纺织品认证制度。2009 年，我国出台了《强制性产品认证管理规定》，对涉及人民健康和安全、环境保护、公共安全的纺织品实行强制认证制度。然而却缺失自愿性产品认证制度。因此，应加紧制定《自愿性产品认证管理规定》，明确纺织品自愿性认证所应遵守的基本规则，对生态纺织品技术标准认证的适用对象、申请条件、审查标准和程序、管理机构、争议解决、法律责任等作出规定；并制定具体实施办法，保证其实施。

三是加强对认证机构的监管。目前，纺织品认证机构有官方机构，有外国认证分支机构，还有民间机构，资质参差不齐。对此，应以国际标准为基础制定和完善认证管理规则，加强监管。

四是加强与其他国家的交流合作。在国际性条约制定、修改谈判中，阻止一切乱设绿色贸易壁垒进行贸易保护主义的企图，以维护国家利益。

目　　录

绪　　论

随着经济全球化和贸易自由化的发展，关税壁垒的作用正逐步减弱。但一些发达国家在享受贸易自由化带来的便利的同时，却凭借其科技、管理和立法等方面的优势，不断设置技术性和绿色贸易壁垒，对国际贸易产生了巨大的影响。

近年来，技术性和绿色贸易壁垒已成为制约我国出口的最大障碍。"2014 年，我国出口企业应对国外技术壁垒形势严峻，许多国家在技术法规、标准、合格评定程序和检验检疫要求等技术层面实施的保护措施呈现越来越频繁、技术要求越来越苛刻的趋势。据统计，全国约 23.9％的出口企业受到国外技术性贸易措施的影响，因退货、销毁、扣留、取消订单等直接损失达 685 亿美元，技术性贸易壁垒已经超过反倾销，成为影响我国出口的第一大非关税壁垒。"①

中国纺织品和服装业所具有的规模大、成本与技术含量低等特点使其成为遭受国外技术性和绿色贸易壁垒限制的典型代表。为此，我们选择以纺织品和服装业为中心进行深度研究。

一、选题意义和价值

（一）本书的研究极具理论意义和实践意义

1. 有助于推动技术性和绿色贸易壁垒法律问题的进一步研究，从而更好地维护国家的经济安全，实施标准战略。入世后，技术性和绿色贸易壁垒成为我国贸易出口的最大障碍。根据不完全统计与

---

① 《盘点 2014 年十大技术性贸易壁垒热点》，载 http：//tbt. testrust. com/ne ws/detail/16200. html，访问时间：2015 年 3 月 3 日。

测算，它对我国出口直接和潜在的影响，每年超过 450 亿美元。[①]所以，建立既符合 WTO 规则，又能有效、合理地保护我国纺织品与服装产业以及维护国家经济安全的技术性和绿色贸易法律体系刻不容缓。

2. 有助于解决国民经济、人民健康和社会发展急需的重大法律问题。若能以纺织品和服装业为突破口，着力研究其所面临的新的法律环境，并制定和完善新的技术和绿色标准，定能促进国际贸易的发展。

3. 把国际法、世界贸易组织法、环境法、国际贸易等学科融为一体，既促成多学科的结合，又使研究方法更加多元，因此，本研究具有拓宽法学理论研究视野的理论意义。如课题组从多学科的角度透视世贸组织的法律框架中我国所面临的技术性和绿色贸易壁垒法律新问题，并结合这些研究探求我国现有外贸法制体系存在的弊端和应对措施。

（二）价值

本书通过从纺织品与服装行业的角度切入，全方位、多角度透视技术性和绿色贸易壁垒法律问题，旨在为学术界的精细化研究提供新的思路，为政府部门的有效决策、为行业的有效应对提供法理依据。它不仅能为我国应对国外技术性和绿色贸易壁垒提供前瞻性、方向性的指导，又能为构建新型、合理的我国技术性和绿色贸易壁垒法律体系奠定基础，还将对提高我国技术和绿色贸易壁垒法律问题研究的整体水平起到推动作用。

二、本书研究的主要内容与基本思路

（一）主要内容

技术性贸易壁垒（Technical Barriers to Trade，TBT）是 GATT

---

① 张桂红、陈兵：《技术性贸易壁垒给我国企业出口带来的困境及其应对措施》，载《河北法学》2004 年第 4 期。

- WTO 对主要缔约国标准化工作的规定，它规定缔约国实施其之目的是维护国家安全，防止欺诈行为，保护人类和动植物的健康与安全，保护环境。但它也给许多国家，尤其是发达国家的技术性贸易壁垒的设置提供了机会。美国、日本以及欧盟一些发达国家以保护人类健康和环境为由制定了名目繁多的环保法规和措施，成为新贸易壁垒。发达国家依靠自己先进的技术水平，以保护健康与环境的名义，通过立法手段，为他们的产品进入国际市场铺平道路，同时又限制和阻止了外国产品进入本国。

这种新贸易壁垒对我国纺织品和服装的出口障碍主要表现在：发达国家通过出台"健康与安全"性质的技术法规、绿色生态标签、绿色生态标准，以及规定需要通过绿色认证作为前置条件等，设置贸易门槛，阻挡中国纺织品与服装的进口。

为此，有必要针对我国纺织品与服装的外贸实践，从法理的角度，深入剖析美、日、欧盟等发达国家具体实施 TBT 协议以及建构其技术性和绿色贸易壁垒的策略与技巧，为制定科学的应对策略和措施提供研究资料和理论指导，以期更好地运用 WTO 的规则，充分享受应有的权利和合理地履行应尽的义务；同时，将以上的理论研究成果应用到中国技术性和绿色贸易壁垒体系的完善中去，对中国的外贸法制建设提出一些对策和建议。

（二）基本思路

本书将从如下几个层面来开展我们的研究：

第一，探析与纺织品有关的 WTO 协议、国际生态规范的内容与立法精神，主要进行文本研究。

第二，考察我国纺织品技术标准与国际生态规范接轨的途径、方法与步骤，论证与国际生态规范接轨是完善中国外贸法制的必然要求。

第三，从法律的视角剖析中国主要贸易伙伴，如美国、欧盟和日本的技术性和绿色贸易壁垒体系。

第四，通过探讨 WTO 有关协议、国际规范与中国外贸法制的完善，分专题进行研究，如 WTO 有关协议、国际规范对中国对外贸易，尤其是纺织品和服装贸易的影响，政府部门应对外国技术性和绿色贸易壁垒可采取的法律对策，纺织品和服装业和商会应对外国技术性和绿色贸易壁垒可采取的法律对策，律师在应对技术性和绿色贸易壁垒中的作用等进而研究如何加强国内立法、健全法律制度的问题。

第一编

纺织品技术性和绿色贸易壁垒相关法律问题研究

第一章　技术性和绿色贸易
壁垒法律问题概述

第一节　技术性贸易壁垒法律问题概述

　　世界贸易组织《技术性贸易壁垒协议》规定，技术性贸易壁垒（Technical Barriers to Trade，TBT），是指一国或区域组织以维护其基本安全、保障人类及动植物的生命及健康和安全、保护生态环境、防止欺诈行为、保证产品质量等为由而采取的技术法规、标准、合格评定程序等种种强制性或非强制性的技术性限制措施。这些措施对其他国家或区域组织的商品、服务和投资进入该国或该区域市场将造成影响，甚至是难以逾越的障碍。

　　TBT 是非关税壁垒的重要组成部分。它有狭义和广义之分。狭义的 TBT 主要是指世界贸易组织《技术性贸易壁垒协议》（以下简称 TBT 协议）规定的技术法规、标准和合格评定程序；广义的 TBT 还包括动植物及其产品的检验和检疫措施（SPS）、包装和标签及标志要求、绿色壁垒、信息技术壁垒等，它们也常常以技术法规、标准和合格评定程序的形式出现。

一、立法背景

　　TBT 的产生有其深刻的社会和技术背景。

　　随着经济的发展和人们消费水平的提高，产品质量越来越受人们关注。为此，各国都制定了技术标准，建立了产品质量认证制度，进而扩展到安全认证。但各国在强调发展经济的同时，却对环境保护重视不够，导致环境不断恶化，人类的健康和生存受到威胁。为了保护健康与环境，各国纷纷采取技术性措施。这些措施的实施对贸易的发展造成了重要影响。

由于技术和经济发展水平的不同，各国制定和实施的 TBT 差别亦很大。一些欧共体成员国较早地认识到技术性贸易壁垒对成员国间贸易产生的不利影响。1969 年，欧共体制定了《消除商品贸易中技术性壁垒的一般性纲领》，首次提出在国际贸易中限制技术性贸易壁垒的贸易规则。之后，在美国的提议下，GATT 在 1970 年正式成立制定标准和合格评定工作组，1975 年至 1979 年由 GATT 主持，在东京回合中开始进行谈判，于 1979 年正式签署了《关贸总协定—贸易技术壁垒协定》（GATT－TBT 协议），1980 年 1 月 1 日生效，在乌拉圭回合中又于 1991 年重新修订，1994 年在马拉略什正式签署生效。

二、基本内容

TBT 协议分为正文和附则两大部分，正文包括总则，技术法规和标准，符合技术法规和标准，情报和援助，机构、磋商和争端解决，最后条款六个方面的规定，共十五条。三个附件分别是附件 I 本协议术语及其定义，附件 II 技术专家组，附件 III 关于标准的制定、采用和实施的良好行为规范。为了实现上述原则，TBT 协议在技术法规、标准的划分和界定，法规、标准的统一，信息的交流和公开以及约束机制等方面较之东京回合的 TBT 协议有了重要改善和变动，具备了更强的可操作性，更加有利于上述原则的实现。

TBT 协议包括三个基本要素，即技术法规、技术标准与合格评定程序。协议对"技术标准""技术法规""合格评定程序"等概念的内涵进行了明确的界定。明晰的界定使实施协议便于操作。

（一）技术法规

技术法规的定义是指规定产品特性或与其有关的工艺和生产方法，包括适用的管理规定并强制执行的文件；当它们用于产品工艺进程或生产方法时，技术法规也可包括仅仅涉及术语、符号、包装、标志或标签要求。

TBT 协议指出，技术法规对贸易的限制不得超过为实现合法目标所必需的限度。如果有关的情况或目标已不复存在，或改变的情况或目标可以采用对贸易限制较少的方式来加以处理，则不得维持此类技术法规；如果有关国际标准已经存在或即将拟就，则各成员国应使用这些标准或其中的相关部分作为其技术法规的基础，除非这些国际标准或其中的相关部分对达到其追求的合法目标无效或不适当，如基本气候因素或地理因素或基本技术问题。

（二）技术标准

技术标准则是指由公认的机构核准，供共同和反复使用的非强制性实施的文件，它为产品或有关的工艺过程的生产方法提供准则、指南或特性。当它们用于某种产品、工艺过程或生产方法时，标准也可以包括或仅仅涉及术语、符号、包装、标志或标签要求。

技术标准包括行业标准、国家标准和国际标准。根据 TBT 协议的规定，所有成员的标准化机构（无论是中央政府机构、地方政府机构，还是非政府机构或区域标准化机构）应保证不制定、不采用或不实施的目的或效果上给国际贸易制造不必要障碍的标准；如国际标准已经存在或即将拟就，标准化机构应使用这些标准或其中的相关部分作为其制定标准的基础。

（三）合格评定程序

合格评定程序是指任何直接或间接用以确定产品是否满足技术法规或标准要求的程序。合格评定程序包括：抽样、检验和检查；评估、验证和合格保证；注册、认可和批准；以及上述各项的组合。合格评定程序可分为认证、认可和相互承认三种形式。

1. 认证

认证指由授权机构出具的证明。认证又可分为产品认证和体系认证。

产品认证，主要是证明产品是否符合技术法规或标准。包括产品的安全认证和合格认证。安全认证是一种强制性认证。比如欧盟的 CE 安全认证；美国的 UL 安全认证；加拿大 CSA 安全认证等。产品的合格认证尤其是质量认证则是在自愿的基础上进行的。

体系认证，主要是确认生产或管理体系是否符合相关技术法规或标准。目前，通用的国际认证体系有：ISO9000 质量管理体系认证，ISO14000 环境管理体系认证；行业体系认证有：QS9000 汽车行业质量管理体系认证，TL9000 电信产品质量体系认证，还有OHSAS18001 职业安全卫生管理体系认证等。

2. 认可

认可指权威机构依据程序确认某一机构或个人具有从事特定任务或工作的能力。比如对产品认证机构的认可；对审核员或评审员的认可等。

3. 相互认证

相互认证指认证或认可机构之间通过签署相互承认协议，彼此承认认证或认可的结果。WTO/TBT 协议鼓励各成员就达成相互承认合格评定程序结果的协议进行谈判，并鼓励各成员以不低于本国或其他国家合格评定机构的条件，允许其他成员的合格评定机构参与其合格评定程序。

总之，技术法规、技术标准与合格评定程序三要素之间互相联系、互相作用、互相依存、各有侧重，形成一个不可分割的整体。综观主要贸易国家的 TBT，往往是三要素组合配套使用：对与人的安全、健康等密切相关的要求，选用强制性的技术法规；而对于一般技术指标和要求，则通过自愿性标准，给出多种可供选择的途径达到预期目标；相应的合格评定程序也有强制性和自愿性之分。[①]对国际贸易中的技术性贸易壁垒的统计表明，技术法规的壁垒作用最强、对贸易的影响最大，而合格评定程序次之，标准再次之。

---

① 林伟、王力舟：《解读关于技术性贸易壁垒认知的八大误区》，载 ht-tp：//www. caaa. cn/show/newsarticle. php？ ID＝3320，访问日期：2011 年 5 月27 日。

三、制定、采用和实施技术性措施的原则

一是无论技术法规、标准，还是合格评定程序的制定，都应以国际标准化机构制定的相应国际标准、规则或建议为基础；它们的制定、采纳和实施均不应给国际贸易造成不必要的障碍。

二是在涉及国家安全、防止欺诈行为、保护人类健康和安全、保护动植物生命和健康以及保护环境等情况下，允许各成员方实施与上述国际标准、规则或建议不尽一致的技术法规、标准和合格评定程序。

三是实现各国认证制度相互认可的前提，应以国际标准化机构颁布的有关规则或建议作为其制定合格评定程序的基础。此外还应就确认各出口成员方有关合格评定机构是否具有充分持久的技术管辖权，以便确信其合格评定结构是否持续可靠，以及接纳出口成员方指定机构所作合格评定结果的限度进行事先磋商。

四是在市场准入方面，TBT 协议要求实施最惠国待遇和国民待遇原则。

五是就贸易争端进行磋商和仲裁方面，TBT 协议要求遵照执行乌拉圭回合达成的统一规则和程序——"关于争端处理规则和程序的谅解协议"。

六是为了回答其他成员方的合理询问和提供有关文件资料，TBT 协议要求每一成员方确保设立一个查询处。

七是特殊和差别待遇原则。要求各成员在执行 TBT 协议时，考虑发展中国家特殊的发展、财政和贸易需要，以保证其制定和实施的技术法规、标准或合格评定程序不对发展中国家成员的出口造成不必要的障碍。同时，明确技术性贸易壁垒委员会在接到发展中国家成员请求时，可就本协议项下全部或部分义务给予特定的、有时限的例外。

四、属性

之所以要实施 TBT 协议，是为了通过采取技术性措施以达到合理

保护人类健康和安全及生态环境的目的，如禁止危险废物越境转移可以保护进口国的生态环境，强制规定产品的安全标准可以保护消费者的健康甚至生命等；但另外，一些国家，特别是美国、日本、欧盟等发达国家凭借其自身的技术、经济优势，制定比国际标准更为苛刻的技术标准、技术法规和技术认证制度等，以 TBT 协议之名，行贸易保护主义之实（阻碍外国产品的进口，保护本国市场）。

随着各国 TBT 的逐渐建立，受限产品的范围不断扩大，而且限制的内容也从产品自身的质量扩大到产品的生产、运输、包装、标签等各个方面。从产品角度看，不仅涉及资源环境与人类健康有关的初级产品，而且涉及所有的中间产品和工业制成品，产品的加工程度和技术水平越高，所受的制约和影响也越显著；从过程角度来看，包括研究开发、生产、加工、包装、运输、销售和消费整个产品的生命周期；从领域来看，已从有形商品扩展到金融、信息等服务贸易、投资、知识产权及环境保护等各个领域；技术性贸易壁垒措施的表现形式也涉及到法律、法令、规定、要求、程序、强制性或自愿性措施等各个方面。

五、影响

技术性贸易壁垒是一把"双刃剑"，既会对各国的经济发展产生积极影响，也会产生负面影响。例如，在市场准入方面，发达国家制定的技术性贸易壁垒就会使发展中国家许多产品无法进入或不得不退出国际市场。这是因为发达国家经济社会发展的现代化程度较高，其制定的技术标准的要求也较高，而发展中国家的一些产品因为在环境、卫生和安全技术标准上达不到发达国家的要求而无法出口，或不得不支付昂贵的国外认证机构的认证和检测费用，从而影响产品的国际市场竞争力。[①]

---

① 武长海：《技术性贸易壁垒对我国出口的影响及其对策研究（上）》，载 http://www.cacs.gov.cn/cacs/newfw/webzinedetails.aspx? webzineid = 655，访问时间：2015 年 3 月 3 日。

技术贸易壁垒对中国的影响尤其明显。2014 年，"据统计，全国约 23.9％的出口企业受到国外技术性贸易措施的影响，因退货、销毁、扣留、取消订单等直接损失达 685 亿美元，技术性贸易壁垒已经超过反倾销，成为影响我国产品出口的第一大非关税壁垒。"①

第二节　"绿色贸易壁垒"法律问题概述

对"生态纺织品"的研究肇始于 20 世纪六七十年代的西方，其时，在一些有识之士的呼吁下，生态和环境问题开始引起人们的关注，以后随着关注程度的加深，"清洁生产""绿色产品""生态纺织品"等概念也进入了国际纺织品和服装贸易领域，人们对纺织品和服装在穿着中的安全性问题提出了一定的要求；进入 90 年代以后，人们更关注人的安全、健康和环境保护。由于有 WTO/TBT 协议作为法律依据，各国尤其是发达国家从有效保护本国经济利益的角度出发，不断构筑和完善技术性贸易壁垒，尤其是绿色贸易壁垒②。这些"绿色贸易壁垒"已经成为世界纺织品贸易最主要的障碍之一。因此，从法律的角度对纺织品绿色贸易壁垒进行系统

---

① 《盘点 2014 年十大技术性贸易壁垒热点》，载 http：//tbt. testrust. com/news/detail/16200. html，访问时间：2015 年 3 月 3 日。

② 在国际文献中并没有"绿色壁垒"一词，绿色壁垒也被称为环境壁垒。"绿色壁垒"可以说是我国自己创造的一个新词。在国际上并没有权威的定义。我们认为，绿色贸易壁垒，属于技术性贸易壁垒（TBT）的一种，是指进口国（主要指发达国家）以保护生态环境、自然资源和人类健康为由，以限制进口保护贸易为目的，通过颁布复杂多样的环保法规、条例，建立严格的环境技术标准和产品包装要求，建立烦琐的检验认证和审批制度，以及征收环境进口税方式对进口产品设置的贸易障碍。参见王金南：《绿色壁垒与国际贸易》，中国环境科学出版社 2002 年版，第 3～4 页。曾文革、田路、庞蛟：《绿色贸易壁垒问题及其法律对策》，载《2002 年中国法学会环境资源法学研究会年会论文集》，见 http：//www. riel. whu. edu. cn/show. asp? ID＝500，访问日期：2011 年 5 月 27 日。

研究和制定应对方略极其重要。

一、背景和因素

　　绿色贸易壁垒是环境保护的国际需求以及国际贸易发展的必然产物。首先，全球环境的恶化，促使人们重视环境的改善和倡导绿色消费，这在客观上催逼绿色贸易壁垒的产生。[①] 其次，GATT/WTO 的法律框架中没有专门的环境保护协议，但在《建立世界贸易组织协议》《技术贸易壁垒协议》《补贴与反补贴措施协议》等中都有环境保护规定。这些规定为绿色贸易壁垒提供了法律依据。再次，借绿色浪潮高涨之机，发达国家在国际贸易中筑起绿色贸易壁垒使自己更多地获取经济利益。最后，环境与贸易的相关性促使所有的产品都将环境和资源的耗费记入成本，各国为使这种环境成本达到最低，更乐意选择利用绿色贸易壁垒合理性将此成本向发展中国家转移。[②]

　　从历史来看，下列因素促进了绿色壁垒的产生和发展：一是全球环境问题使环境保护成为全球共同的呼声。第二次世界大战之后，各国经济在高速增长的同时，全球环境问题也日益加重。在生态环境的承受力达到极限时，开始对人类进行可怕的报复。全世界每分钟有 28 人死于环境污染，每年有 1500 万人因此而丧命；有 8 亿人因饮用污染水而患病，每天有 2.5 万人因此而死亡。[③] 面对自然环境日益严厉的报复，国际社会认识到，保护环境是人类共同的

---

　　① 曾文革、田路、庞蛟：《绿色贸易壁垒问题及其法律对策》，载《2002年中国法学会环境资源法学研究会年会论文集》，见 http://www.riel.whu.edu.cn/show.asp? ID = 500，访问日期：2011 年 5 月 27 日。

　　② 曾文革、田路、庞蛟：《绿色贸易壁垒问题及其法律对策》，载《2002年中国法学会环境资源法学研究会年会论文集》，见 http://www.riel.whu.edu.cn/show.asp? ID = 500，访问日期：2011 年 5 月 27 日。

　　③ 王金南：《绿色壁垒与国际贸易》，中国环境科学出版社 2002 年版，第 4 页。

责任，必须采取共同的行动。① 顺应"绿色消费"的潮流和根据环境保护的需要，许多国家政府和国际组织陆续研究、制定、发布了一系列的环保法律法规和环境保护标准。② 二是 GATT 和 WTO 中的有关规定为绿色壁垒的实施提供了合法性。三是发展中国家与发达国家在科技、经济发展上的差距，这是绿色壁垒迅速发展的重要因素。四是贸易保护主义的抬头。随着关税壁垒被取消，绿色壁垒既有保护资源环境和人类健康的合理名义，又有 TBT 协议中"不准阻止任何国家采取必要的措施保护环境、保护人类"的条款作为法律依据，因而，可以被用作一种新的贸易壁垒，实行贸易保护。五是不同国家检验标准各异，也是绿色壁垒迅速发展的重要因素。

二、主要内容

（一）绿色关税和市场准入

进口国以保护环境为名，对一些污染环境、影响生态环境的进口产品课以进口附加税，或者限制、禁止其进口，甚至实行贸易制裁。

（二）绿色技术标准

以环境保护为目的的绿色技术标准都是根据发达国家的生产和技术水平制定的，但靠发展中国家的技术力量是很难达到这些严格的环保标准的，这就导致了发展中国家的产品被排斥在发达国家市场之外。20 世纪 90 年代以来，国际标准化组织实施了国际环境监察标准制度，要求企业产品达到 ISO9000 系列质量标准体系，1995

---

① 《论述绿色贸易壁垒》，载 http：//zhidao. baidu. com/question/168253 58. html，访问日期：2011 年 5 月 27 日。

② 载 http：//www. china001. com/show ＿ hdr. php？ xname ＝ PPD-DMV0&dna me ＝2HNF241&xpos ＝65，访问日期：2011 年 5 月 27 日。

年开始又推行了 ISO14000 环境管理系统，要求产品从生产前到制造、销售、使用以及最后的处理都要达到规定的技术标准。而其他的国际性组织如 IEC、ITU 等亦在大力推行产品品质方面统一规范，各国在对产品规范进行讨价还价的过程中，仍会自觉不自觉地阻碍贸易的发展。①

（三）绿色环境标志

环境标志也称绿色标志、生态标志，是由政府部门或公共、私人团体依据一定的环境标准颁发的图形标签，印制或粘贴在合格的商品及包装上，用以表明该产品不仅质量、功能符合要求，而且从生产到使用以及处理全过程都符合环境保护要求，对环境和人类健康无害或危害极少。自德国于 1978 年第一个实施环境标志制度（"蓝天使"计划）以来，环境标志制度发展极为迅速，目前世界上已有 50 多个国家和地区实施这一制度，如加拿大的"环境选择方案"，日本的"生态标志"，欧盟的"欧洲环境标志"等。进口产品取得了环境标志意味着取得了进入实施环境标志制度国家市场的"通行证"。但由于环境标志认证程序复杂、手续烦琐、标准严格，成为其他国家产品进入一国市场的环境壁垒。②

（四）绿色包装制度

绿色包装是指能节约资源、减少废弃物，用后易于回收再利用，易于自然分解、不污染环境的包装。这类产品在发达国家已广泛流行，简化包装、可再生回收再循环包装、多功能包装、以纸代替塑料包装已悄然兴起。发达国家纷纷制定各种法规，以规范包装材料市场。德国于 1992 年公布《德国包装废弃物处理法令》，日

---

① 《绿色贸易壁垒与我国纺织品出口问题研究》，载 http：//www. china001. com/show_ hdr. php？ xname = PPDDMV0&dname = 1LFR761& xpos = 19。

② 《绿色贸易壁垒与我国纺织品出口问题研究》，载 http：//www. china001. com/show_ hdr. php？ xname = PPDDMV0&dname = 1LFR761&xpos = 19。

本于 1991 年、1992 年发布并强制推行《回收条例》《废弃物清除条例修正案》，美国也规定了废弃物处理的各项程序。这些绿色包装法规有利于环境保护，但同时大大增加了出口商品的成本，也为商品进行国家制造"绿色壁垒"提供了借口。①

（五）绿色卫生检疫制度

关税贸易总协定（以下简称关贸总协定）通过的《卫生与动植物卫生措施协议》规定各成员国政府有权采取措施，保护人类与动植物的健康，使人、畜免遭污染物、毒素、添加剂的影响，确保人类健康免遭进口动植物携带疾病而造成的伤害。为保护国内消费者的利益，各国海关、商检机构都制定了不同的卫生检疫制度，对进口商品的品质进行检测和鉴定。大多数发达国家对食品、药品的进口制定了严格的标准，如食品的安全卫生指标、农药残留、放射性残留、重金属含量、细菌含量等指标的要求极为苛刻。发展中国家由于受到生产水平和生产条件的限制，许多产品达不到标准，则其出口发达国家的产品受到极大的限制。② 发达国家通过立法所建立的近似苛刻的检疫标准和措施，形成了实质上的贸易保护。

（六）绿色补贴

为了保护环境和资源，各国政府采取干预政策，将环境和资源成本内在化。发达国家将严重污染的产业转移到发展中国家以降低环境成本，造成发展中国家环境成本上升。而发展中国家的企业大多无力承担环境治理的费用，政府有时不得不给予一定的环境补贴。这一政策又被发达国家认为有违关贸总协定和世界贸易组织的

---

① 载 http：//www.china001.com/show _ hdr.php? xname ＝ PPD-DMV0&dna me ＝2HNF241&xpos ＝65，访问日期：2011 年 5 月 27 日。

② 载 http：//www.china001.com/show _ hdr.php? xname ＝ PPD-DMV0&dna me ＝2HNF241&xpos ＝65，访问日期：2011 年 5 月 27 日。

规定，因而限制其产品的进口。①

三、法律基础

（一）国际环境保护公约

自 1971 年以来，国际社会已经制定和实施了近 200 项国际环境与资源保护法规和公约。《保护臭氧层维也纳公约》及《关于消耗臭氧层物质的蒙特利尔议定书》《控制危险废物越境转移及其处置巴塞尔公约》《气候变化框架公约》及《京都议定书》等，这一系列成文的公约、议定书及法规等纷纷成为各国进行国内环保立法的依据。

（二）世贸组织法体系②

世界贸易组织中有多个协定对环境保护问题做出了规定：

1.《关税和贸易总协定》中的规定

（1）第 2 条规定，缔约方可以在不违反国民待遇的前提下，按照自己的环境计划自行决定对进口产品征收保护环境为目的的环境税费。

（2）第 11 条关于进出口产品数量限制的规定的三种例外均与保护环境有关。

（3）第 20 条关于一般例外的规定。缔约方可以为保护环境采取下列措施："……（B）为保障人民、动植物的生命健康所必需的措施；（C）与国内限制生产和消费的措施相配合，为有效保护可能用竭的天然资源有关的措施……"但缔约方必须遵守不歧视原则，不得因采取环境保护措施而对情况相同的各国构成武断的或

---

① 《绿色贸易壁垒与我国纺织品出口问题研究》，载 http：//www. china001. com/show_ hdr. php? xname = PPDDMV0&dname = 1LFR761&xpos = 19。

② 孙巍：《绿色贸易壁垒法律问题的思考》，载 http：//www. riel. whu. edu. cn/article. asp? id = 25098，访问日期：2015 年 3 月 3 日。

不合理的差别待遇，也不能构成对国际贸易的变相限制。该条款赋予世界贸易组织各成员以"环保例外权"，即各成员有权以"保障人民、动植物生命或健康"或"有效保护可能用竭的天然资源"为理由，而采取限制贸易的措施。这正是绿色壁垒存在的法律依据。[①]

2. 其他协议的规定[②]

（1）《建立世界贸易组织协议》。其序言中申明世界贸易组织将在多边贸易体制的框架内寻求保护环境，促进可持续发展的目标的实现。

（2）《技术性贸易壁垒协定》。该协定规定：只要是为了保护人民、动植物的生命、健康和环境，且不构成武断或不合理的差别待遇，不构成对国际贸易的变相限制，缔约方可制定技术性规定。

（3）《补贴与反补贴措施协定》。该协定规定：若有助于消除严重的环境压力，且采取最合适的环境手段，可考虑接受环境补贴，如果这些补贴符合不可申诉补贴的标准，其就不受解决争端行动的约束。

（4）《卫生与动植物检疫措施协定》。该协定规定：对动植物携带疾病的传播或者输入，对添加剂、污染物、毒素、食物、饮料、饲料中导致疾病的有害物的含量，缔约方有权选择它认为是合适的程度来保护其管辖范围内的人民、动植物的生命或健康。

（5）《农业协定》。该协定直接涉及环境保护的是国内扶持部分，它提出"绿色补贴"的概念。保护生态环境计划及农场主的直接绿色补贴等国内扶持措施，不在协定规定的削减之列，以降低现代农业对环境的危害。

（6）《服务贸易总协定》。该协定的第 6、7 条均与环境保护有

---

① 《绿色贸易壁垒问题及其法律对策》，载 http：//www.zeedy.com/industry/sipin/rule/20081114/14190_ 3.html，访问日期：2011 年 5 月 27 日。

② 孙巍：《绿色贸易壁垒法律问题的思考》，载 http：//www.riel.whu.edu.cn/article.asp? id=25098，访问日期：2015 年 3 月 3 日。

关。第 14 条还规定了服务贸易的一般例外，即缔约方对国际服务贸易不得实行限制和歧视，但为了保护人民、动植物的生命和健康的措施除外。

（7）《与贸易有关的知识产权协定》。该协定鼓励各国更多地进行环境保护技术的研究、创新、转让和使用。

（三） 国内法规则

不同国家国内法从商品的不同方面对进口采取限制措施，尤其是发达国家采取较为隐蔽的方法向发展中国家提出过高的要求，比如在商品的技术指标、商品生产方法、商品的包装等方面。环境保护与贸易保护的契合决定着绿色贸易壁垒的应用较为广泛，涉及的不仅包括制成品，还包括中间产品；不仅包括产品的质量，也包括产品的加工生产方法以及产品的设计和消费处置过程。[①]

（四） 国际环境管理体系系列标准 （ISO14000）

国际标准化组织 （ISO） 为促进商品在生产、流通和消费各个环节上的环保管理，建立一套跨越国界的统一环境保护标准（ISO14000），该项标准通过在企业内部建立一套科学规范的环境管理体系，以改进环境状况，收到减少污染的效果；同时也有利于提高企业形象和开拓产品市场。但另外，ISO14000 系列标准的实施又是另一种壁垒，由于世界经济发展的不平衡，它对那些信息不通、行动缓慢的国家和组织将造成实际上的贸易障碍。[②] 这样 ISO14000 系列标准也为发达国家设置 "绿色贸易壁垒" 提供了依据。

[①] 《绿色贸易壁垒问题及其法律对策》，载 http：//www.zeedy.com/in-dustry/sipin/rule/20081114/14190_ 3.html，访问日期：2011 年 5 月 27 日。

[②] 秦小红：《论绿色贸易壁垒的法律问题》，载《企业经济》2007 年第 2 期。

（五）环境标志制度（Environment Label）

环境标志制度，又称绿色标志制度（Green Label）或生态标志制度（Eco－Label）。目前，已有30多个发达国家、20多个发展中国家和地区推出绿色标志制度。由于绿色产品备受公众欢迎，因而取得绿色标志也就取得了通往国际市场的通行证。由于各国技术水平的差异，其环境标志所依据的环境标准不一致，对产品的评价方法也有差异，加之对外国产品的歧视态度，发展中国家往往很难获得发达国家的环境标志认证，即使获得，代价也很大，还会影响其产品的出口竞争能力，[1] 从而形成了一种变相的贸易壁垒。

四、法律分析

世界贸易组织将环境保护作为自由贸易的例外条款，其目的是维护和改善全球环境、促进国际贸易的可持续发展，这无可厚非。但我们仔细分析上述法律条款，不难发现，这些条款留有极大的解释空间。如对于何为"情况相同"、什么样的差别待遇是"武断的"、"不合理的"，均没有具体精确的衡量标准；像"必需的措施"这样的关键词，其内涵和外延也未得到明确的界定。这就使这些条款在实际操作中具有很大的弹性，其结果很容易被贸易保护主义者所滥用，从而对国际贸易，尤其是发展中国家的出口贸易构成巨大的威胁。[2]

在国际标准的制订过程中发达国家起着主导作用。发展中国家因技术、人才等缺乏不能有效参与国际标准的制定，导致国际标准主要考虑发达国家利益，发展中国家的企业大多难以达标。

---

[1]　秦小红：《论绿色贸易壁垒的法律问题》，载《企业经济》2007年第2期。

[2]　《绿色贸易壁垒法律问题的思考》，载 http：//blog. china. alibaba. com/blog/horn999/article/b－i1183212. html，访问日期：2011年5月27日。

　　绿色壁垒的法律依据在其条文规定上存在一些缺陷，使国际社会对其褒贬不一。在实践中，WTO 的争端解决机制在一定程度上似乎能够弥补这些法律条款的"先天不足"。

第二章 国际贸易中的纺织品技术性和绿色贸易壁垒和我国纺织品与服装业的发展

根据世界贸易组织《纺织品与服装协定》的规定，全球纺织品贸易于 2005 年 1 月 1 日起实现一体化，历时 40 年的纺织品贸易配额体制宣告结束。随着纺织品配额被取消，取而代之的是以产品质量、环境、社会责任为代表的技术性和绿色贸易壁垒。

纺织与服装行业是我国出口创汇的支柱性产业，也是外向依存度很高的行业。入世后，纺织业是受惠最大的产业之一，服装行业也受益匪浅。后配额时代，我国纺织品贸易格局发生了重大变化，纺织行业步入了新的国际贸易环境。然而，在中国纺织品出口贸易面前还横着一道道技术性贸易壁垒和绿色贸易壁垒，成为最主要的贸易障碍。早在 2006 年，我国商务部在《中国对外贸易形势报告》中就指出，绿色壁垒将成为纺织服装行业的新问题，我国的纺织企业可能因为达不到发达国家的绿色标准而丧失市场，将在几年后更加明显。① 因而，国际纺织品与服装贸易中的技术性与绿色贸易壁垒，值得引起我们高度的关注。

---

① 卓小苏:《我国纺织服装产品出口绿色壁垒的新趋势与对策》，载《纺织导报》2007 年第 4 期。

第一节　国际贸易中的纺织品技术性和绿色贸易壁垒概述

一、国际纺织品与服装贸易中的标准和认证概述

目前，在国际纺织品与服装贸易领域中的技术性和绿色贸易壁垒主要有两类：一类是从纺织品设计、生产到报废、回收的产品生命周期全过程中对环境的影响所设置的壁垒，主要是要求企业建立实施"环境管理体系"及对产品实施"环境标志和声明"；另一类则是由于产品本身对消费者的安全和健康的影响所引发的，即要求纺织品与服装在使用和穿着过程中不得对消费者的健康产生不利的影响，如生态纺织品的生产。有些发达国家专门立法，规定进入本国市场的纺织品与服装必须实施环境管理体系认证（ISO14000 体系认证）和产品安全认证。出口到发达国家的纺织品与服装，如果达不到环保要求，将会被禁止进口。[①]

（一）国际标准化组织的 ISO14000 环境管理体系[②]

国际标准化组织（ISO）在 1993 年 6 月组建了环境管理技术委员会（TC207），负责制定环境管理体系系列标准——ISO14000。制定 ISO14000 系列标准的初衷是统一各国的环境管理体系及审核认证的标准，以标准化的手段有效改善环境和保护环境。它要求产品从开发、设计、加工、流通、使用、报废处理到再生利用整个生命周期都要达到这一环境管理体系所规定的技术标准。但

---

① 载 http://www.china001.com/show_hdr.php?xname=PPD-DMV0&dname=2HNF241&xpos=65, 访问日期：2011 年 5 月 2 日。

② 参见《ISO14000 环境管理体系》，载 http://wenku.baidu.com/link?url=gFPN8jVG_-qUoh3IqnXwEInl88KfpLGaTZtGkI6axAPMCjwMwU5-oDXJD3yYb9 YfH5Awr-MpH_oR9E-DGdMrQf58s_7Equg3o_k_CCrTDR7。

ISO14000 的制定是由欧美发达国家主导的，下设的 7 个工作组成员是英国、澳大利亚、荷兰、法国、德国、美国和挪威，很多条款是根据发达国家的经济利益和技术水平考虑的。由于发展中国家经济发展水平低、技术水平落后、环保意识不强，政府和企业推行 ISO14000 的难度也较大。再加上 ISO14000 只提供了指导性的环境原则，条款比较笼统，在具体操作中有可能会被利用作为新贸易壁垒的借口。

ISO14000 包括从 ISO14001 到 ISO14100 共 100 个标准号。1996 年 9 月 15 日，TC207 颁布了 5 个标准。国际上从 1996 年 10 月起开始推行的 ISO14000 系列标准，一方面对一些工业发达国家凭借其技术优势而构筑的要求过高的技术壁垒有所制约，同时也在推动世界贸易市场遵循"环境原则"方面对发展中国家提出了更高的要求。推广 ISO14000 认证，可以帮助和促进企业实现从产品设计、生产过程、消费直至产品失去使用价值后的消亡全过程的每个可能产生环境污染和破坏生态的环节进行控制。进入 21 世纪后，符合 ISO14000 认证要求的产品具有更强的竞争力。

（二）国际生态标准

国际生态标准（Oeko – Tex Standard 100）是国际环保纺织协会于 1992 年制定并颁布的，用以检测纺织品和成衣制品在影响人体健康方面的性质。具体来讲，要求从纤维种植、养殖、生产到产品加工的全过程对环境无污染，并且产品自身不受"污染"；纺织品中残留有毒物质对人体健康不会产生损害；纺织品可回收利用、自然降解、废物处理中其释放的有毒物对环境无害。Oeko – Tex Standard 100 中规定了在纺织、服装制品上可能存在的已知有害物质的种类，包括 pH 值、甲醛、重金属、杀虫剂／除草剂、致敏染料等，并将产品按最终用途分为婴儿用品、直接与皮肤接触、不直接与皮肤接触和装饰用品四个等级，并规定了纺织品中有害物质的限量及测试方法。如果纺织品经测试，符合了标准中所规定的条件，生产厂商可获得授权在产品上悬挂通过有害物质检验的 Oeko – Tex

Standard 100 标签。[①]

（三）生态纺织品认证的方式

目前，在各国国内和国际贸易中主要采用下面 3 种生态纺织品的认定方法：（1）申请使用某种标签的方式。国际上的一些行业协会、中介机构、地区性民间组织、大型生产或流通企业、消费者组织或第三方公证检测机构根据各自国家或地区的法律法规、标准以及各种符合性评定程序，纷纷推出了各种与生态纺织品有关的标签和相应的检测标准及授权使用该标签的审核程序，其中 Oeko - Tex standard 100 由于较好地兼顾了市场与生产者的要求，且所包含的内容较为全面，已成为欧洲较具影响力的被采用较多的生态纺织品标签。纺织品生态标签的使用必须经过严格的检测和评定程序，由经授权的专业检验机构，按照确定的检测项目和指标对申请者提交的样品进行检测，并可能按附加的要求对生产环境和生产过程进行评估后才能授权在其申请的某种产品上使用该标签。例如，德国 Scotdic 染料公司的 Eco - Tex、消费者和环保纺织品协会的 MUT 等。（2）有资质的第三方专业公证检验机构按照国际通行或相关国家的法律法规和标准对提交的样品进行检测，并提供国际认可的检测认定报告。（3）有资质的第三方专业公证检验机构按照买家（进口商）指定的检测项目或自定的标准对由卖家或供应商提交的样品进行检测，并出具国际认可的检测认定报告。[②]

选择使用生态纺织品标签进行生态纺织品的认定，其对象为申请者的最终产品。授权使用某种标签有一定的有效期，在有效期即将过去时，必须经过一个简易的复审程序才能继续使用该标签。而在标签使用的有效期内，一旦原材料、工艺、使用的染化料和生产

---

① 俞幼娟：《发展生态纺织 实现产业升级》，载 http：//61. 138. 111. 246/xxzx/pages/pagelist. jsp？id = 8329，访问日期：2011 年 5 月 2 日。

② 黄耀辉：《中国纺织服装业推出绿色服装应对入世》，载《国际贸易》2001 年第 6 期。

环境发生变化，必须进行申报并经过评估后才能继续使用该
标签。①

　　在实践中，绝大部分买家（进口商或经销商）会根据自己的
实际需要或进口国（地区）的法律法规来确定自己的验收标准，
不仅对检测项目会有所增删，对限定指标也会有所变化。其中有些
监控项目因尚无成熟的检测方法而要求供应商签署承诺书，保证在
其产品中不含或不使用其规定禁用的化学品和原材料。②

　　（四）环境标志和声明

　　绿色生态标签已经与尺寸标签、成分标签、护理标签、品牌标
签、价格标签一起成为国际上纺织品服装的六大标签之一。它是一
种用来告诉消费者该纺织品服装已经有关部门检验确认为无有害物
质的标记。它标明挂签产品不但质量符合标准，而且在生产、使
用、消费、处理过程中符合环保要求，对生态环境和人类健康均无
伤害。比如，在欧洲市场上扬名已久的丹麦"Novotex""绿色棉布
标签"，其环保标签上明确标明使用手工采摘、氧化漂白、非重金
属染料染色、机械成衣且确保尺寸恒定的字样。目前，在欧洲市场
使用的环保标签的标准既有政府部门制定的，如欧盟最新颁布的
2002/371/EC 号法规规定的欧盟生态标签（Eco - label）标准；也
有社会中介机构、生产销售和消费团体制定的，其中最著名的纺织
品环保标签要数 Oeko - Tex Standard 100 和 E - CO - Textile，二者
中尤以前者影响最广。它的内容主要包括：化验对人体健康构成不
良影响的已知有害物质，并对这些有害物质定出限量。③

---

　　①　孙健钧：《中国服装出口与绿色贸易壁垒》，载《商场现代化》2011
年 4 月（中旬刊），总 644 期。

　　②　《绿色贸易壁垒与我国纺织品出口问题研究》，载 http：//www. chi-
na001. com/show_ hdr. php？xname = PPDDMV0&dname = 2HNF241&xpos = 65，
访问日期：2011 年 5 月 2 日。

　　③　载 http：//www. china001. com/show_ hdr. php？xname = PPDDMV0&
dna me = 2HNF241&xpos = 65，访问日期：2011 年 5 月 2 日。

（五）纺织品与服装国际贸易中的社会责任标准 SA8000 概述

SA8000 标准认证是美国经济优先领域认可机构（CEPAA）制定的全球第一个企业社会责任认证的国际标准。SA8000 的标准内容取自于国际工会组织协会、《国际人权宣言》和关于儿童权利的联合国公约。其内容包括了童工、强迫性劳工、安全与卫生、组织工会的自由和集体谈判的权利、歧视、工作时间、薪酬与管理系统等方面。SA8000 的使用与 ISO9000、ISO14000 标准具有相同的认证方式和程序。SA8000 标准的宗旨是倡导企业承担对环境、社会和利益相关者的社会责任。但其容易被发达国家所滥用和利用，成为限制发展中国家劳动密集型产品，如纺织品、服装等行业的产品出口的壁垒。面对 SA8000 标准认证，国内纺织企业界应及时关注社会责任认证情报动态，并加强对 SA8000 标准的研究力度，以便积极应对贸易壁垒。①

二、美国、日本、欧盟等发达国家的纺织品技术性和绿色贸易壁垒概述

美国、欧盟和日本是我国纺织品与服装出口的主要市场。美国、欧盟和日本有着种类繁多、体系完备的技术性和绿色贸易壁垒，甚至还制订了专门针对中国纺织品与服装进口的贸易措施。其一，在安全要求方面，许多国家明确提出纺织品的阻燃性指标，如对进口睡衣要求必须经过延迟燃烧的实验，睡衣上必须贴上"延迟燃烧"或"远离火源"字样的标签等。其二，在环境保护要求方面，主要是对纺织品所含有害化学品做出限制和禁止的规定。其三，对纺织品生命周期中的各个阶段，包括棉花种植和处理、纤维生产、产品的加工及制造（如纺、织、印、染、洗、烫、整理）、

---

① 《SA8000 标准，载"社会责任"认证》，载《宁波日报》2004 年 4 月 2 日。

消费者使用等都有明确的环保要求和规定。其四，在标签要求方面，欧美国家对纺织品和服装都有一系列标签要求，如原产地标签、商标标签、提示标签等。① 具体而言，美国、欧盟和日本等方所实施的主要技术性和绿色贸易壁垒措施有如下方面：

（一） 美 国

美国有强制性法案、包装和标签及标志要求、合格评定程序等。② 如纺织品的阻燃性。美国消费者产品安全委员会（CPSC）将纺织品阻燃性要求分为三个级别，凡平布火焰蔓延低于 3.5 秒，起毛布低于 4 秒的纺织品不许进入美国。CPSC 要求动植物纤维服装必须进行测试，纯人造纤维服装免测。③

（二） 欧 盟

欧盟是最先意识到国际贸易中技术壁垒的，其纺织品与服装行业中的 TBT 主要有：生态标签、健康与安全法规、绿色壁垒、欧盟化学品新政策、社会责任标准（SA8000）、GS 标志等。④ 欧共体在 1992 年 10 月颁布实施的法律规定，产品从生产到生命周期结束都有要求其保护环境，不仅要求服装的外观、质量和功能安全，而且越来越多地严格要求安全、卫生、无害、无污染，全面控制从面料、辅料到服装成品的整个产品工艺过程给环境带来的无害影响。20 世纪 90 年代以后，不少国家相继立法，对进入本国、本地市场的服装、纺织品的环保认证及有害物质设立检验认证制度。例如，

---

① 刘辉、赵琳晶：《我国出口贸易所面临的绿色壁垒综述》，载《北方经济》2006 年第 11 期。

② 尹政平：《技术性贸易壁垒与我国纺织品服装出口》，载《北京城市学院学报》2007 年第 1 期。

③ 《绿色贸易壁垒与我国纺织品出口问题研究》，载 http：//www. china001. com/show_ hdr. php？ xname = PPDDMV0&dname = 1LFR761&xp os =19。

④ 尹政平：《技术性贸易壁垒与我国纺织品服装出口》，载《北京城市学院学报》2007 年第 1 期。

1993 年德国颁布的关于纺织品的两项技术，它要求检测纺织品中甲醛、重金属、杀虫剂等七种物质。1994 年德国又颁布了《食品及日用消费品法》第二修正案，明确规定禁止生产和进口使用可能被还原成 20 种对人体或动物有致癌作用的芳香胺的偶氮染料的纺织品及其他日用消费品。一旦发现，全部就地销毁，并向厂家索赔。欧盟已禁止进口服装纺织品使用含镍在 0.5 毫克/平方厘米以上与人体接触的辅料和附件，如纽扣、拉链、服饰等金属物。荷兰禁止服装纺织品洗涤前或第一次洗涤后的甲醛浓度仍然有 120 ppm。许多欧盟国家对进口服装制定了环境安全方面的国家法规。如对进口睡衣要求延迟燃烧实验必须有"延迟燃烧"或"远离火源"的标签。[①] 纺织品储存中的防腐剂五氯苯酚（PCP）危害最大，其毒性可致癌。使用 PCP 的纺织品漂洗时排出的废水会污染环境。法国法律规定禁止生产和使用 PCP，服装和皮革制品中该物质的限量为 5ppm。[②] 欧盟对服装和纺织品中的某些物质的含量要求高达 PPb 级，如对苯乙烯的要求不超过 5PPb，乙烯环乙烷不超过 2PPb。

（三）日本

除了类似美国和欧盟纺织品与服装业的 TBT 外，进入日本市场的纺织品，必须满足名目繁多的强制性技术标准的要求，如国家规格、团体规格、任意质量标准。[③] 日本客户可根据《日本制造物责任法》，要求外国生产的服装对缝针、大头针、断手针等进行检

---

① 《以服装国际生态标准为由的技术贸易壁垒问题》，载 http://www.ctei.gov.cn/bzjc/bzjc－zt/stfzp/46106.htm，访问日期：2011 年 5 月 2 日。

② 载 http://www.china001.com/show ＿ hdr.php? xname ＝ PPD-DMV0&dna me ＝2HNF241&xpos ＝65，访问日期：2011 年 5 月 2 日。

③ 尹政平：《技术性贸易壁垒与我国纺织品服装出口》，载《北京城市学院学报》2007 年第 1 期。

验，检验完毕在箱外贴上相应的标记。① 日本服装环保标准都对甲醛项目指标做出明确限制。其规定：进口幼儿服装不得含有甲醛，进口成人内衣、睡衣、裤子的甲醛含量不得超过 75ppm，成人外衣甲醛含量不得超过 300ppm。②

第二节　技术性和绿色贸易壁垒对我国
纺织品与服装业的影响及原因

一、技术性和绿色贸易壁垒对我国纺织品与服装业的影响

技术性和绿色贸易壁垒在满足人们对保护环境和可持续发展的愿望、为消费者提供安全无害的产品的同时，也正在成为发达国家调整贸易关系、保护自身利益的最重要的手段之一。这些贸易壁垒往往成为发展中国家对外出口贸易发展中的巨大障碍。

中国的纺织品与服装出口长期以来一直集中在中国香港、日本、美国和欧盟四大市场，出口额占据总出口的 75% 以上。其中出口中国香港的产品通过转口贸易的方式，最终目的地也大部分集中在日本、美国和欧盟。因此，技术性和绿色贸易壁垒对中国纺织品与服装出口的影响将是全方位的，而且这种影响越来越明显。据统计，近几年来技术性和绿色贸易壁垒占贸易壁垒的比例呈现出较大幅度上升趋势，已经达到 80%。我国许多出口纺织产品遭到客户退货、索赔，使企业蒙受严重经济损失和信誉损害，技术性和绿色贸易壁垒对我国纺织品与服装业的影响越来越大。③

---

① 《国际营销政治和法律环境》，载 http：//www.doc88.com/p-7458309385972.html。

② 《绿色贸易壁垒对我国纺织品出口的影响及对策》，载 http://www.hicia.com/integrate/showinfo.asp? id=4272。

③ 卓小苏：《我国纺织服装产品出口绿色壁垒的新趋势与对策》，载《纺织导报》2007 年第 4 期。

（一） 削弱我国纺织品与服装业的国际竞争力

技术性和绿色贸易壁垒削弱了我国纺织品与服装业的国际竞争力，如在绿色标志认证方面，我国纺织企业为了获取国外的绿色标志，不但要支付大量的检验、测试、评估、购买先进仪器设备等间接费用，另外还要支付不菲的认证申请费和标志的使用年费等直接费用，使中国企业背上沉重的经济负担。这些额外的费用甚至超过了利润，严重削弱了我国纺织与服装产品的国际竞争力。①

（二） 使我国纺织品与服装业难以进入国际市场开展公平竞争

技术性和绿色贸易壁垒使我国纺织品与服装国际市场开展公平竞争。例如，欧美、日本等国对纺织品中有害化学成分和残留量作了禁止性的规定，还对纺织品生命周期中的各个阶段，包括棉花种植和处理、纤维生产、产品的加工及制造、消费者使用等都有明确的环保要求。② 据不完全统计，我国纺织品和服装不符合技术性和绿色贸易壁垒要求的覆盖面约在 15%，③ 按 2009 年出口计算，受影响出口额近 250.5 亿美元，一些纺织品的出口被迫中断。

（三） 对环境标准理解不一致，会引发双边或多边贸易摩擦

就目前中国绝大部分出口纺织品与服装生产企业而言，无论是在管理水平、技术水平以及产品开发能力和获得最新信息的能力方

---

① 曾文革、田路、庞蛟：《绿色贸易壁垒问题及其法律对策》，载《2002 年中国法学会环境资源法学研究会年会论文集》，见 http：//www. riel. whu. edu. cn/show. asp? ID = 500，访问日期：2011 年 5 月 2 日。

② 秦小红：《论绿色贸易壁垒的法律问题》，载《企业经济》2007 年第 2 期。

③ 刘辉、赵琳晶：《我国出口贸易所面临的绿色壁垒综述》，载《北方经济》2006 年第 11 期。

面都还处于比较低的水平。因此，技术性和绿色贸易壁垒的出现，无论是从观念、技术还是经济效益等各个层面上都会给中国企业带来很大的冲击和挑战。如果一味地消极面对技术性和绿色贸易壁垒，不从根本上提高技术和管理水平，就完全有可能在新一轮的竞争面前败下阵来。因此，可以预计，技术性和绿色贸易壁垒的出现，必将从一个侧面对中国纺织业的发展起到一个巨大的推动作用。尽管这种推动在一开始是有些身不由己和痛苦的。可以预料，以保护人类与环境为由推行贸易保护主义的做法将成为目前乃至今后相当长一段时期国际贸易摩擦的一大特点。①

二、我国纺织品与服装产品屡遭国外技术性贸易壁垒的限制的原因分析

第一，我国纺织品与服装产品的贸易方向主要集中于美、日、欧盟这三个技术性贸易壁垒的发源地。目前，美、日、欧盟是我国最大的三个贸易伙伴，据统计，包括经中国香港的转口贸易在内，我国出口商品近75%销往美、日、欧盟等国家或地区，而这三大经济实体也是实施技术贸易壁垒的积极倡导者和发源地。产品出口的地理方向决定了我国将不得不直面技术性贸易壁垒的威胁。②

第二，我国长期游离于多边贸易体系之外，对技术性贸易壁垒的重视不够，对国际通用的国际标准和技术管理措施知之甚少，③对主要贸易对象国的技术手段也缺乏了解，不能对我国出口企业在宏观上予以指导。

第三，法令法规不健全。在国际市场竞争日益激烈的今天，发

---

① 《欧洲绿色壁垒对中国纺织品出口的影响》，载 http：//info. news. hc360. com/HTML/001/002/008/021/008/36544. htm，访问日期：2011 年 5 月 2 日。

② 《国际技术贸易壁垒的限制》，载 http：//news. 9ask. cn/wto/jsmybl/ 201008/844574. shtml。

③ 《国际技术贸易壁垒的限制》，载 http：//news. 9ask. cn/wto/jsmybl/ 201008/844574. shtml。

达国家为保护本国利益，不断制定各种严格的环保法规和环保标准。在保护人身健康安全和环境保护方面，我国制定的法令法规较少，即使已制定的也不够完善。例如，涉及服装要求的甲醛含量，我国不同的行业、部门各自制定不同的要求，有的仅要求少于300PM，没有严格统一与国际接轨的强制性标准。而对其他涉及安全卫生环境保护等方面，也未提出有科学依据的控制指标。①

第四，我国纺织企业的技术法规意识、标准意识和认证意识比较淡薄，对国外纺织业的技术法规、标准缺乏了解，对席卷全球的绿色消费浪潮缺乏敏感性。②

第五，纺织品与服装技术性贸易措施管理方面存在问题，如技术法规、标准和认证体系还不健全；缺乏权威性的技术性贸易壁垒信息与管理机构；缺乏对国外技术性贸易壁垒的预警和争端处理机制和手段。③

第六，环保技术落后。我国纺织企业在从原料到制成品的整个生产过程及废弃物的处理时，没有考虑对周边环境和人体健康的影响。特别是印染行业的设备和技术落后，导致环境污染更为严重。④

第七，涉及纺织品与服装业出口产品的重点国家的技术性法规、标准及合格评定程序等资料查询困难，或者查询渠道不畅。很多纺织企业不能及时获知国外有关技术性贸易壁垒的内容。中国WTO/TBT国家通报咨询中心虽以《WTO/TBT通报快讯》的形式定期发布国外有关技术性贸易壁垒信息，但是快讯本身专业性极

---

① 载 http：//www.china001.com/show_ hdr.php? xname = PPDDMV0& dna me = 2HNF241&xpos = 65，访问日期：2011 年 5 月 2 日。

② 艾芳：《生态纺织将成为市场竞争新热点》，载《经济日报》2001 年11 月 15 日。

③ 《技术性贸易壁垒对北京市出口的影响及其对策研究（上）》，载 ht-tp：//www.cacs.gov.cn/cacs/lilun/lilunshow.aspx? st rl = 2&articleId = 46099。

④ 艾芳：《生态纺织将成为市场竞争新热点》，载《经济日报》2001 年11 月 15 日。

强，包括了多个不同领域的通报，且仅提供了通报摘要，不涉及具体内容，实用性较差，没有具体产品和税则号等相关技术性贸易壁垒的查询信息。另外，针对技术性贸易壁垒还存在相应的检索机构缺乏等问题。① 这一切，使纺织企业只能被动地应对国外技术性贸易壁垒。

面对正呈燎原之势的技术性与绿色贸易壁垒，我国有关方面的反应是积极的，但研究却大多停留在一般的了解或呼吁上，缺乏具有可操作性的应对策略和措施，这与我国作为世界上最大的纺织品与服装生产和出口国的地位是极不相称的。

---

① 《技术性贸易壁垒对北京市出口的影响及其对策研究（上）》，载 ht-tp：//www. cacs. gov. cn/cacs/lilun/lilunshow. aspx？st rl＝2&articleId＝46099，访问日期：2011 年 5 月 2 日。

第二编

美、日、欧盟等主要贸易伙伴国家纺织品技术性和绿色贸易壁垒法律问题研究

第三章　美国纺织品技术性和绿色贸易壁垒法律问题研究

近年来，我国纺织品与服装频频遭遇贸易摩擦的一个重要原因，就是绝大多数纺织企业对国外有关纺织品与服装的技术法规、标准、合格评定程序等了解甚少，难以跨越进口国的纺织品技术性贸易壁垒。因此，研究发达国家在纺织品与服装国际贸易中所实施的技术性贸易措施具有十分重要的意义。本章尝试对美国纺织品与服装的技术法规、标准及其配套法规、细则进行分析，希望从中找出对我国纺织品与服装产品应对国外贸易壁垒的有益建议，以及完善我国纺织品技术与绿色贸易壁垒的对策。

第一节　美国纺织品技术法规与标准述评[①]

一、概述

美国十分注重保护环境和消费者安全。1969 年 12 月 30 日，美国实施《国家环境政策法》后，其各项政策、条例和政府的解

---

①　本节转引和参考了商务部组织编写的《出口商品技术指南：北美纺织品和服装》，载 http：//policy. mofcom. gov. cn/export/NATAC/index. action；《出口商品技术指南：针织品》，载 http：//policy. mofcom. gov. cn/export/wood-enfabric/index. action；《出口商品技术指南：羊绒制品》，载 http：//images. mofcom. gov. cn/sms/table/e06. pdf，访问日期：2015 年 5 月 10 日。又见陈芳萍：《欧美中国生态纺织品技术法规与标准比较研究》，湖南大学 2008 年硕士学位论文。

释与执行，均以这一保护生态环境的基本大法为基础法。

作为纺织品与服装进口大国，美国有着完善和健全的生态纺织品技术与贸易措施体系。其体系主要由联邦法规及标准、认可组成，分为三个层次：一是国会制定的法律（ACT）；二是各行政部门根据法律制定的法规，主要是由美国联邦贸易委员会（FTC）制定相关技术法规和实施条例，也负责认可国际标准化组织（ISO）制定的技术标准；三是非政府机构制定的权威标准，主要有美国试验与标准协会（ASTM）、多个行业协会如美国染色和化学家协会（AATCC）和美国国家标准协会（ANSI）制定的行业标准，以及服装鞋类协会制定的全球服装生产责任规范（WRAP）和社会责任国际制定的企业组织道德行为标准（SA8000）。所有这些，共同构成了美国的纺织品技术性贸易壁垒。

（一）美国纺织品技术法规枚举

美国的技术法规体系是由国会制定的法律和由各行政部门根据法律制定的法规构成，是具有普遍适用性和法定效力的永久性法律。主要基于保护消费者的安全和绿色环保要求，对纺织品的易燃性能、纺织纤维成分标识、纺织纤维制品、羊毛制品和毛皮制品的标签、儿童睡衣的阻燃等制定了非常严格具体的技术法规和实施条例。

1. 国会制定的法律

国会制定的法律被编入《美国法典》（United States Code），其涉及纺织品与服装的条款集中在第 15 卷（Title 15）商业与贸易部分的第 2 章（Chapter 2—FTC）和第 25 章（Chapter 25—Flammable Fabrics）。主要有：

（1）《羊毛产品标签法》（1939）（15U. S. C. §68）。它规定，大部分纺织或羊毛产品必须附有永久标签，向消费者提供以下 3 项资料：纤维含量、原产地及制造商或负责产品分销的企业名称。2006 年 9 月 9 日，美国颁布了新法案《羊毛服装织物标签公平及国际标准法》（H. R. 4583）。旨在就特级羊毛及羊绒产品的标签制定法律标准，从而保障消费者和业者免受资料不实的标签蒙骗或误导。

（2）《毛皮产品标签法》（1952）（15U. S. C. §69）。该法规对毛皮产品的标签内容、标签的构成、标签内容的顺序和例外情况规定了具体实施的内容。

（3）《纺织纤维产品识别法令》（1960）（15U. S. C. §70）。法规规定，对纤维名称、成分含量标识、产地标识，以及制造商、进口商或经销商身份的标识都作了统一规范要求。任何有违以上三项法律以及美国联邦委员会根据以上法律制定的相关法规规定（16CFR）的行为，都将被认为是不公正的竞争行为和欺诈行为。

（4）《易燃织物法》（15U. S. C. §1191 - 1204）。对成年人尤其儿童睡衣制定了服装及易燃织物易燃性标准，标准规定了测试方法、测试仪器及测试程序。其后的修订对儿童睡衣的易燃性标准提出了更加严厉的标准。

（5）《联邦危险物质法》（15U. S. C. §1261）。

（6）《消费品安全法》（15U. S. C. §1303）。

（7）《公平包装和标签法1967》。

2. 各行政部门和独立机构制定的技术法规和标准法则

各行政部门和独立机构制定的技术法规和标准法则编入《美国联邦法典》（CFR—Code of Federal Regulations）。纺织服装技术法规在第 1 卷的 Title 16 Commercial Practices，其中由 FTC 制定 Chapter Ⅰ，由 CPSC 制定 Chapter Ⅱ。主要法规和条例有：

（1）《羊毛制品标签法案的实施条例和纺织纤维制品识别法案的实施条例》（1）（16 CFR Part 300）。

（2）《羊毛制品标签法案的实施条例和纺织纤维制品识别法案的实施条例》（2）（16 CFR Part 303）。

（3）《毛皮制品标签法案的实施条例》（16 CFR Part 301）。

（4）《纺织服装和零售布护理标签》（修订版）（16 CFR Part 303）。

（5）《关于含铅涂料和某些涂含铅消费产品的禁令》（16 CFR

Part 1303）。

（6）《纺织服装及某些布匹的护理标签》（16 CFR Part 423）。

（7）《纺织品和服装原产地规则》（16 CFR Part 102）。

（8）《联邦危险物质法案（FHSA）：化学品及其他危险物质的标签要求和相关禁令》（15 U. S. C 1261 and 16 CFR Part 1500）。

（9）《羽绒产品加工指南》（16 CFR Part 253）。

3. 其他条例

（1）《联邦条例法 19 条》（Title 19 Customs Duties）（19 CFR Part 134）。包含了美国海关条例。这些条例详细地阐明了如何识别物品或集装箱。

（2）《1993—海关记录保持最新法》，向进口企业规定了新的记录保持的要求。

（3）《美国联邦贸易委员会执行公平包装和标签法并引用 16 CFR Part 500 的条文》。纺织品和服装必须符合统一包装和标签条例的标签。

（4）《易燃性织物法案的一般规则和法规》（16 CFR Part 1608），规定了纺织产品的分类、基本安全技术要求、试验方法和检验规则等。

（5）《联邦阻燃标准》（16 CFR Part 1633），要求所有在美国销售的床垫都必须达到该标准。

（二）美国纺织品技术标准枚举

美国几乎没有纺织品与服装的国家标准，主要以美国材料与试验协会 ASTM（American Society for Testing and Materials）标准为代表。ASTM 主要任务是制定材料、产品、系统和服务等领域的特性和性能标准，试验方法和程序标准。ASTM 标准被美国工业界广泛采用。一些联邦政府机构也都使用许多 ASTM 标准，并与该协会建立了广泛、密切的联系和合作关系。另一类重要的标准是美国纺织化学家和染色家协会 AATCC（American Association of Textile Chemists and Colorists）标准。AATCC 主要致力于纺织染料及其化学药品的研究，纺织品的色牢度及物理性能等方面的测试分析，其职责是用标准化办法普及纺织品染化料的有关知识。AATCC 标准主要适用于纺织产品化学性能，以及纺织品研究测试方法等方面。

美国生态纺织品的技术标准主要涉及燃烧性能方面，主要有：

（1）1632 床垫的燃烧性能标准（1632），2007 年 7 月 1 日又发布了更为严格的《联邦阻燃标准》（16 CFR Part 1633），要求所有在美国销售的床垫都必须达到该标准。

（2）1631 小地毯类产品表面燃烧性能标准（1631）。

（3）1630 地毯类产品表面燃烧性标准（1630）。

（4）1616 儿童睡衣燃烧性标准（尺码大小：7—14）（1616 Sizes 7 – 14）。

（5）1615 儿童睡衣燃烧性标准（尺码大小：0—6X）（1615 Sizes 0 – 6X）。

（6）1611 聚乙烯塑料膜的燃烧性标准。

（7）1610 服用纺织品的燃烧性标准。

上述标准由美国联邦消费品安全委员会（CPSC）实施。联邦消费品安全委员会是美国联邦政府机构，主要职责是对消费产品使用的安全性制定法规和标准并监督执行。进入美国市场的纺织品和服装都必须按标准测试阻燃性能，获得安全标志。

二、美国纺织品技术法规与标准评析[①]

（一）内容

1. 纺织品有害物质限制

有害物质限量规定是美国一个非常重要的技术法规，几乎涉及所有行业，纺织品与服装行业当然也不例外。其规定有利于保护消费者的生命安全。

---

① 陈芳萍：《欧美中国生态纺织品技术法规与标准比较研究》，湖南大学 2008 年硕士学位论文。

2. 纺织品燃烧性能要求

织物的易燃性测试标准是美国基于对消费者权益保护的高度重视的一项产品安全法规。由于一些可燃织物在制成服装供消费者使用时，会危及消费者的安全，法律法规明令确定易燃性测试标准。如《易燃性织物法案》（FFA），美国 CPSC 制定和修改的服用产品燃烧性能相关标准也被纳入 FTC 法规的 16CFR part 1610，作为法规要求的强制性标准，同时还包括其他主要纺织品的易燃性标准。

3. 纺织品与服装纤维成分标签的法规

为了保证交易的公平性和保护消费者的合法权益，美国制定了严格的有关纺织品标识的法规。只有符合指令规定和法规规定的纺织品，才可以在美国市场内进行销售。纺织品标签的法规主要有：纤维含量、纤维名称、产地标识、养护标签等。美国还专门对纺织品服装、羊毛产品和皮毛产品的标签进行了立法规定，并根据相关法规加贴标签。

4. 其他法规

其他法规如纺织品监督机构的规定。美国纺织品安全召回制度，是美国比较健全的市场监管体系。分别由美国 FTC 和 CPSC 主管市场产品是否符合美国法律法规的监管。有关反欺诈、反垄断问题由 FTC 负责，而有关消费产品安全性能的监管由 CPSC 负责。

（二）实施

美国对纺织品与服装进口制定了严格的技术性贸易措施，涉及的范围广泛，要求严格，对于违反上述产品技术性法规的生产者、进口商、经销商都予以严厉的处罚，并由此使对方承担法律责任和民事罚款。如美国对违规行为处以不高于 2000 美元的罚款，对违法行为的罚款金额高达上百万美元。① 这些措施都值得我国好好借鉴。

---

① 《美国纺织品技术法规和标准概况》，载 http：//www. productsafe-ty. cn/xfp/html/？4841. html，访问日期：2011 年 5 月 2 日。

第二节　美国标签法规体系研究①

美国关于纺织品与服装标签的法规比较多，涉及方方面面，本节只是选取四个重点法案进行解读与评析，以求窥豹一斑而知全貌。

一、美国羊毛产品标签法规体系研究②

（一）美国羊毛产品标签法律法规体系立法发展

美国羊毛产品标签法律法规体系主要由《羊毛产品标签法》（The Wool Products Labeling Act of 1939）、《按照1939年羊毛制品标签法制定的法律法规》（Rules and Regulations Under The Wool Products Labeling Act of 1939）、《羊毛服装织物标签公平及国际标准法》（Wool suit Fabric Labeling Fairness and International Standards Conforming Act，《羊毛产品标签法》的修正案）等组成，由联邦贸易委员会消费者保护处强制执行。

1. 《羊毛产品标签法》

《羊毛产品标签法》于1940年10月14日通过，它的立法目的在于保护生产者、制造者、销售者和消费者免受羊毛产品虚假标签

---

① 本节部分内容转引和参考了商务部组织编写的《出口商品技术指南：北美纺织品和服装》，载 http：//policy. mofcom. gov. cn/export/NATAC/index. action；《出口商品技术指南：针织品》，载 http：//policy. mofcom. gov. cn/export/woodenfabric/index. action；《出口商品技术指南：羊绒制品》，载 http：//images. mofcom. gov. cn/sms/table/e06. pdf，访问时间：2015年5月10日。

② 聂资鲁、蔡岱松、谢峰：《美国纺织品技术性贸易壁垒法律问题研究：以羊毛产品标签法规体系为例》，载《湖南社会科学》2009年第1期。

的欺骗。① 美国参议院《羊毛产品标签法》讨论会主席、蒙大拿州参议员威尔曾指出，"该法案的目的在于羊毛产品制造商的利益，与此同时更加注重保护消费者的利益，防止消费者在购买羊毛产品时，被贴着'纯羊毛'标签的劣质产品所欺骗"②。1940 年美国国会记录中该法案的提交者科罗拉多州参议员约翰森指出，"《羊毛产品标签法》的目的是防止不法商向衣物中添加劣质掺杂物，给消费者以知情权，使他们知道所买衣物中真实的纤维成分含量"，"本法案将保护诚实的制造商的利益，使其不再受那些贩卖赝品的不法商贩的不正当竞争行为的侵害"，"当消费者购买一件纯羊毛衣服时，他要求所购买的产品质量合格而不是赝品或羊毛的替代品，这就是提出《羊毛产品标签法》议案的基本出发点，该法案仅仅旨在阻止现今混乱的羊毛产品销售市场"③。

《羊毛产品标签法》收入《美国法典》第 15 卷第 2 章，即 U. S. Code，Title 15，chapter 2。它是一个专门针对羊毛产品的法案，要求所有的羊毛产品无论羊毛含量多少，都必须附有符合此法案的纤维标签，内容包括纤维含量、原产地以及生产商或进口商，并且无论羊毛含量多少都必须标注清楚，如 99% 丝与 1% 羊毛混纺，不能标注为"99% Silks，1% other fiber"，而应标注为"99% Silks，1% Wool"；所有的羊毛产品都必须有纤维含量标签，包括围巾等。

该法案共有 11 章，分别为：术语定义、标识错误羊毛产品的类型、印章、吊牌、标签或者其他标识、执行机构、禁止令与没收程序、担保、处罚、其他法律的适用及除外情形。该法案重点是强

① 载 U. S Congress. Wool Products Labeling Act. www. nationaltextile. org/，1940 – 10 – 14，访问日期：2011 年 5 月 2 日。

② 载 U. S Congress. Congressional Record of 1941. http：//www. lexisnexis. com/ap/auth，1941 – 12 – 30，访问日期：2011 年 5 月 2 日。

③ 载 U. S Congress. Congressional Record of 1940. http：//www. lexisnexis. com/ap/auth，1940 – 12 – 30，访问日期：2011 年 5 月 2 日。

制规定了羊毛产品标签标识制度和执行制度方面的具体措施。

2.《按照 1939 年羊毛制品标签法制定的法律法规》

为了更好地执行《羊毛产品标签法》，联邦贸易委员会于 1941 年 7 月 15 日又制定并颁布了《按照 1939 年羊毛制品标签法制定的法律法规》。它是《美国联邦法典》第 16 章 300 部分，即 16CFR part 300。它共有 35 条，分别为：术语定义，家用纺织品的部件，一般规定，标签所需信息，注册编号，标签要求和粘贴方法，禁止粘贴的标签，英文要求，通用名称，商标使用光纤，缩略语，同上标记，星标，标签应披露的信息，记录的若干不正当方法，成对或含有两个以上部件产品的标记，必须出现在标签上的名称或其他识别标记，替代标签的规定，标记容器或羊毛产品的包装，添加物，使用"纯"或"百分之百"，产品含有特殊纤维的标记方法，"马海毛"和"绒"，"崭新"或"新"，样本或标本的标记，分别标记成分，衬布、夹层、填料、纤维含量的表示，羊毛产品的加工地或制造地，邮购广告中原产地的声明，起毛织物和由起毛织物构成的产品，羊毛制品含有叠加或补充纤维，未确定数量的再生纤维，成衣或产品含有杂布下脚料，欺骗性标记概述，制造商要保持的记录，独立担保的形式，向联邦贸易委员会提供持续保证档案，标签上不允许出现的担保条款，根据本法案第 4 条第（d）款举行的听证会。这些条款，是为了弥补《羊毛产品标签法》的过于抽象、原则的规定，以增强可操作性。

这部由联邦贸易委员会颁布实施的法律存在一定的争议。进口商普遍反映该法案规定过于严格，给他们的日常贸易造成了很大的影响①。美国纺织品进口协会甚至还因此把联邦贸易委员会告上了联邦法院，要求法院禁止实施该法案。实际上，联邦贸易委员会制订如此严格的执行程序是有其目的的。联邦贸易委员会认为，管理

---

① 载 United States Court Of Appeals For The District Of Columbia Circuit. Textile Group V. Federal Trade Commission. http：//www. lexisnexis. com/ap/auth，1969 - 03 - 26，访问日期：2015 年 4 月 24 日。

美国国内羊毛产品制造商时，它能要求他们全程保存生产记录，因此能在较早阶段发现劣质羊毛产品，但是它却无权要求国外羊毛产品制造商这么做，只能等成品出口至美国后才能检查。因此，联邦贸易委员会为了平衡对国内外羊毛产品制造商监控不平衡的现状，出台了如此严格的执行程序①。

3.《羊毛服装织物标签公平及国际标准法》

虽然《羊毛产品标签法》及《按照 1939 年羊毛制品标签法制定的法律法规》对标签作出了详尽的规定，但它们却没有对特级标签和山羊绒制品作出相应的规范。很多不法制造商利用《羊毛产品标签法》及《按照 1939 年羊毛制品标签法制定的法律法规》未对特级标签和山羊绒制品作出相应规定的漏洞，将劣质产品贴上特级标签以误导消费者。国际羊毛产品贸易组织（IWTO）为了纠正这一现象，于 2000 年制定了关于羊毛产品使用"特级"标签的规定，精确规定了每个特级标签所要求的羊毛纤维达到的直径。为了保护美国消费者和制造商的利益，美国众议院根据国际羊毛产品贸易组织的相关规定，于 2006 年 9 月 19 日通过了《羊毛产品标签法》的修正案——《羊毛服装织物标签公平及国际标准法》，对羊毛产品使用"特级"标签的标准作出了相应的调整，增加了对细毛和超细羊毛、开司米的定义，使之符合国际通行标准。12 月 6 日，参议院也通过了修正案。12 月 20 日，总统签署了修正案。2007 年 1 月 1 日，修正案正式生效。其主要目的在于给予消费者知情权，防止那些不正当竞争者利用法律漏洞欺骗消费者。修正案通过提高产品标签要求这一形式，提高美国市场准入准则，保护消费者和美国制造商利益，使那些劣质进口产品跟美国本土优质产品一样粘贴特级标签的情况不复存在。正如全美制衣协会的法律顾问大卫指出，"劣质羊毛产品的零售价平均比优质羊毛产品的零售价

---

① 载 U. S Congress. Rules And Regulations Under The Wool Products Labeling Act Of 1939. http：//www. nationaltextile. org/，1941－07－15，2015 年 4 月 24 日。

低50％，已经严重损害了美国本土羊毛产品制造业的利益。通过了该修正案之后，如果公司认为其竞争者或进口商销售劣质商品，它可以申请联邦贸易委员会作相应的调查和处罚①"。全美衣袜协会副主席斯蒂芬也认为该修正案通过之前，《羊毛产品标签法》缺乏相应的条款以至于那些不正当竞争者能逍遥法外。全美纺织品协会理事大卫则认为该修正案对进口商提高了要求，美国羊毛产品制造商将从此修正案获益②。对违背修正案的羊毛产品，美国海关可以处以高达11000美元/次的罚款，并查封那些虚假标签的产品。

（二）美国羊毛产品标签法律法规体系研究

1. 调整对象和性质

《羊毛产品标签法》及其配套法规主要调整的是进口至美国的羊毛产品及其标签（已制造20年以上的羊毛产品除外），任何对错误标签的进口羊毛产品的商业性介绍或商业性交付、销售均违法。

《羊毛产品标签法》仅适用于羊毛产品的标签，并不适用于羊毛或复用羊毛③本身，也不适用于对地毯、小块地毯、垫子或家具装饰布的制造、装运、以装运为目的的交付、销售，还不适用于进行上述活动的个体。

《羊毛产品标签法》及其配套法规属于公法范畴，调整的是联

---

① 载 Kristi Ellis. A new bill will battle mislabeling of superfine wool. http：//www. lexisnexis. com/ap/auth，访问日期：2015 年 4 月 24 日。

② 载 U. S. International Trade Commission. Industry & Trade summary - - wool and related animal hair. http：//www. usitc. gov，1998 - 12 - 10，访问日期：2015 年 4 月 24 日。

③ 《羊毛产品标签法》对"复用羊毛"给出如下定义：当羊毛被织成或毡缩成毛织品时，从未被最终消费者以任何方式使用的，又被加工为纤维态的纤维，或者当羊毛或者再加工羊毛被纺成、编织成、针织成或毡缩成毛织品时，在已被最终消费者以任何方式使用过之后，又被加工为纤维态的纤维。

邦贸易委员会与羊毛产品进口商之间的法律关系。虽然《羊毛产品标签法》的立法目的是保护消费者的利益，但是《羊毛产品标签法》及其配套法规仅仅规定了联邦贸易委员会如何对违法进口商进行处罚，并未授予普通消费者民事赔偿的权利，如果普通消费者受劣质进口羊毛产品侵害时，只能根据《联邦商标法》——《兰哈姆法》（Lanham Act）① 向法院起诉。

2. 标签制度

在《羊毛产品标签法》第 3 章第 1 条中规定了羊毛产品标签的具体内容：强制性规定了纤维成分、制造商名称、原产地信息三种信息必须显示在羊毛制品标签上；针对特例规定了全羊毛产品、特级标签、毛绒制品这三种特殊情形的标签标识注意事项，即全羊毛产品的"装饰品"不能超过全部纤维含量的 5%，对特级标签分为 80—250 支 18 个等级，限定了制作毛绒制品的原材料只能是"开司米山羊生产的优质下层绒毛"，规定了违法标签例外情形，即纤维允差，并在法条中设定了不可抗力和足够注意义务两个条件。

3. 注册制度

《按照 1939 年羊毛制品标签法制定的法律法规》第 4 条规定，注册标识号指联邦贸易委员会根据《羊毛产品标签法》批准制造商可以用于显示在印章、吊牌、标签或其他识别方式的羊毛产品上的代号，任何进口羊毛产品制造商或相关人员，必须向联邦贸易委员会申请注册标识号；注册标识号只供获得联邦贸易委员会批准的人或公司使用，不得转让；注册标识号在不正当使用时，违反本法案规定时，违反联邦贸易委员会所批准的法案时，违反公共利益时，应注销。当联邦贸易委员会得不到任何及时的注册人名称、营业地址、商业或法律地位的变化信息时，应予注销。这种注册制度为联邦贸易委员会迅速判断违规企业的国籍、企业信息，以及进行

---

① 兰哈姆法（Lanham Act）向来被称为是美国联邦商标法，制定于 1946 年并于 1999 年修正，载于《美国法典》第 15 编。

调查提供了便利。如果企业违反了该条规定，将会受到联邦贸易委员会的严厉处罚。

4. 记录制度

《羊毛产品标签法》第5章第2条规定，每个羊毛产品制造商应保持他制造的所有的根据本法案要求的羊毛产品纤维含量的准确记录，并保留上述记录至少3年。遗漏或拒绝保持和保存上述记录是违法的。任何违反上述规定的制造商应处以如下罚款：100美元×未保持记录之天数。《按照1939年羊毛制品标签法制定的法律法规》第31条也明确规定，羊毛产品制造商对于其制造的所有羊毛产品，应建立和保持如下记录：各纤维（装饰部分的纤维除外）的通用名称及所占的质量百分比；非纤维填充物或添加物质占羊毛产品总质量的最大百分比；产品名称、制造商名称、注册标识号；原产国名称。以上规定构成了羊毛产品生产记录制度和保持制度的具体内容。该条与标签制度中标签纤维允差规定的"合理注意义务"条款相互呼应，可以防止少数不法厂商利用法律漏洞逃避处罚。

该条对中国的影响很大，因为我国羊毛产品企业过去一般从牧民处收购原材料，因此原材料生产过程无法作出"可追溯之连续性记录"。美国联邦贸易委员会在审批中国产品时往往以此为借口不予通过，使中国羊毛产品企业在出口时蒙受巨大损失。这样的教训，应认真吸取。

5. 保证制度

《羊毛产品标签法》第8章规定，若美国本国有信誉人士担保上述羊毛产品的标签不违反《羊毛产品标签法》的规定，联邦贸易委员会可推定其无罪。上述保证分为以下两种形式：独立担保和连续担保。该条主要规定了保证制度。其目的是特意为进口商规避《羊毛产品标签法》过于严格的规定设定的合法救济措施。美国立法者之所以做如此规定，主要是基于如下考虑：如果对正常贸易活动限制过于严格，这将会严重影响到贸易的顺利发展，也会导致美国本国出口贸易面临别国更严厉的报复措施。

6. 执行制度

《羊毛产品标签法》规定的执行制度主要分为海关扣留和违规品处理两种。对于前者，主要调节的是羊毛产品正式进入美国市场前的标签内容，以防止标识错误的羊毛产品危害美国普通消费者；对于后者，主要是对进入美国市场后的羊毛产品的错误、虚假标识和日常生产状况在行政上和司法上作出处罚。

（1）海关扣留制度

《羊毛产品标签法》第5章第1条主要规定了海关扣留制度。其规定羊毛产品进口至美国时，美国海关必须先行扣留，等待联邦贸易委员会对羊毛产品抽检后，才能进入美国国内市场。如若联邦贸易委员会在抽检时怀疑羊毛产品标识有误，将会花费至少一周进行正式的测试。

（2）联邦贸易委员会行政处罚制度

《羊毛产品标签法》第5章第2条主要规定了联邦贸易委员会行政处罚制度。其规定任何遗漏或拒绝建立和保持日常生产记录的行为是违法的。任何违反上述规定的制造商应处以如下罚款：100美元×未保持记录之天数。

（3）联邦法院司法处罚制度

《羊毛产品标签法》第9章规定，任何个体故意触犯本法案相关规定之行为是一种轻罪，根据法院的判决应处以不多于5000美元的罚款，或处以不多于1年的监禁，或者并罚。本条之规定并不能限制本法案之其他执行。联邦贸易委员会任何时候都有理由确信某人触犯了本法案规定，其应保证将所有相关的事实提交给首席检察官，他的职责是执行适当的程序以便根据本法案之规定对嫌疑人提出指控。本法条主要规定了联邦法院司法处罚制度。处罚分为财产罚和刑事罚两种。财产罚为对违规品的处理和罚金，前者的主要措施为销毁违规品，后者则处以小于5000美元的罚金。跟处以罚金相比销毁违规品更为严厉，因为罚金仅仅为5000美元，而被销毁违规品的价值显然远远大于5000美元，并且法院常常更愿意采取销毁违规品的判决来保护美国市场的安全。刑事罚由于美国立法者认为这是一项"轻罪",故规定了处以小于1年有期徒刑的自由刑。

研究羊毛产品标签法律法规体系,是为了在中美纺织品贸易中更好地把握其精髓,从而跨越美国羊毛产品标签壁垒。

(三) 制定我国羊毛产品标签法的构想

1. 我国羊毛产品标签立法的现状和缺陷

第一,立法不足。我国现有的法律法规中与羊毛产品标签相关的只有《中华人民共和国产品质量法》《中华人民共和国标准化法》《中华人民共和国消费者权益保护法》,在其中仅有若干条款涉及羊毛产品标签的问题。现在起规范作用的仅有两部纺织行业强制性标准《产品标识标注规定》和 GB5296.4 - 1998《消费者使用说明中纺织品和服装使用说明》。

第二,认识模糊。国内法律实务界对标识、标注、标签、标志等概念认识混乱,导致法律适用产生冲突。"标识不合格、标签不合格、标志不合格是不是等同的,在实务界争议较大,往往是各执一词,莫衷一是[1]"。如某羊毛衫在标识上标注含羊毛88%,但经过检验实际羊毛含量只有68%。在这种情况下,依产品相关标准判定为不合格品,但是在适用具体法条时却出现了是适用《中华人民共和国产品质量法》第50条以不合格产品冒充合格产品进行处罚还是以第54条规定按标志不符合《中华人民共和国产品质量法》第27条责令改正处理的问题[2]。

第三,缺乏专门的管理机构。我国并未像美国那样由联邦贸易委员会统一管理羊毛产品标签日常工作。实践中,出现了部门与部门之间职责重复的矛盾,造成一些执行上的真空,并且由于政出多门,使企业难以适从,导致执法效率低下。

---

① 陈晓光:《产品标识标注法律问题研究》,载 http://cnc.cnqol.com/blog,2006 - 09 - 11,访问日期:2015年4月24日。

② 肖志刚:《产品标识标注合法性审查》,载 http://www.51zy.cn/,2007 - 03 - 06,访问日期:2015年4月24日。

第四，标签审查不具有强制性。如若标准化协会审查后认定标签不合格时，仅仅作出不予认可，并退还审查费的规定，并没有什么处罚措施①。

第五，处罚威慑力小。我国对标识错误、虚假性或欺骗性标签的羊毛产品的处罚方式主要有行政处罚和刑事处罚两种。"由于缺少强制性条文，轻微的经济处罚实际治标不治本，这对于造假尝到了大甜头的生产者来说根本无关痛痒，往往缴纳罚金，整改几天，就故态复萌。"②

2. 制定我国羊毛产品标签法的思考与建议

（1）立法的必要性

应加快与国际标准接轨——加快强制性技术标准向技术法规的转化，这是研究美国羊毛产品标签法律法规体系所得到的一个重要启示。美国羊毛产品标签法律法规体系是技术法规，是由美国的最高立法机关国会以及联邦贸易委员会制定和通过的，完全符合WTO/TBT协议对技术法规的要求。而我国现行的强制性标准属于标准范畴，不完全具有技术法规的效用。要想提高我国纺织产业在国际纺织品市场上的竞争力，就必须按照WTO/TBT协议的原则，采用国际通用做法，通过立法建立我们自己的技术法规体系。而当务之急是加紧制定我国羊毛产品标签法。

（2）立法的基本原则

一是贯彻循序渐进和从实际出发的原则；

二是在立法中坚持突出重点兼顾一般的原则；

三是立法中突出行政执法手段的运用，并在法条中以专门的章节加以明确的原则。

---

① 上海标准化协会：《纺织品标签审查认可规定》，载 http：//www. cn-sas. cn，1996 – 10 – 10，访问日期：2015 年 4 月 24 日。

② 谈金燕、谭斯亮：《产品标识标注到底有多重要》，载《三湘都市报》2015 年 4 月 24 日。

（3）立法的具体建议

笔者认为，我国的羊毛产品标签法应该包含以下内容：定义、范围、对标签的要求、违反法规的情况、执行、罚则。具体建议如下：

①定义、范围

首先，科学地对羊毛产品的相关术语进行定义。应学习美国《羊毛产品标签法》的立法经验，将法律正文的第一章制定成对专门术语的定义，开宗明义，明确相关概念。例如，可以对"羊毛产品"作出如下定义：含有或可能含有或以任何方式表明含有羊毛或复用羊毛的任何产品或产品的任何一部分。

其次，加入关于何谓生产者、销售者、运输者、批发者等相关主体的阐述。例如，"生产者"可以定义为任何生产羊毛产品的公司或者个人，"销售者"可以定义为任何贩卖、转售羊毛产品公司或者个人。

再次，科学界定标识、标注、标签、标志等概念。消除国内法学实务界对标识、标注、标签、标志认识混乱的现象，有利于法院审理羊毛产品标签侵权案件时避免出现类似《中华人民共和国产品质量法》第50条与第54条法律适用冲突的现象。

最后，将调整范围限定在适用于所有进口到中国或于中国国内制造的、在中国出售或进行广告宣传的羊毛产品。

②对标签的要求及违反法规的情况

首先，根据《产品标识标注规定》、GB5296.4－1998《消费品使用说明 纺织品和服装使用说明》、GB8685－1998《纺织品和服装使用说明的图形符号》、FZ/T01053－1998《纺织品纤维含量的标识》这四部国家标准，从中归纳出已有的成熟规定，并根据羊毛产品本身对标签的特殊要求将这些标准转化为法律。

其次，可以把洗涤养护标识添加到对标签的要求里去。我国的《产品标识标注规定》以及GB5296.4《消费品使用说明 纺织品和服装使用说明》没有对洗涤养护标识作出规定，羊毛产品生产企业普遍对这个问题不重视，导致我国出口羊毛产品在美国屡屡因这个原因而受到处罚。因此，为了与国际接轨，也为了规范国内羊毛产品洗涤养护标签标识混乱的状况，有必要引入洗涤养护标识这一条款。

最后，在违反法规的情况这一章中引入关于"邮购广告"的规定，并将定义的外延适当扩大到网络直销。

③执行

由于我国并没有专门的羊毛产品标签管理部门，而是由各省市的标准化协会、国家质量监督检验检疫局、工商局分别负责标签的审查、监管、处罚的职责，难免造成监管不力的现象，因此我国有必要借鉴美国的经验设立独立机构（如暂称为羊毛产品标签管理局），以提高执法的效率。该机构的具体执法措施如下：

第一，备案。强制性规定羊毛产品进出口企业必须将基本情况备案。备案之后，要求羊毛产品进出口企业建立和保持生产连续性记录3年；若企业拒不履行这一规定，对违法企业处以罚款以及要求其建立和保持更长年限的生产记录，以达到惩戒的目的。

第二，审查。是指对羊毛产品企业的标签标识情况的合法性进行审阅。应改自愿审查为强制审查，对标签审查不合格企业，要求其限期修改后再次重审，对于标识错误的标签坚决不能进入市场。

第三，劝诫。是指羊毛产品标签管理局通过一定的指导让违法的企业达到遵守本法的一种程序。执法方式可以采取以下形式：口头通知、书面通知、警告信①。

第四，保证。若羊毛产品企业的标签违法情节不严重时、非故意时、愿意对违法所带来的损失进行补偿时，羊毛产品标签管理局可以责令行为人提供书面保证，羊毛产品企业作出保证后，必须遵守，一旦违反，要处以更严厉的处罚。

第五，禁止令和同意令。是指借鉴联邦贸易委员会在处理羊毛产品标签违法时的行政流程。羊毛产品标签管理局可在违法羊毛产

---

① 王红梅：《加拿大竞争局的执法方法简介及评价》，载《河北法学》2003，69（9）：119-125。

品的企业同意接受本命令，并及时有效地纠正错误标签时签发此令。禁止令和同意令有利于敦促行为人及早纠正违法行为，避免长期的诉讼而造成的经济损失。禁止令和同意令发出后，羊毛产品标签管理局应监督违法行为人的行为，确保其确实履行禁止令和同意令规定的义务。

④罚则

第一，引入民事处罚条款，给我国消费者以明确的法律救济依据。

第二，加大行政、刑事处罚力度，并加入羊毛产品召回制度。对违法者，要从民事、行政、刑事三方面从严处罚，让违法者顾忌违法成本，从而减少违法行为。

二、《毛皮制品标签法案》研究①

（一）《毛皮制品标签法案》概述

1. 《毛皮制品标签法案》的立法背景和立法沿革

（1）《毛皮制品标签法案》的立法背景

20世纪30—50年代中期，随着输入美国的纺织品不断增加，美国的纺织品贸易也开始从顺差转变为逆差。据统计，1955年，来自日本的棉布进口超过了"二战"前高峰的1.37亿码，达到1.4亿码。② 客观而言，来自日本等外国低价纺织品的冲击、新纤维产品的出现、因消费者需求变动引起的款式的改变等多种因素的作用，使美国纺织品日渐失去竞争能力，纺织业日益陷入困境。但美国纺织行业将纺织厂的倒闭、工人失业或就业不足等完全归因为外国纺织品的冲击，因此，其不断影响政府采取贸易保护主义措

---

① 本小节转引上参考了王晓燕：《美国〈毛皮制品标签法案〉研究》，湖南大学2010年硕士学位论文。

② 林珏：《战后美国对外贸易政策研究（第一版）》，云南大学出版社1995年版，第12—20页。

施。例如，美国纺织服装行业协会多次请求国会通过立法限制外国纺织品的进口。1955 年，美国纺织行业强烈呼吁政府保护纺织行业免受剧增的进口数量的损害，并为此采取了多种策略。例如，反对政府提出的要求授予总统削减关税权力的贸易法案，并在此次法案中取得了其预期效果。在随后的时间内，又对政府施加压力，使日本接受了一个为期 5 年的出口控制计划。① 在美国纺织行业的强烈推动下，通过立法限制外国纺织品的进口成为立法机关的共识。

（2）《毛皮制品标签法案》的立法沿革

1951 年 8 月 8 日，美国国会通过了《毛皮制品标签法案》，并于 90 日后正式生效，由美国联邦贸易委员会负责施行。1952 年 8 月，美国联邦贸易委员会颁布了实施细则。

1980 年 7 月，美国联邦贸易委员会对《毛皮制品标签法案实施细则》作了进一步的修订，修订内容主要有：毛皮的定义；进口旧毛皮的原产国；错误标记毛皮原产地；碎料毛皮制品；虚构的动物名称；缩写和重复商标；英语语言的一般要求等。②

1998 年 3 月 16 日，美国联邦贸易委员会通过了一项对《毛皮制品标签法案》《羊毛制品标签法案》和《纺织品识别法案》作出修订的最终规则。主要修订内容在 John M. Peterson 的备忘录中有详细记载：少量非实质性纤维通用名称的使用、引进 ISO 国际标准、注册识别码的更新、标签的原产地、电子目录等。③

2000 年，美国人道协会通过游说参议院议员和民众最终通过了《狗和猫保护法案》（Dog and Cat Protection Act of 2000）。为此，美国国会对《毛皮制品标签法案》也作出了相应的修订，该修订

---

① 林珏：《战后美国对外贸易政策研究（第一版）》，云南大学出版社 1995 年版，第 12—20 页。

② 载 USA：Amendment to Fur Products Labeling Act of 1980. http：//www. tid. gov. hk/eindex. html，访问日期：2015 年 4 月 24 日。

③ 载 John. M. Peterson. Thomson Legal Record. http：//legal records. find law. com/，访问日期，2015 年 4 月 24 日。

于 2001 年 1 月 29 日正式生效。① 此次修订，明确了《毛皮制品标签法案》中的"除外情形"不适用于含有狗皮和猫皮的毛皮制品。随后，美国联邦贸易委员会也发布了如何具体将这一修订内容适用于法案的规定。② 2005 年，美国人道协会发现有国内零售商利用法律漏洞销售狗和猫的毛皮制品。在美国人道协会的游说和努力下，2007 年 8 月 15 日参议院通过了 Truth in Fur Product Labeling Act of 2007。③ 该法案于 2007 年 11 月 13 日正式生效，规定禁止在美国进口、出口、制造、销售、广告狗和猫的毛皮制品，其目的在于确保消费者能够被告知产品的详细信息。同年，纽约州通用商事法也规定，禁止任何人、公司、合伙企业或有限公司为了利润，进口、出售或制造包含或附带任何数量或任何价值的不标示为"人造毛皮"或"真毛皮"或错误标示的毛皮服装。而美国《毛皮制品标签法案》规定价值低于 150 美元的毛皮制品不适用于法案。为了解决此冲突，于是参议院在 2008 年又通过了 Truth in Fur Product Labeling Act of 2008，④ 它规定取消毛皮标签对数量和价值额较小的毛皮制品的豁免；修订毛皮制品名称索引以消除消费者对浣熊狗毛皮制品的混淆；授权规定毛皮制品标签。随着美国人道协会调查发现，美国国内六家大型零售商所销售的毛皮夹克 96% 是由猫皮、狼皮、浣熊狗皮制作的，并且完全没有按照规定注明标签。为了进一步加快法案的修订，美国人道协会于 2009 年 5 月 20 日督促国会尽快通过由美国白宫和参议院提出的 The Truth In Fur Product Labe-

---

① 载 USA：Amendment to Fur Products Labeling Act Pursuant to the Dog and Cat Protection Act of 2000. http：//www. tid. gov. hk/eindex. html，访问日期：2015 年 4 月 24 日。

② 载 FTC – In – FUR – mation Alert：How to Comply with the Fur Products Labeling Act. http：//www. bbb. org/us/，访问日期，2015 年 4 月 24 日。

③ 载 Dog and Cat Fur Prohibition Enforcement Act（Introduced in House）. http：//www. loc. gov/index. html，访问日期，2015 年 4 月 24 日。

④ 载 USA：Amendment to Fur Products Labeling Act of 1980. http：//www. tid. gov. hk/eindex. html，访问日期，2015 年 4 月 24 日。

ling Act，该法案旨在保护消费者获取更多毛皮标签法律的信息，以彻底阻止大量生产商利用该法律漏洞生产、制造、销售狗猫毛皮制品，从而使消费者能确切地知道该毛皮制品是由真皮还是假皮制作，而不管其价值的多少。

总之，美国纺织行业试图将纺织品技术法规与环境保护挂钩，希望以此合法名义来保护国内纺织业的发展。

2.《毛皮制品标签法案》及其实施细则主要内容

1951年8月8日正式颁布的《毛皮制品标签法案》是一部旨在保护美国国内毛皮制品产业的技术法规，它力图通过对毛皮制品的标签、广告和发票等各方面提出各种规范性要求，以能够从法律上形成良好的毛皮制品竞争秩序，保护和促进美国国内纺织业的发展；同时，在法律上要求必须在毛皮制品上贴上永久性或者非永久性的标签，用文字、符号、数字、图案以及其他说明等按照规定在标签上注明产品的成分和含量、生产商以及原产地等重要信息，也能帮助消费者更好地了解产品的质量状况来做出抉择，保护消费者不受虚假商标和虚假广告的纺织品所欺骗。法案共有11节，主要包括以下内容：术语定义；被禁止的交易行为；虚假标签毛皮制品；虚假广告和虚假发票毛皮制品；进口毛皮制品；毛皮制品名称索引；实施制度；没收和禁止令程序；担保制度；处罚制度；其他法律的适用等。

1952年颁布的《毛皮制品标签法案实施细则》共有49条，主要是对法案的内容予以具体化和翔实化。内容包括毛皮制品名称索引以及术语使用；特殊毛皮制品的标签；标签的具体内容要求和形式要求；毛皮制品的广告和发票的要求；豁免情形；担保的种类及禁止事项；等等。

3.《毛皮制品标签法案》及实施细则的影响和实质

（1）《毛皮制品标签法案》的影响

为了对本国消费者人身利益与安全、市场、产业发展等各方面利益实施有效保护，《毛皮制品标签法案》规定了实施保护的基本原则、实施机构、具体规定等，要求进入美国市场的毛皮制品必须符合联邦法律规定的标签标准，否则不允许进口、销售和使用。并通过国会授权美国联邦贸易委员会负责执行本法和制定《毛皮制品标签法案》实施细则。通过制定完备的法律对国内产业实施保护，依靠专门政府部门严格执行，赋予其强制效力，进一步限制了毛皮制品对美国的出口竞争。具体而言，法案的影响表现在如下方面：

第一，增加了毛皮制品贸易的成本和风险，限制了毛皮制品进口，达到保护国内产业的目的。法案的颁布对毛皮制品标签提出了更高的要求，这就给出口国特别是发展中国家带来了成本和效益上的不便，从而在很大程度上限制了外国纺织产品的进口，实现了保护美国国内产业的目的。

第二，示范效益明显，不少发达国家也加强相关立法，保护国内相关产业。自该法案颁布后，不少发达国家纷纷仿效，利用这种相对隐蔽和可操作性更强的非关税措施来实现贸易保护。例如，欧盟和日本在随后都针对本国纺织业实际情况颁布了相关法律。

（2）《毛皮制品标签法案》的实质

美国是世界贸易强国，也是各种技术法规最繁多的国家，长期以来，美国在倡导自由贸易、公平贸易、消除别国贸易壁垒方面，一直不遗余力，但对本国的贸易壁垒及歧视性立法，却往往以消费安全、国家安全等种种借口予以掩盖，以"合法"之名，行排斥外国商品、限制外国竞争、保护国内产业之实。[1] 美国《毛皮制品标签法案》规定了一系列的标签标注的原则和具体方法，并对不符合规定的行为进行处罚等，因此它是典型的纺织品技术法规。[2] 从本质上来说，《毛皮制品标签法案》是美国通过技术法规的形式设置的一种技术性贸易壁垒。

---

[1]　王仲辉：《跨越贸易壁垒——技术性贸易壁垒对中国纺织品服装贸易的影响》，中国社会科学出版社 2005 年版，第 103—110 页。

[2]　尚玉红、林德萍：《我国应对国外技术性贸易壁垒存在的问题及对策》，载《成都行政学院学报》2006 年第 5 期。

（二）《毛皮制品标签法案》及其实施细则之重点法
条解读

1. 关于适用范围和除外情形

（1）适用范围

《毛皮制品标签法案》第 2 节对它的适用范围做了如下的规
定：在美国领土内任何人关于毛皮制品的贸易活动都必须遵循法案
规定。所有毛皮制品的标签、广告和发票都应当符合本法案及其实
施细则的要求。法律另有规定的除外。

这部分内容主要是将法案涉及的所有术语逐个界定，避免了法
案在术语含义上的模糊性所带来的法律适用上的麻烦，充分体现了
法案的体系性和合理性。另外，随着纺织业的发展，其在实施细则
和各修订案中及时对相应的定义做了必要的补充与修改，体现了立
法的与时俱进。

这是值得借鉴的。我国的立法惯例是在每一章或每一节把该章
该节所要涉及的概念在章或节之首进行规定。而美国的方式，一方
面使法案调整对象更加明了，从而更易于在人们中间促进守法意识
的广泛形成；另一方面也可以使法案整体简洁、协调，是较高立法
技术的一个表现。[1]

（2）除外情形

法案第 2 节及《毛皮制品标签法案实施细则》第 39 节对法案
的除外情形和豁免制度做出了详细规定。[2]

《毛皮制品标签法案》（1951 年）及其以后的修订中，在“毛
皮制品”的定义中就明确规定了除外情形和豁免制度。“毛皮制
品”是指全部或者部分由毛皮、旧毛皮制成的包括服装在内的一

---

① 卓泽渊：《法理学（第四版）》，法律出版社 2004 年版，第 205—210
页。

② 载 US Congress. Regulations and Rules of Fur Products Labeling Act. ht-
tp：//www. ftc. gov/os/statutes/textile/rr – fur. html，访问日期：2015 年 4 月 24
日。

切制成品。但是，狗和猫的毛皮制品适应于 1930 年《关税法》第
308 节而不适用于本法案；另外，联邦贸易委员会可根据法律规定
对毛皮、旧毛皮数量、价值相对较小的毛皮制品而授予豁免而不适
用于本法案。其中，"狗和猫毛皮制品"是指整个或部分由狗皮或
猫皮或者两者兼有的毛皮制品。

《毛皮制品标签法案实施细则》第 39 节详细规定了关于毛皮
制品豁免制度的三个条件：

第一，如果毛皮制品含有的毛皮边或毛皮的价值，除去其生产
成本，没有超过 150 美元，或者毛皮制品的销售价格没有超过 150
美元，并且同时满足第 2、3 条的规定，则应当对毛皮制品予以豁
免而不再适用法案及其实施细则，但是，如果毛皮制品含有旧毛皮
或由旧毛皮组成，或者毛皮制品本身就是动物的头、耳朵、爪子和
尾巴的整块毛皮，例如宽领带、围巾，则该毛皮制品应当按照法案
及其实施细则的规定粘贴标签，开具发票和进行广告，而不论其成
本和销售价格。这里的豁免不适用于：①狗、猫毛皮制品；②对毛
皮制品的毛皮做了虚假性、欺骗性和误导性的表示的毛皮制品；
③没有根据本法案及实施细则关于标签、广告和发票的规定予以披
露毛皮制品的真实信息。

第二，当毛皮制品依据本节规定予以豁免，制造商应当在保存
法案及其实施细则要求的其他记录的同时保存必要记录以表明毛皮
制品中毛皮的价值，如果以销售价格为基础予以豁免，则应当保存
发票的复印件以表明毛皮制品制造商的销售价格。并且该记录应当
保存至少 3 年以上。

第三，如果毛皮制品得到本节的豁免，同时制造商的销售价格
超过了 150 美元，制造商或批发商的发票应当载明信息以表明毛皮
制品得到法案及其实施细则的豁免，比如："毛皮制品标签法案
豁免。"

如前所述，美国人道协会发现有国内零售商利用该豁免制度的
法律漏洞而销售猫、狗毛皮制品，近年来美国人道协会已经说服美
国参议院通过了一系列 The Truth of PLA，以希冀能够令美国国会

通过修订案修改豁免制度关于低于 150 美元的规定。

法案不仅在最初的定义中明确指明了法案的除外情形，并且为之规定了详尽的豁免制度的条件和程序，使整个法案的适用范围和除外情形规定更加一目了然。另外，在以后的实践中，美国议会、美国各行业组织都密切关注行业的发展情况，并能针对法案中不符合时代要求的部分提出议案适时修正，这也是立法顺应纺织业发展趋势的客观表现。反观我国的立法现状，大多只是以"但法律另有规定的除外"这样的兜底条款出现，又或者在下行法中出现不相一致的规定，我们在这方面可以做的工作还有很多。

2. 被禁止的交易行为

第 3 节规定了禁止的交易行为的范围和性质。本部分内容是从法律上释义法案所禁止的行为的范畴和性质，使法案得到更好的解释和适用。

（1）被禁止的交易行为的范畴

法案第 3 节列举了 5 类禁止的交易行为，主要包括以下内容：进口、以营利为目的的制造、销售、广告、许诺销售、运输以及配送违反本法案关于毛皮制品标签、广告和发票的规定的毛皮制品；以销售为目的的制造、销售、广告、许诺销售、运输或配送违反本法案关于毛皮制品标签、广告和发票规定的全部或部分由毛皮制成的毛皮制品；以营利为目的的进口、销售、广告、许诺销售、运输或配送违反本法案关于毛皮制品标签、广告和发票的毛皮制品；在毛皮制品销售、到达最后消费者之前去除、毁损或参与去除本法案要求粘贴于毛皮制品上的标签；进口、销售、宣传、许诺销售、以营利为目的的加工毛皮制品，以及销售、宣传、许诺销售、加工、装载并接收毛皮制品的人替换法案规定应当粘贴的标签，或对该替换标签没有根据法案规定保存记录，或通过替换标签假冒毛皮制品。

另外，需要指出的是，前三项不适用于一般商业贸易中装载、运输、配送毛皮制品或毛皮的公共承运人、合同承运人、货运代理人。

同时，法案第 4 节和第 5 节详细规定了违反法案毛皮制品标签、广告和发票的情形。下列三种情况下，被视为违反了法案标签的规定：如果标签或其他标示虚假，或者标签直接或者间接含有与毛皮制品或毛皮有关的任何形式的虚假性、欺骗性的陈述；如果附贴于毛皮制品上的标签没有用文字和图像清楚明白地表明下列信息：（毛皮制品名称索引所载明的）毛皮的动物名称，而且这种陈述应当与法案其他规定要求相符合；毛皮制品含有旧毛皮，或由旧毛皮组成，如果事实如此；毛皮制品含有经漂、染、人工着色的毛皮或由经漂、染、人工着色的毛皮组成，如果事实如此；毛皮制品全部或部分由爪子、尾巴、腹部、废毛皮组成，如果事实如此；由联邦贸易委员会签发并予以登记的以营利为目的制造、进口、销售、宣传、许诺销售、运输、配送者的名称或其他标识；毛皮制品使用的进口毛皮的原产国名称；如果本节所要求的标签上显示的动物名称与法案规定的名称不同。

如果在毛皮制品的广告中有上述 3 种行为被视为违反了法案广告的规定，前提是如果该广告、陈述、声明、通告有意直接或间接帮助提高销售或者许诺销售该毛皮制品或毛皮。

如果在毛皮制品的发票中有上述 3 种行为以及没有表明提供发票者的信息被视为违反了法案发票的规定。

以上条款是针对生产商和销售商进行的禁止性规定。禁止性规定属于强制性规定的范畴。如果违反了相关规定就要受到相应的处罚。该法案以列举的方式明确地提出了相关禁止性行为，涵盖了生产者和销售者所应当承担的法律义务，基本能较好地指导法案的具体适用。但是，对其中的某些关键词并没有做出相关的释义性的意见，这也成为后面提及的案件所争论的焦点之一。

（2）被禁止的交易行为的性质

根据法案第 2 节的规定，这些行为都是违法行为，是一种违背《联邦贸易委员会法》规定的不公平的竞争手段和不公平的、欺骗性的商业行为。

市场交易的基本原则包括公平原则、诚实信用原则等。公平原则即在市场交易过程中，双方的地位平等，权利义务对等。诚实信用原则则要求经营者要切实履行合同，不得规避法律和合同，同时不能采取欺诈或胁迫手段来牟取非法利益，而损害其他经营者和消费者的合法利益。不公平或欺诈性行为不仅违反了市场交易的基本原则，而且明显对消费者不公平，损害了消费者的合法权益。因此，对于生产商和销售商这样的行为必须明确予以禁止性的规定。

《毛皮制品标签法案》制定的目的就是保护公众免受虚假标签、广告和发票欺骗，充分保障生产者、销售者和消费者的利益，然而要从根源上达到法案的制定目的，必须要在产品进入流通领域前对其进行严格限制，禁止不符合本法规定的产品销售、生产和流通于市场，以真正实现防患于未然。

3. 标签制度

（1）标签必须显示的信息

《毛皮制品标签法案实施细则》第30节详细规定了标签所必须具备的信息及其次序安排。粘贴在毛皮制品上的标签上的与毛皮有关的所需的必需信息应当按照下列次序显示：毛皮制品含有天然、轧尖、漂白、染色、毛尖印染或者其他人工着色的毛皮或者由天然、轧尖、漂白、染色、毛尖印染或者其他人工着色的毛皮组成，如果事实如此；毛皮制品含有经修剪、提取的毛皮，如果事实如此；毛皮制品含有的毛皮原产于特定国家（国家名称应当以形容词的形式表述），如果事实如此；毛皮的动物的名称；毛皮制品是由整个背脊组成或者全部或大部分由爪子、尾巴、腹部、肋肉、胁腹、鳃、耳朵、咽喉、头、碎料或者废毛皮组成，如果事实如此；毛皮制品中进口毛皮的原产国名称；法案及其实施细则要求的其他与毛皮有关的信息。

另外，当受损毛皮使用在毛皮制品中时，该事实应当作为必需信息的一部分完全披露在该产品的标签中。

值得注明的是，本节第2款和第3款中的信息以及第5款中的"背脊"不是强制性要求的，但是如果使用，也应当按顺序标注。除此之外，还应当标明与制造商或交易商的名称或者注册识别码，可以在本节前面规定的信息之前，也可以在其后。注册识别码是由联邦贸易委员会基于收到申请人的申请书按照法案规定的适当程序和实施方式向居住在美国的符合资质的人发放的注册码，以用来对毛皮制品作必要识别，能够准确反映制造商、销售商的名称，商号地址和法定代表人。

（2）标签之一般要求

《毛皮制品标签法案实施细则》第 3 节、第 25 节、第 27 节、第 29 节等对标签的一般要求做了相应的规定。

第一，语言要求。本法案及其实施细则要求表明在标签、发票、广告上的所有信息都应当用英语表示。如果标签、发票和广告的内容含有英语以外的语言的所需信息，则所有的所需信息也应当用英语表示。该规定不适用于外语报纸和期刊的广告，但是这类广告应当符合毛皮制品标签法案及其实施细则的其他规定。

第二，标签大小要求。毛皮制品所需标签大小的基本要求是，7/4 × 11/4 英尺（4.5 cm × 7 cm）。这种标签应当使用足够耐用的材质安全、显著地粘贴在产品上，并且需要有足够的持久性使其在整个销售、再销售、分配和其他活动中都能保持不脱落，应当在销售和运输到购买者和消费者时能保持并且牢固地粘贴在其独立产品上。

第三，标签印刷要求。标签必要信息应当以不小于 4 号铅字或者 12 点活字的字体清晰显示在标签上，并且所有必需信息都应当以同样大小字体突出显示。所有与毛皮制品有关的必需信息都应当在标签的一边显示，该边不能显示除了总量或者类型名称和大小任何其他信息。总量或者类型名称和大小可以包含表明毛皮制品的种类、毛皮颜色、毛皮的品牌等非描述性词语。标签的另一边可以显示其他不为法案及其实施细则禁止的真实的非描述性的非必需信息。

必需信息可以按照规定用手工印刷显示，但是应当用难以擦掉的墨水清楚、明确、突出、易辨认来显示。禁止在标签上的其他任何必需信息用手写体显示。

第四，名称的要求。在农业部和内务部的协作下，联邦贸易委员会在举行公开听证会后于 1951 年 8 月 8 日起 6 个月内签发了毛皮制品名称索引。该索引被编为《毛皮制品标签法案实施细则》的第1节。它规定，所有毛皮制品和毛皮的标签、广告和发票应当严格遵循毛皮制品名称索引"名称"项下出现的动物名称。如果该毛皮名称不在毛皮制品名称索引之列的，则应该在必需信息中用动物的真实英语名称表示出来，如果动物没有真实的英语名称，可以用可以准确识别该动物的名称表示。

另外，毛皮制品标签法案规定使用在标签和发票上的名称应当是经营者的全名，商标、商号、其他不构成全名的名称禁止使用。

在这个部分法案对标签所必须标注的信息作了比较详细的规定，充分体现了立法体系的完整性与严密性，使法案本身更加具有可操作性，能够更好更充分地保护消费者的合法权益。

（3）特殊毛皮制品的标签要求

第一，轧尖、染色、漂白、人工着色毛皮制品的标签要求。《毛皮制品标签法案实施细则》第19节对该类毛皮制品从下面两个方面做了翔实的规定：如果毛皮或毛皮制品经轧尖或含有经漂、染、人工着色的毛皮或由经漂、染、人工着色的毛皮组成，则该事实应当作为必需信息标示在标签、发票和广告中。"轧尖"是指为了增加保护性毛发而在毛皮或者毛皮制品中植入独立毛发的过程。"漂白"是指通过漂白剂使毛皮颜色更浅或去掉其颜色上的污点和瑕疵的过程。"染色"（包括众所周知的给毛发或毛皮镶边、羽饰、美化等过程）是指通过染缸浸泡，或者使用刷子、羽毛、其他染色工具或者喷洒将染料放到毛发或毛皮上，以改变毛皮或毛发颜色或者加重其本色。"人工着色"是指毛皮或毛皮制品颜色的变化或者增强，不同于轧尖、漂白、染色和毛尖印染。这种毛皮应当在标签、发票或广告中标识为"颜色已改变"或"颜色已增强"。当毛皮或毛皮制品未经轧尖、漂白、染色、毛尖印染或其他人工着色时，应标示为"天然"；任何人加工、处理"人工着色"的毛皮都应当在毛皮上贴一张黑色条码，该条码宽不低于半英尺（1.27cm），或者在皮毛边缘贴一个实心黑色圆心的标记，二英尺（5.08cm）平方大小或者至少二英尺（5.08cm）半径的圆，并且所有毛皮边缘的标记和记号都应当使用黑色墨水。

任何人加工、处理虽然经过处理后但是按照规定仍然被视为天然毛皮时都应当在毛皮上贴一张白色条码，该条码宽不低于半英尺（1.27cm），或者在皮毛边缘贴一个实心白色圆心的标记，二英尺（5.08cm）平方大小或者至少二英尺（5.08cm）半径的圆，并且所有毛皮边缘的标记和记号都应当使用白色墨水。

任何人加工、处理"染色"的毛皮都应当在毛皮上贴一张黄色条码，该条码宽不低于半英尺（1.27cm），或者在皮毛边缘贴一个实心黄色圆心的标记，二英尺（5.08cm）平方大小或者至少二英尺（5.08cm）半径的圆，并且所有毛皮边缘的标记和记号都应当使用黄色墨水。

任何人加工、处理经轧尖、染色、漂白、人工着色的毛皮，应当在规定的记号或标记上根据实际情况对毛皮做出正确、真实名称的标记，比如，"染色""颜色改变""颜色增强"或"天然"等。禁止通过进一步的加工除去或毁坏这种标记，而应当保持其清楚明白直至产品到达最后消费者。

任何人加工处理非天然毛皮都应当清楚、显著、明白地在皮毛上和发票上标注与之有关的大量数字或其他识别码，这些数字或其他识别码涉及制造者的记录，表明了皮毛的来源和处理以及处理过程的细节。这些人也应当在皮毛上标记自己的名字或者注册识别码。

第二，碎料毛皮制品。《毛皮制品标签法案实施细则》第20节对碎料毛皮制品的标签要求进行了阐述：当毛皮制品全部或大部分是由爪子、尾巴、腹部、肋肉、胁腹、鳃、耳朵或者爪子、尾巴、腹部、肋肉、胁腹、鳃、耳朵、咽喉、头等碎料的大部分或者废毛皮组成时，应当将这一事实作为必需信息披露在标签、发票和广告中。当毛皮制品是由皮毛的背脊组成时，这一事实可以表示在标签、发票和广告中；当毛皮制品或者毛皮垫子、板子全部或大部分是两种以上的由本节第（1）条规定的物品或者由一种以上的这类物品和其他毛皮组成时，与之有关的信息披露应当根据表面积的大小命名该物品或者其他毛皮禁止在本节第（1）条中规定的术语中使用"组装"一词，以表明毛皮制品是由碎料组成的。

第三，成对毛皮制品。《毛皮制品标签法案实施细则》第31节是对成对毛皮制品的标签要求的规定：应当根据法案要求在每一毛皮制品上都予以加注标签，而不论它们是单独销售还是捆绑销售；当毛皮制品是成对或成组生产以供使用时，如果每对或每组里的产品都是来自同一原产国的同一毛皮，在销售和运输到购买者、消费者时仍紧紧粘贴在一起，同时，标签上显示的信息可适用于组里的每件产品，且提供了法案及其实施细则项下的各项信息，这种情况下则只需要一个标签。

第四，其他毛皮制品。此外，《毛皮制品标签法案实施细则》还规定了其他几类特殊毛皮制品的标签要求的规定。

第一种是有不同来源毛皮的毛皮制品。当毛皮制品是由不同来源国的毛皮组成的时候，这些国家的名称都应当按照毛皮制品中毛皮表面积大小的顺序表示在标签的必需信息中；含有非毛皮成分的毛皮制品。当毛皮制品含有毛皮以外的物质时，应当依据联邦贸易委员会实施的其他法律在标签上披露其含量，这些信息可以与法案规定的其他信息一起显示在标签的同一边。比如：100%羊毛衣服衬里—100%再生羊毛 边：染色麝鼠皮 毛皮来源：加拿大，或者主要部分：100%棉 衬里：100%尼龙 衣领：染色绵羊羊皮 毛皮来源：阿根廷。

第二种是旧毛皮、受损毛皮、二手以及样品毛皮制品。当毛皮经最后消费者以任何方式磨损或使用时，应当在发票和广告中的所需信息的一部分中标记为"旧毛皮"。当毛皮制品全部或者部分由旧毛皮组成时，该事实应当作为所需信息的一部分在标签、发票和广告中予以披露。比如，豹皮旧毛皮，或者染色麝鼠皮含有旧毛皮。当旧毛皮的原产国未知时，并且没有与之相关的直接或间接的陈述，则该事实应当作为所需信息的一部分在原产国一栏中表示为"毛皮来源：未知"；"受损毛皮"是指由于已知或潜在的自然原因或者加工原因的缺陷，而使得使用其会降低该产品的生命周期和耐久性的毛皮。当受损毛皮使用在毛皮制品中时，该事实应当作为所需信息的一部分完全披露在该产品的标签、发票和广告中；当毛皮制品经最后消费者使用或磨损，随后在原地销售、修补、添加或者不添加其他毛皮或旧毛皮重新组装时，同样适用毛皮制品标签法案和实施细则中与该产品的标签、发票和广告有关的规定，但是，按照法案中关于原产国的规定，该毛皮制品另外应当根据情况在必需信息部分中标记为"二手""修补——二手"或"重新组装——二手"，另外法案还规定，促进或影响毛皮或毛皮制品销售的样品，与购买的毛皮制品一样，都应当贴上标签以表明法案及其实施细则规定的必需信息。

本部分内容是法案对特殊毛皮制品的标签要求予以补充说明，是法案的实践化，使得法案更符合现实需求，能够更好地指导与解决毛皮制品标签制度中的问题。

法律应具有实践性，在制定时往往也要留意到产业发展的各种情况，尽量做到全面客观，对可能出现的新情况进行理性的设计，并对这些情况进行规定。在全球化趋势下，只有更好地与产业发展实践相一致才能使行业得到更好的发展。

（4）禁止出现之标签

《毛皮制品标签法案实施细则》第 11 节、第 17 节、第 18 节、第 28 节、第 43 节等以列举的方式规定了标签中的禁止事项。

禁止毛皮制品或毛皮在其标签、发票和广告中直接或者间接使用误导性，虚假性的信息来表明该毛皮地理上或者生物上的来源；禁止国内毛皮或毛皮制品在标签，发票或者广告中直接或间接表明其是进口的；禁止在标签中使用虚构、杜撰的毛皮名称；禁止使用不安全、不突出的标签，禁止使用在许诺销售、广告、运输、销售或者其他意外事件中有可能脱落的标签，禁止使用模糊、难以辨认、易损坏、难以理解、不突出的标签；禁止标签上显示的非必需信息是错误或者误导性的，禁止其包含法案及其实施细则禁止的名称、术语和表述。这类信息和陈述的提出或者使用也不得以任何方式影响必需信息；禁止任何人在毛皮或毛皮制品的标签、发票和广告上使用的商号、公司名称、商标或其他商业名称，以及地理标志等直接或者间接向购买者、潜在购买者和消费公众表达错误信息；禁止在毛皮制品的标签、发票和广告上直接或间接使用任何误导性、欺骗性的关于毛皮制品构成的陈述。

该法案是以列举的方式对标签的禁止事项作出规定，即禁止在标签上使用非真实、虚构、误导性的信息，并且必须保证标签上的信息能够准确有效地表达给消费者。法案通过前面规定的标签必须具备的信息和这里禁止性的规定两者结合起来，从肯定和否定两方面对标签提出要求，从而增强法案本身的可操作性，如果没有否定性的条件，难免在法律适用中存在相关方面的漏洞，因此这样的立法方式是很有裨益的。

（5）保存记录

法案第3节（5）项、第8节（4）项、《毛皮制品标签法案实施细则》第41节是对毛皮制品保存记录的规定。

第一，依据法案第3（5）节、第8（4）（1）节，《毛皮制品标签法案实施细则》第41节，毛皮制品或毛皮的生产商或者交易商（包括装饰者、染色者、漂白者和加工者）都应当保存适当记录以显示该毛皮制品的必需信息。而且这些记录至少应保存3年。

第二，按照法案第3节（5）项规定，任何人替换一个印章、标签、签条或者其他识别，都应保存记录，表明他去除的印章、标签、签条或者其他识别上的信息以及毛皮制品获得处的自然人或法人的姓名或注册识别码，这些记录至少应保存3年。

第三，忽视或者拒绝保留或保存记录是违法的。根据《联邦贸易委员会法》（15 U. S. C. 41 et seq.），在商业中，任何人忽视或拒绝保留这些记录即属不公平竞争和不公平或欺骗性行为或做法。未能保存这种记录的人每天将被没收100美金给美国政府，这种不作为也可以起诉到美国，从而通过民事行为予以救济。

本法案在这一部分对保存记录制度做了比较翔实的规定，有利于以后纠纷解决时证据的提供，能够使需要证明的事实真实展现，它是联邦贸易委员会和法院据以裁定的重要依据，也是生产商用以维护自己利益的关键证据之一。

而我国目前立法中尚无强制性要求纺织品贸易必须按规定保存记录，这也导致了我国的纺织品贸易商不重视记录。在遇到摩擦时，对方调查要求提供记录，我国企业要么记录比较混乱或没有相关记录，要么不愿意提供自己的记录，担心泄露商业秘密，有的甚至篡改自己的买卖记录。不但没有争取自己的权利，还经常授人以柄，处于被动地位。

4. 执行制度

（1）执行机构及其职责

法案第 69 节规定，除本法另有明确规定外，法案由联邦贸易委员会依照法律、法规和在《联邦贸易委员会法》（15 U.S.C. 41 et seq.）中规定的程序执行。美国联邦贸易委员会的职权包括：

第一，委员会有权并负责以同样的方式通过同样的手段以同样的权限、权力和职责防止任何人违反法案规定，以至所有适用的《联邦贸易委员会法》（15 U.S.C. 41 et seq.）的条款和规定被纳入并成为法案的一部分。任何人违反法案的规定，应受处罚并有权以同样的方式通过同样的手段以同样的权限、权力和职责依照《联邦贸易委员会法》（15 U.S.C. 41 et seq.）的规定享受特权和豁免权，以至所有适用的联邦贸易委员会法（15 U.S.C. 41 et seq.）的条款和规定被纳入并成为本节的一部分。

第二，分析、测试和检查权。委员会有权启动本法案规定范围内毛皮制品和毛皮的检查、分析与测试。

第三，协作。在与本法制定目的的有关问题上，与政府部门或机构协作；与任何州、领土、属地、哥伦比亚特区及其所辖属部门、机构的协作；与任何个人、合伙、公司、协会或任何其他形式的商业企业协作。

第四，制定规章制度。授权联邦贸易委员会制定法案规定的信息披露规则的规章制度，以更适当执行和实施法案。

本法案在这里充分展现了美国立法的程序正义和实体正义，从程序和实体两个方面明确执行机构及其职责，有利于明确分工，落实责任，更好地使法律得以实施。而目前，我国在纺织品立法上依然存在职能交叉，管理混乱，有法得不到执行的问题。

（2）禁止令和没收程序

法案第9节对禁止令和没收程序作出了相应的规定。

①临时禁止令

第一，申请临时禁止令的主体。临时禁令的申请主体是美国联邦贸易委员会。

第二，申请临时禁止令的前提。在依据《联邦贸易委员会法》（15 U. S. C. 4l et seq.）提起申诉前，或申诉被委员会驳回或被法院搁置审查或直至委员会根据《联邦贸易委员会法》（15 U. S. C. 4l et seq.）对此作出终裁之前，只要委员会有理由相信，任何人违反或将要违反本法案第3节、第4节、第10节，并且有理由相信是基于公众利益禁止这种违法行为，都可以申请临时禁止令。

第三，管辖法院。当事人住所地或买卖地的美国地区法院。

②没收程序

第一，没收程序的启动。只要委员会有理由相信毛皮制品违反了法案规定，并且委员会告知了当事人其毛皮制品与法案要求不一致，委员会就可以通过查封没收程序向当事人住所地的美国地区法院提起诉讼。

第二，程序方式。没收程序与海事法院的对物诉讼程序一致。

第三，被查封没收物品的处置。在支付法院审理费、仓储保管费等相关费用后，被法院没收的毛皮制品，要么被销毁，要么在交付保证金后并且使毛皮制品标签严格遵循法案要求后，再交付给其所有者或申诉人处理（合法地进入商业中），要么予以拍卖，其所得费用上交美国国库。

在传统救济中，主要的救济是损害赔偿，因此禁止令只具有附属性质，但对违反标签法的行为，即是最重要和最有效的救济措施，历来为各国法律所重视。这充分体现了英美法系上的程序正义原则，以程序公正保障实体公正，充分保障相关方的利益。行政权是一柄双刃剑，急剧扩张的行政权隐含着对公民权利和自由的巨大威胁，本法案采取这样的规定一方面有利于合理发挥其能动性，另一方面又能控制其在真正合理范围内行使其权力。

（3）担保

①提供担保免于处罚的情形

根据本法案第10节（a）的规定，任何人违反本法案的规定，但在提供担保的情况下可以免予处罚。这种担保应当满足下列要求：

第一，担保人的要求—附有被担保毛皮制品的生产商或发货方的名称和地址或包括上述人名称和地址的担保，也就是说担保人必须是美国人，并且必须有责任能力。

第二，担保内容—担保人签署并保证由其生产或从他那里获得的被担保的毛皮制品完全符合法案关于标签、广告、发票的要求。

第三，担保形式包括：A独立担保，即明确指明被担保的毛皮制品的独立担保，在这种情况下，它可在毛皮制品的发货单或其他有关文件里；B连续担保，即担保人根据委员会规章制度中的形式向委员会提出的连续性担保，其适用于担保人所经营的所有毛皮制品。

另外，禁止政府或其辖属机构对与毛皮或毛皮制品相关的标签，发票和广告作出与本法案相关的担保。

②虚假担保及其法律责任

根据《联邦贸易委员会法》（15U. S. C et seq. ）的规定，提供虚假担保是违法的，是一种违背《联邦贸易委员会法》（15U. S. C et seq. ）规定的不公平的竞争手段和不公平的、欺骗性的商业行为或活动。除非提供虚假担保的这些人基于收到由其生产或从他那里获得的被担保的毛皮制品的人诚意地签署保证并含有这个居住在美国的人的姓名和地址的同样效果的意图。

提供虚假担保的人将根据法案的处罚规定予以处罚，这在后面的处罚制度中有详述。

法案这部分主要是用来保全诉讼程序得以进行的程序设计，类似于我国的诉讼财产保全制度的功能,① 通过该制度,也使得法案能更好地得以适用,以此保护其国内产业。

5. 处罚制度

法案第 11 节是对违反本法案的行为的处罚制度的规定。

第一,任何人故意违反本法案第 3 节、第 6 节、第 10 (2) 节都构成轻罪,将处以 5000 美元以下罚金或 1 年以下监禁或两者兼而有之,具体裁量由法院判决。委员会发现任何人有违法行为,可以依规定发布临时禁止令,如果禁止令不足以维护公共利益,则委员会将诉诸美国法院,由法院依据案情作出处罚裁定。

第二,任何时候委员会有理由相信有人已触犯了本节规定的轻罪,可以向司法部长证明相关事实。如果基于被证实的事实,司法部长同意这种意见,他有职责提起适当的诉讼,迫使该人强制执行本法案规定。此条规定是英美法系程序正义和三权分立制度的体现,委员会只有取得司法部长的同意后才能提起诉讼。

法案从民事责任、刑事责任的角度上规定了处罚制度,从而加强了法案的强制性和可执行性。而目前我国的纺织品贸易监管中,在处罚制度这方面还有完善的空间。

(三) 美国《毛皮制品标签法案》及其实施细则对我国的影响

1. 我国毛皮制品标签的立法现状及缺陷

(1) 我国毛皮制品标签的立法现状

近年来我国纺织品因不符合发达国家标签法规而被召回所遭受的损失高达数亿美元,严重影响和制约了我国纺织品的发展。一方面是由于我国对其他国家的标签制度不熟悉;另一方面是因为我国

---

① 诉讼财产保全,是指人民法院在案件受理前或诉讼中,对遇到有关的财产可能被转移、隐匿、毁灭等情形,从而可能造成利害关系人权益的损害或可能使人民法院将来的判决难以执行或不能执行时,根据利害关系人或当事人的申请或人民法院的决定,而对有关财产采取保护措施的制度。

纺织品标签法律制度的不健全，这主要表现在以下两个方面：

①立法缺失

改革开放以来，我国的纺织品立法已经取得了很大成就。目前与此相关的法律依据及强制性标准有：《中华人民共和国标准化法》《中华人民共和国产品质量法》《中华人民共和国进出口商品检验法》《出口纺织品标识查验管理规定》《产品标识标注规定》、GB5296.4 – 1998《消费品使用说明 纺织品和服装使用说明》、GB8685 – 1998《纺织品和服装使用说明的图形符号》、FZ/T01053 – 1998《纺织品纤维含量的标识》等，此外，还有上海标准化协会制定的《纺织品和服装使用说明标签审查认可规定》。目前，起主要作用的是国家技术监督局公布的《产品标识标注规定》和国家强制性标准 GB5296.4 – 1998《消费品使用说明 纺织品和服装使用说明》这两个纺织行业强制标准。可见，我国纺织品标签立法数量少、效力位阶低，不少方面的法律法规严重缺乏，亟待填补和加强。不像美国《毛皮制品标签法案》那样有一部专门的法律从实体和程序上严格规定纺织品标签的适用范围、基本要求、执行以及处罚制度等。

②条文概括性、原则性较强，实践性、可操作性较差

在上述提及的法律法规以及强制标准中，明确规定产品标签制度的条文可谓是凤毛麟角，而且其规定还大都是原则性、概括性规定，实际可操作性差。在执法过程中就难免会出现"法为我用"等执法难严、违法难究的不良后果。例如，《中华人民共和国产品质量法》仅在第 27 条和第 54 条用数字之言简单规定了产品标签的基本要求以及相应的法律责任。而《产品标识标注规定》仅区区 27 条就对产品标识的概念和基本要求做了扼要的原则性规定。虽然 GB5296.4 – 1998《消费品使用说明 纺织品和服装使用说明》规定了纺织品和服装使用说明的基本原则、标注内容和标注要求，其内容是比较实际而可操作的，但是却因为其自身不具有法律强制力而缺失了相关的执行制度和处罚制度。在实际中，相关制度因为过于原则化而难以操作和运用。

（2）与毛皮制品标签有关的法律存在缺陷

我国虽然没有一部专门法律来调整毛皮制品标签制度，规定相关的法律责任，但可以从相关法律中找到有关条款来规制其违法行为，比如《标准化法》《产品质量法》和一些强制性标准。但是，这些规定本身存在诸多的缺陷和不足：

第一，法律位阶低，强制性不足，不符合国际法上要求，不足以保护本国产业。

WTO/TBT 协议是 GATT 主要缔约方标准化工作的规定，是关贸总协定的九个副协定之一。为了进一步实现 1994 年关税贸易总协定的各项目标，促进国际贸易的发展，世界贸易组织允许成员国在其框架范围内通过制定技术法规、标准和合格评定程序来规制技术性贸易壁垒。在其附件一中规定，技术法规是规定产品特性或与其有关的工艺和生产方法，包括适用的管理规定并强制执行的文件；标准则是指由公认的机构核准，供共同和反复使用的非强制性实施的文件，它为产品或有关的工艺过程的生产方法提供准则、指南或特性。由此可见，只有技术法规才是强制执行的，标准只有被技术法规引用才能成为技术法规的组成部分，否则标准自愿执行。

而目前来说，在毛皮制品标签这块起主要规范作用的是国家技术监督局公布的《产品标识标注规定》和国家强制性标准 GB5296.4－1998《消费品使用说明 纺织品和服装使用说明》，前者属于规章，后者属于 TBT 概念上的标准，都不属于技术法规，强制性效力有限，因此它的适用被大大缩水，不能对本国纺织品以及进口纺织品予以合法而适当的充分保护，不利于纺织产业的发展。

而美国的《毛皮制品标签法案》首先是从立法机构，立法位阶上来说就满足了 TBT 技术法规形式上的合法性，然后它自身规定的执行制度、处罚制度等所体现出来的强制性使其能够将适用范围扩大至所有在美国销售的毛皮制品，能够对包括进口毛皮制品在内的所有毛皮制品予以规制，从而实现立法目的，保护本国产业以实现本国利益最大化。

第二，国内流通和对外贸易分别立法，缺乏统一性和连贯性。

《中华人民共和国标准化法》第 7 条第 1 款和第 14 条第 1 款分别规定，保障人体健康、人身、财产安全的标准和法律、行政法规规定强制执行的标准是强制性标准；强制性标准，必须执行。可是，该法第 16 条却规定："出口产品的技术要求，依照合同的约定执行"，这就意味着对外贸易的当事人可以采用我国的标准、进口国标准、第三国的标准或国际标准，也可以是其他技术要求。

《产品标识标注规定》第 3 条规定，在中华人民共和国境内生产、销售的产品，其标识的标志应当遵守本规定。但是 GB5296.4 - 1998《消费品使用说明 纺织品和服装使用说明》规定，本标准适用于在国内销售的纺织品和服装的使用说明，也就是说，在我国生产但出口至国外而不在国内销售的纺织品不适用于该说明，从而将对国内流通和对外贸易的纺织品规制予以分别立法。就其本身来说，如前所述，其不属于技术法规范畴，不具强制力，而现在又采取这种分别立法模式，缺乏应有的统一性和连贯性，从而使其效用更是大打折扣。

在美国《毛皮制品标签法案》中，立法者在开篇第 2 节就规定，本法案要求在美国领土内任何毛皮制品贸易活动都必须遵循法案规定。除了例外规定，所有毛皮制品的标签、广告和发票都应当符合本法案及其实施细则的要求。也就是说，不论是在国内销售，还是在国外销售，也不论是在国内生产，还是在国外生产，只要该毛皮制品的任何贸易活动在美国领土范围内，即受法案管辖。这种一揽子式的"属地主义"也能体现法律的统一性，更能体现国际法上所要求的平等、公平、非歧视原则。

第三，标注、标识、标签等基本概念不清，缺乏对相关术语概念的界定，导致法律适用产生冲突。

由于我国这一方面的法律制度起步较晚，在众多涉及标签的法律法规中，标注、标识、标签等概念经常混用，并且没有明确界定其基本含义，以致给司法实践和理论研究对这三个概念的内涵和外延有很大的困扰。另外，不论是在《中华人民共和国标准化法》

《中华人民共和国产品质量法》，还是在《产品标识标注规定》、GB5296.4 - 1998《消费品使用说明 纺织品和服装使用说明》中都缺乏对相关术语概念的界定，仅仅有 GB5296.4 - 1998《消费品使用说明 纺织品和服装使用说明》表明纺织品是指经过纺织、印染或复制等加工，可供直接使用，或需进一步加工的纺织工业产品的总称。如纱、线、绳、织物、毛巾、被单、毯、袜子、台布等。《产品标识标注规定》第 2 条规定，产品标识是指用于识别产品及其质量、数量、特征、特性和使用方法所做的各种表示的统称。其他相关术语丝毫没有提及。这严重影响了法律适用中对其适用范围和法律责任的确定。比如说，《中华人民共和国产品质量法》第 50 条和第 54 条对违反标签规定的法律责任就存在一定的冲突，而这正是由于没有对相关概念做出解释而导致的。

而不论是 TBT 以附件的形式对所涉及的基本概念做出界定，还是美国《毛皮制品标签法案》专列一节开门见山地对相关术语予以界定，都从根源上明确了基本概念的含义，从而能更好地确定其适用范围和调整对象，以避免不必要的困扰，值得我们借鉴。

第四，标签制度过于原则化和概括化，难以满足和适应产业发展需求。

我国对于毛皮制品标签制度乃至纺织品标签制度，规定过少，而且大都是原则性、概括性语言，难以满足产业发展需求。如，《中华人民共和国产品质量法》仅在第 27 条用寥寥数字规定了产品标识的基本要求；《产品标识标注规定》作为一个标签方面的专门性规定，总共区二十余条规定了产品标识的概念和基本要求，而且丝毫没有提及其如何实施以及处罚制度。GB5296.4 - 1998《消费品使用说明 纺织品和服装使用说明》虽然相比来说，更多的规定了纺织品和服装标签的内容，形式和安放位置，但是由于其适用范围和标准属性的限制，而不能发挥更好的效用。

反观美国，其纺织品法规有《羊毛制品标签法案》《纺织纤维制品鉴别法案》《毛皮制品标签法案》等诸多法案及其实施细则。通过这些法案，美国建立起了一个强大的纺织品标签法律体系来支持本国产业。比如说，《毛皮制品标签法案》对毛皮制品标签的适用范围、相关术语、基本要求、执行制度和处罚制度都做了规定，除此之外，《毛皮制品标签法案实施细则》更是对具体术语的使用，标签的内容和形式，特殊情形下标签制度的差异，以及相关制度的解释都做了非常详尽的规定，并且还依据产业发展需求适时做出修正，因而使其在对保护本国纺织业、遏制外国纺织品尤其是中国纺织品方面发挥了非常重要的作用。

第五，执行制度和处罚制度极其不足，不利于法律的实施。

在与毛皮制品标签相关的法律中，涉及其执行制度和处罚制度少之又少，有限的几条规定又大都是原则性、政策性的规定，适用性不足。首先，没有确定一个具体的部门负责其实施和执行，在实践中，出现了部门之间职责重复的矛盾，造成一些执行上的真空。例如，《中华人民共和国产品质量法》第 18 条第 2 款规定县级以上工商行政管理部门按照国务院规定的职责范围，对涉嫌违反本法规定的行为进行查处时可以行使相关职权。该法第 22 条规定："消费者有权就产品质量问题向产品质量监督部门、工商行政管理部门及有关部门申诉，接受申诉的部门应当负责处理。"这就导致工商行政管理部门、产品质量监督部门和有关部门之间职能的重叠，不利于法律的实施。而且由于标签制度方面需要更强的专业技能和知识，这些部门可能无法胜任。

其次，没有规定在法律执行过程中的相关配套制度，比如查验制度、备案制度、担保制度、禁止令和没收制度。在我国仅有国家进出口商品检验局于 1995 年 3 月 20 日发布的《出口纺织品标识查验管理规定》和上海标准化协会的《纺织品和服装使用说明标签审查认可规定》提及了查验制度，而且由于其位阶层次原因，不具有强制力。前者仅规定查验不合格不予以放行，而没有相应的处罚措施；后者规定，如果标准化协会审查后认定标签不合格时，仅仅作出不予认可，并退还审查费的规定，并没有什么处罚措施。

最后，相应的法律责任处罚制度力度小，作用不大。《中华人民共和国产品质量法》仅在第 54 条规定"产品标识不符合本法第二十七条规定的，责令改正；有包装的产品标识不符合本法第二十七条第（四）项、第（五）项规定，情节严重的，责令停止生产、销售，并处违法生产、销售产品货值金额百分之三十以下的罚款；有违法所得的，并处没收违法所得"。就实践来说，一旦有违反标签的行为一般不外乎改正和罚款这两种处罚，从一定意义上来讲，实在法的法律责任就是一份价格清单，上面标示了各种违法行为需要支付的对价。作为商人的生产者和销售者来说，如果违法的收益大于违法的成本时，他们会毫不犹豫地选择违法。[1] "那些轻微的经济处罚实际治标不治本，这对于造假尝到了大甜头的生产者来说根本无关痛痒，往往缴纳罚金，整改几天，就故态复萌。"[2]

反观美国的《毛皮制品标签法案》不仅在法案及其实施细则中详尽地规定了法案的执行机构及其职权、保存记录制度、担保制度、禁止令和没收制度，而且也规定本法案的适用不妨碍其他法律的适用。另外，在处罚制度上，如前所述，相比我国的规定来说要严厉得多，违法成本要大得多，从而能更好地遏制违法行为。

2. 制定我国毛皮制品标签法律的必要性分析

如前所述，我国现行与毛皮制品标签有关的法律存在许多缺陷：第一，法律位阶低，强制性不足，不符合国际法上要求，不足以保护本国产业；第二，国内流通和对外贸易分别立法，缺乏统一性和连贯性；第三，标注、标识、标签等基本概念不清，缺乏对相关术语概念的界定，导致法律适用产生冲突；第四，标签制度过于原则化和概括化，难以满足和适应产业发展需求；第五，执行制度和处罚制度极其不足，不利于法律的实施。

因此，为了能给我国纺织品贸易提供一个优良的法律环境，完

---

① 陈晓光：《产品标识标注法律问题研究——以生产者的信息披露为切入点》，载 http：//zz.chinacourt.org/detail.php? id = 824，访问日期：2015 年 4 月 24 日。

② 王志英：《生产、销售伪劣商品罪若干问题浅析》，载《企业家天地（理论版）》2006 年第 10 期。

全有必要针对现行立法的缺陷与不足，借鉴美国《毛皮制品标签法案》的规定并结合中国实际情况，来制订一部专门规制毛皮制品标签的法律。一方面能够促使我国毛皮制品的发展，提升我国的竞争力，扩大出口份额；另一方面能够以符合国际法规则的技术法规对进口纺织品提出要求，形成我国的纺织品技术性贸易壁垒，以合法的形式来限制进口。

3. 我国毛皮制品标签的立法目的和基本原则

（1）立法目的：为了人身健康和安全，保护国内纺织业和消费者安全，规制不符合要求的毛皮制品（包括国内流通和国外进口的产品）进入市场销售和流通，保护国内纺织业的顺利发展。

（2）基本原则：①程序性原则：要遵循保障法律的现实性、有效性和权威性的统一；在立法中应尽量减少利益集团的影响，实现专家立法。②循序渐进原则：要循序渐进，绝不能急于求成。条件已经成熟的，能够实现的就加以规定，目前还不能实现的，等条件成熟了再写进法律中。③协调原则：在立法中，应合理规划法律体系的框架结构，设立科学的配套机制，从整体上使毛皮制品标签法在运行中的各项活动都有章可循、有法可依，消除目前政出多门、标准不一、缺乏协调的现象。④救济原则：也称为保障原则。即任何一项诉讼权利的设置都必须有相应的救济条款与之配套，以保障该项权利受到侵犯时有机会得到恢复，并使侵犯权利者受到相应的制裁。

4. 我国毛皮制品标签法的具体法律制度设计

结合我国的实际国情，并借鉴美国《毛皮制品标签法案》立法经验，我们认为，我国毛皮制品标签法的内容应主要包括如下8章：

第1章：立法宗旨和立法原则。包括毛皮制品标签法的立法指导思想、立法依据和立法原则，这是毛皮制品标签法的总纲，对通篇具有指导作用。明确本法设立的目的是规范毛皮制品标签的使用，保护消费者的利益，建立公平有序的竞争环境，促进纺织业的发展。

第2章：术语定义。可以参照美国《毛皮制品标签法案》的立法模式在开篇专列一章规定毛皮制品标签法使用的术语定义，如个人、贸易、毛皮制品、标签的相关术语、执行制度的相关术语等相关术语的内涵和外延，以解决目前相关概念界定不清造成法律适用不明的问题。

第 3 章：适用范围和除外情形。纠正目前国内流通和对外贸易分别立法的立法模式，明确毛皮制品标签法适用于一切在中华人民共和国境内从事贸易活动的纺织品。进入国内市场的国外纺织品是否能合法进入本国市场销售、流通，以及我国出口的毛皮制品是否必须符合本法的要求，都必须予以详细规定，同时对于为出口而进口的纺织品和出口到符合他国法律的毛皮制品应作出例外规定。此外，可以结合中国实际情形，借鉴法案中规定的"微量例外"规则，规定对一定金额范围内的毛皮制品予以例外。

第 4 章：禁止性交易活动。首先明确界定违反本法的行为的属性以便能够更好地追究其法律责任。笔者认为，可以将其定性为一种产品缺陷侵权责任。其次，可以以有限列举的方式规定本法所禁止的交易行为的范围，包括违反本法规定的标签制度进行销售性生产、销售、销售性供应、进口、引进、运输毛皮制品等行为。从而使追究这些违法行为的法律责任做到有合法的依据。

第 5 章：标签制度。GB5296.4 – 1998《消费品使用说明 纺织品和服装使用说明》规定了在国内销售的纺织品和服装的使用说明的基本原则、内容和标注要求等。使用说明规定纺织品标签必须标注制造者的名称和地址、产品名称、产品号型和规格、采用原料的成分和含量、洗涤方法、使用和储藏条件的注意事项、产品使用期限、产品标准编号、产品质量等级、产品质量检验合格证明 10 项内容，并对每项内容列出了具体的要求。另外，还规定了纺织品标签的形式和安放位置。① 我们可以综合考虑将《产品标识标注规定》和 GB5296.4 – 1998《消费品使用说明 纺织品和服装使用说

---

① 中国标准出版社编：《纺织品纤维含量的标识 FZ/T01053 – 2007》，中国标准出版社 2007 年版，第 3—10 页。

明》这部分的内容在原有基础上加以补充、修饰，把标准转化为技术法规，规定我国境内毛皮制品标签所必须标注的内容、形式和位置上的要求等。此外，还可以综合实际需要，借鉴法案针对各种特殊毛皮制品的要求予以规定。

第6章：执行制度。确定一个专门的管理机构（可以在商务部下设置一个毛皮制品标签主管部门负责毛皮制品标签法的实施，并授权其行使相应的职权：（1）负责对有可能违反本法标签制度的毛皮制品进行调查和研究；（2）制定规章制度权；（3）调查、分析，检查和测验有理由相信属于本法禁止的毛皮制品；（4）对有理由相信违反本法禁止的毛皮制品发布临时禁止令和没收程序；（5）对违反本法的行为予以处罚；（6）其他机构、单位必须提供协助等。① 同时为了保障法律的有效实施，可以规定纺织品标签的记录保存制度、担保制度以及禁止令与没收程序等。具体如下：

第一，查验、审查认可制度。我国国家进出口商品检验局印发的《出口纺织品标识查验管理规定》规定：凡从事出口纺织品生产、加工和经营的企业均必须按《进出口商品报验的规定》所规定的时限，逐批向商检机构报验，然后由商检机构组织查验，若合格则予以放行。《纺织品和服装使用说明标签审查认可规定》规定，在上海市区域范围内依法注册登记的企业向标准化协会提出申请并填报上海市纺织品和服装使用说明标签审查认可申请表，标准化协会认为符合标准的给予审查认可，认为不符合标准的不予认可并退还认可费。② 可以考虑将上述两个规定转化为技术法规体现在本法中，赋予其全国范围的法律强制力，此外，还应当增加如果查验不合格、认可不通过所应承担的法律责任。

---

① 深圳出入境检验检疫局：《国际纺织服装市场遵循的技术法规与标准解析》，中国标准出版社2005年版，第139—154页。

② 上海标准化协会：《纺织品和服装使用说明标签审查认可规定》，载http://www.cnsas.cn/fuzhuangrenke.html. 2005 - 10 - 25，访问日期：2015年4月24日。

第二，记录制度。可以参考美国《毛皮制品标签法案》的规定，从毛皮制品的生产直至最后到消费者的整个过程中标签的替换都应当在一定的年限内保存相应的记录并向主管部门备案以供主管部门的统计和定期查验，也有利于在涉及诉讼时直接证据的保存。备案在《中华人民共和国标准化法》中就有相关的规定，要求我国纺织品生产企业应当将纺织品标签情况向有关部门上报备案。另外，《中华人民共和国海关知识产权保护条例》第2章也规定企业向海关申请知识产权保护备案的条件、所需要提交的相关文件材料、程序等。在此基础上，我们可以将这些内容引入毛皮制品标签法，规定生产者必须将毛皮制品标签的情况向有关部门备案，以及在备案之外要求企业建立和保存生产记录一定期限，如果企业违反该规定则再借鉴美国《毛皮制品法案》的规定对企业予以行政处罚。

第三，担保制度。可以参考我国物权法上的担保制度和美国《毛皮制品标签法案》设置毛皮制品标签法上的担保制度。规定当符合法定条件的主体依法定程序和条件为可能违反本法的当事人提供担保时，可以免予处罚，先行放行。其实在我国现行法律体系中类似担保制度已经有基本雏形，例如，《中华人民共和国海关法》规定，收货或者发货人认为其进出口货物未侵犯知识产权的，在向海关提供了适当担保后可以请求海关放行有关货物。在本法中，可以借鉴本法案对担保的必要条件、程序和虚假担保的责任做相应的规定。首先，规定担保人必须具备担保能力，可以在法律规定范围内提供独立担保和连续担保，以保证被保证人不违反本法，从而在担保期限内免于处罚；然后，对虚假担保的概念及其法律责任予以界定。

第四，禁止令和没收程序。可以规定，当有违反本法规定的行为出现时，主管部门可以依职权或依相关主体申请按照法定程序对涉嫌违法的当事人颁布临时禁止令限制当事人在一定期限内从事该贸易活动的资格，同时，依情形可以没收涉嫌违法的所有毛皮制品，并且在一定情况下可以对相应的毛皮制品实施召回。

第7章：救济。可以把我们现行法律体系已有的争议解决办法引入其中，包括和解、调解、行政复议、申诉、诉讼等制度，以切实保障当事人的合法权益，促进社会主义经济的发展。

第8章：处罚制度。第一，引入民事处罚条款，使我国消费者能够依法起诉获得民事赔偿；第二，加大行政处罚、刑事处罚力度，并确立毛皮制品召回制度。必须做到从民事、行政、刑事三方面从严处罚，让违法者顾忌违法成本，从而降低违法次数。① 具体可以设计为：产品或其包装上的标识未用中文标注产品的通用名称、产品的生产者（如生产者与实际生产厂不一致时未分别予以标注）的依法定程序注册登记的名称和地址的，处于5000元以上10000元以下罚款。没有中文表示的产品质量检验合格证明的，处以10000元以上20000元以下的罚款。违反本法规定的其他情形的，处以20000元以上30000元以下罚款，情节特别恶劣的，处以30000元以上100000元以下罚款，构成犯罪的，依法追究其刑事责任。有上述情形的，同时责令生产者召回产品。②

此外，还应针对各条文的具体实施和应用颁布配套的实施细则，以更好的指导法律的实施。也应当借鉴美国适时根据产业发展需求对该法予以修订，使法律能最大限度地反映纺织品产业的发展变化。

三、美国《纺织纤维产品识别法令》及其实施条例研究③

后配额时代，技术性贸易壁垒正成为国际纺织品贸易中最主要的障碍之一。一些西方发达国家竞相利用纺织纤维产品识别法规限

---

① 聂资鲁、蔡岱松、谢峰：《美国纺织品技术性贸易壁垒法律问题研究——以羊毛产品标签法规体系为例》，载《湖南社会科学》2009年第1期。

② 王志英：《生产、销售伪劣商品罪若干问题浅析》，载《企业家天地（理论版）》2006年第10期。

③ 本小节内容转引与参考了侯彦林：《美国〈纺织品识别法〉研究及我国的应对》，湖南大学2008年硕士学位论文。

制国外纺织品进口以保护其国内的夕阳产业。其中，美国极具代表性其《纺织纤维产品识别法令》（the Textile Fiber Products Identification Act）① 及其实施条例日益对我国的纺织品出口贸易造成障碍。因而，从比较的角度对中美纺织纤维产品识别法规进行研究极具现实意义。我们可以从中寻找差距，寻求应对之道。

（一）美国《纺织纤维产品识别法令》及其实施条例解析

1. 美国《纺织纤维产品识别法令》解读

为保护生产者、制造者、销售者和消费者免遭纺织品虚假标签的欺骗，1939 年美国国会制定了《毛织品标签法案》，随后也制定了实施条例；1951 年国会又通过了《毛皮产品标签法》，并在不久后也出台了实施条例。这些立法与实践取得了明显的效果，也为纺织品标签立法积累了丰富的经验。为进一步规范纤维成分标签管理，1958 年 9 月 2 日，国会制定了《纺织纤维产品识别法令》，1960 年 3 月生效，其后又颁布了实施条例。该法令及其实施细则自产生以来就发挥着极其重要的作用，历经 50 年而不变，其稳定性可见一斑。

《纺织纤维产品识别法令》包括定义、虚假商标和虚假广告的违法性、虚假商标和虚假广告的纺织纤维产品、印章、标签、签条或其他识别的去除、记录、执行、强制程序、虚假商标的纺织纤维产品的排除、担保、刑事处罚、豁免和其他法律的适用等 12 节，分别用 70、70a、70b……70k 表示。其立法目的有三：一是"保护美国纺织企业的就业岗位"，减少就业压力；二是保护美国纺织品制造商的利益；三是保护美国纺织品消费者。《纺织纤维产品识别法令》及其条例实施后，的确也成功地限制了外国纺织品与服装的进口。例如，1958 年以后，中国对美国的纺织品贸易就受到很

---

① 载 http://www.ftc.gov/os/statutes/textile/textlact.htm，访问日期：2015 年 4 月 24 日。

大的影响，有的被迫退出美国市场。《纺织纤维产品识别法令》还规定了一系列的标签标注的原则和具体方法，并对不符合规定的行为进行处罚等，它完全符合技术性法规的两个特征——技术性和限制性,[①] 是典型的纺织品技术性法规，成为美国国内贸易保护主义的工具。

窥豹一斑即知全豹。我们以《纺织纤维产品识别法令》的重点法条为例进行解读。

（1）关于术语

在"定义"一节（第70节）中就其要涉及的所有术语，例如，"人""纤维"或"纺织纤维""天然纤维""人造纤维""家用纺织品""商业"等逐个进行界定。"（一）'人'指个人、合伙、公司、协会或任何其他形式的商业公司。（二）'纤维'或'纺织纤维'是指一系列能够通过各种方式包括梭织、针织、编织、毡织、搓捻或网织而接合或隔行地被纺成纱或织物的一种物质，这些都是纺织品的基本结构成分。（三）'天然纤维'是指任何处于自然状态存在的纤维。（四）'人造纤维'是指通过一种过程从任何物质中取得的任何纤维，而在制造过程中的任何时候都不是纤维。（五）'家用纺织品'是指衣服、服装及辅助部分、窗帘、地毯、家具、被褥和其他家庭常用的纺织商品，而不管实际上在哪里用。（六）'商业'是指几个州之间或者与外国，或者在美国的任何地域或在哥伦比亚特区，或者在任何此类地域和其他地方之间，或者在任何此类地域和州或外国之间或在哥伦比亚特区和任何州或地域或外国之间的贸易。"这种把所要涉及的术语单列出来作为一节予以界定并置于正文之首，是其立法模式的一个特点。[②] 术语能够明确该法令所涉及的名词的具体含义，可以为该法令的实施提供最基本的依据。

---

① 肖冰：《技术性贸易壁垒国内法规制的涵义、共性态势与难点》，载《法学》2006年第8期。

② 中华人民共和国商务部：《出口商品技术指南（针织品）》。

（2）关于标签

①虚假商标及广告

第 70a 节是关于虚假商标和虚假广告的规定。第一，关于违法的认定。为保护美国的纺织业和消费者，法令规定，任何运输或进入美国的纺织品被贴上虚假商标和广告的，都属于非法，是不公平竞争和不公平或欺骗性的商业行为或做法。第二，关于例外情形。法令规定，以下五类不在虚假商标及广告之列：一是共同承运人或者合同承运人或货物代运公司；二是加工者或完工者；三是出口的纺织纤维产品；四是媒介；五是已出售或交付给最终消费者或为其使用的形式而生产的纺织纤维产品。

②纤维含量允差及原产地

第 70b 节对纤维含量允差及原产地等做了具体规定。例如，关于纤维名称的标注，该法令规定纤维含量占产品总重量的 5% 以上的纤维成分或纤维化合物通过按重量排序的属名的纺织纤维产品中的均衡天然或人造纤维确定，而占总重量 5% 以下的则视情况标识为"其他纤维"或"其他纤维体"，有特殊功能的可在标签中注明该纤维。又如，关于纤维含量标识的允差，法令仅提及纤维含量标识的允差，但未在该法令中予以明确规定，而"委员会设定的合理限度"是指 3%。再如，关于原产地，法令要求进口纺织纤维产品标明"加工或生产国家的名称"，这其实就是原产地规定。美国的纺织品与服装原产地规则与 WTO《原产地规则协议》有很多不一致的地方，没有以"实质性改变"作为基本原则，有些甚至背离 WTO《原产地规则协议》的精神。①

③纺织品买卖记录的保存

第 70d 节是关于纺织品买卖记录的保存的规定。第一，纺织品买卖记录的保存有利于纠纷解决时证据的提供，能够使需要证明的事实清晰展现。联邦贸易委员会就认为，纺织品买卖记录的保存就

---

① 陈剑峰：《原产地规则与纺织品服装出口》，载《科技资讯》2006 年第 34 期。

是"处罚依据之一""表明是否遵守禁令的条款和规定"。站在生产商的角度，标签记录可以作为辩护的证据，良好的标签记录经常足以排除其违反法令的嫌疑，保护好自己的利益。第二，纺织纤维制品的每个生产商应保留其买卖的适当记录，而且这些记录至少应保存3年。特别是当生产商有违反法案的行为的时候，其后的买卖记录要求得更加严格。第三，联邦贸易委员会一般要求违反法令的生产商保留记录3年或5年。

（3）关于实施

①执行机构

第70e节是关于执行机构的规定。由联邦贸易委员会负责实施《纺织纤维产品识别法令》。联邦贸易委员会（Federal Trade Commission）是美国政府官方机构，其职能是：其一，制定贸易法规。其二，监督和执行国会通过的纤维含量和保养/洗涤标签法规。根据法规规定对任何产品提起检查、分析、测试和测验，并对违反这些法规的公司采取一定的措施进行惩罚，根据情况自己作出裁决或者在美国的地方法院或任何地域的美国法院提起诉讼。[①]

②执行流程

第70f节是关于执行流程的规定，属于程序性的规定。联邦贸易委员会的工作主要是阻止可能给消费者带来危害的行为。联邦贸易委员会的调查都是非公开的，如果联邦贸易委员会认为某公司有违反法规的情况发生时，它首先要同公司签署一份协议书，然后获得公司的自愿合作。公司签订此协议时，不用承认违反了法规，但必须同意停止这种令消费者投诉的有争议的行为。如果双方达不成一致的协议，联邦贸易委员会就会提交或提出一个管理上的投诉。管理上的投诉一旦被提交或提出，就像在法官面前进行审讯一样，要提交证据、听取证词、询问证人和交叉询问证人。一旦发现有违法行为，就会下达一个禁令或提出比较合适的方案。由法官作出的

---

① 蒯颖、吕丽、赵慧敏、吕洪生、刘世洲：《美国纺织品的部分法规与标准》，载《检验检疫科学》2002年第3期。

最初决定应能反映整个委员会的意愿。① 因此，我国输美纺织品一旦遇到被联邦贸易委员会认定为有违法行为时，应先同其签署一个协议；同时整理好公司纺织品的买卖记录，应提前咨询美国律师，做好应诉或起诉的准备。

③协议救济

第70g节规定了协议救济。协议救济是该法令规定的三种救济措施之一。协议救济为"人"和联邦贸易委员会之间问题的解决提供了一种很好的途径。协议救济的特点：一是程序简便。诉讼要走一系列复杂程序，一般比较慢，而协议救济程序相对简单，快捷。二是容易加入政治因素。这种与财政部部长达成协议的方式，相对方所在的国家和政府为了保护本国纺织企业的利益，难免会介入进来，甚至试图通过外交或其他政治手段解决问题。协议救济体现了法令的灵活性，反映了世界贸易交往上的磋商和协调的特点。我国纺织产品一旦遇到这类问题，要及时报告商务部，同时积极与美国有关方面进行磋商与协调，力争以和解的方式解决问题，达到双赢。同时，要采取切实措施防范和避免此类事件的再次发生。

④担保救济

担保是本法令所规定的第二种救济措施。第70h节专门规定了担保救济的内容。第一，担保的种类。担保分为单独担保和连续担保。单独担保是就具体指明的某种纺织纤维产品所进行的担保，连续担保是由针对所有的纺织纤维产品所进行的担保。第二，担保的性质。担保是一种人的担保，是一种信誉担保。第三，担保人。提供这种担保的必须是"美国人"，而且一般是有责任能力的信誉好的大公司。由于提供担保会需注明名称和地址，一旦被担保的纺织纤维产品发生虚假商标虚假广告的行为，担保人就会承担责任，所以风险不小。美国企业一般不愿意提供这种担保，除非其已与我国纺织企业建立了长期合作的伙伴关系。而我国大多数纺织企业由于

---

① 本刊编辑部：《美国纺织品标准机构简介》，载《纺织指导》2005 年第 10 期。

没有美国担保人，无法利用法案的担保救济机制，一旦出现纠纷往往处于孤立无援的地步。

（4）处罚

第 70i 节主要是关于处罚种类以及诉讼程序的规定。第一，处罚种类。规定了比较严厉的处罚措施是《纺织纤维产品识别法令》的一大特色。联邦贸易委员会对于公司一般的违反法规的行为，首先会与公司达成一个协议，让其自愿执行。如果达不成协议，联邦贸易委员会对违反法案的行为就会发布禁令，强制该公司从事或不得从事某项行为。但如果该公司不接受禁令或违反禁令的规定，联邦贸易委员会会诉诸美国联邦法院，由联邦法院根据具体案情"处以 5000 美元以下罚金或 1 年以下监禁或两者兼而有之"。第二，诉讼程序。针对违法行为，联邦贸易委员会想诉诸诉讼，也得先"向司法部部长证明相关事实"，只有"司法部长同意这种意见"，才可以提起这种诉讼，而且也只能由司法部部长行使起诉的职能。我国纺织品遇到这种问题时是否可以运用这个程序，值得关注与思考。

2.《依据纺织纤维产品识别法令制定的规则和法规》解读

《依据纺织纤维产品鉴别法案制定的规则和法规》（Rules & Regulations Under the Textile Fiber Products Identification Act—16 CFR Part303），①共有 44 节内容，把法令的实施进一步具体化，其主要内容包括：术语的界定；一般要求；少于 5% 的纤维含量的描述；常用纤维的名称和定义；产品特殊类型的纤维含量；标签上信息的安排和表述；含有内衬、里料、填充物等的产品；含量明示；纺织纤维产品的原产地；纤维含量允差；等等。择要枚举如下：

（1）范围：几乎所有的纺织纤维产品：服装、手帕、围巾、床上用品、窗帘、帷帐、桌布、餐巾、桌巾、地毯、毛巾、清洁用衣和厨房用布、熨烫用布和垫布、雨伞、棉絮、旗帜（尺寸大于

---

①　载 http：//www.ftc.gov/os/statutes/textile/rr－textl.htm，访问日期：2011 年 5 月 27 日。

216 平方英寸)、衬垫、所有的纤维、所有纱线和织物(除了包装带的窄条织物)、家具盖布、阿富汗毛毡、睡袋、椅子罩;吊床、梳妆台和其他设备的围布。但也指明了不包括在范围内的产品:《羊毛产品标签法》中规定的产品,家具装饰用填充物,由于产品结构需要而加入的内层或夹层、填充物,经硬挺整理的装饰带、服装的贴边或衬布,地毯的底布,地毯下面的填充物或衬垫,缝纫线及绣花线,鞋子和套鞋类中的纺织品,帽子、提包、包装和包装带、灯罩、玩具、女用卫生产品、胶带布、尿布等一次性使用的非织造布产品,带子、裤的吊带、臂章、永久性打结领带、吊袜带和卫生带、尿布衬垫、涂层织物。

(2)要求:所有用于销售的纤维制品有标签;运输中需在发票上注明纤维成分、原产地和/或加工商;标签上应该有纤维名称和质量分数(除去装饰性纤维)、加工商的名称或注册号码(RN)、原产地;要求标注进口商和零售商的名称、保存加工商的技术记录。

(3)违反规定及处罚:如违反规定,联邦贸易委员会会采取强制性措施进行处罚,每次罚款最多11000美元。

(二)我国纺织纤维产品识别标准建设的现状分析

1. 我国纺织纤维产品识别标准建设的现状

入世以来,我国的纺织纤维产品识别标准建设取得了长足的进步。先后参照国际标准和欧美等发达国家的标准,制定了一系列纺织品国家标准和行业标准,形成了从纺织材料到制成品和服装的标准体系。这些或达到或相当于国际标准的标准,有效地统一术语、检测手段、规范产品的性能指标,对推动纺织品进出口贸易起到了不可低估的作用。

我国目前实施的纺织纤维产品识别标准主要是纺织行业的行业标准——FZ/T01053-2007《纺织品纤维含量的标识》(2007年11月1日实施,在此前实施的是 FZ01053-1998《纺织品纤维含量的标识》),及国家强制标准:GB 5296.4-1998《消费品使用说明-

纺织品和服装使用说明》（国家质量技术监督局 1998 年 8 月批准，2001 年 1 月 1 日实施），GB/T8685 – 1988《纺织品和服装使用说明的图形符号》。除此之外，还有一些相关的国家强制标准和法律：GB18401 – 2003《国家纺织产品基本安全技术规范》、GB/T18885 – 2002《生态纺织品技术要求》《产品标识标注规定》（1997 年 11 月由国家技术监督局批准实施），《中华人民共和国商标法》《中华人民共和国产品质量法》《中华人民共和国标准化法》《中华人民共和国消费者权益保护法》等。需要说明的是，强制性标准 GB5296.4 – 1998（《消费品使用说明 纺织品和服装使用说明》）引用了 FZ/T01053 – 1998（《纺织品纤维含量的标识》），使后者也具有强制性和约束力，成为必须遵守的标准。①

2. 我国纺织纤维产品识别标准建设的缺陷

尽管近年来我国纺织纤维产品识别标准建设上取得了不少成绩，但与美国相比还存在较大差距，主要表现在以下几个方面：

（1）立法层次较低

我国实施的纺织品强制性纤维法规的名称是诸如"使用说明""要求""规范"等词，表明我国的纺织品纤维法规标准并不是法律，它们只是国家标准或行业标准。而美国《纺织纤维产品识别法令》是法律，它是由美国的最高立法机关国会制定和通过的。②

（2）体系不完善

与美国《纺织纤维产品识别法令》一道由联邦贸易委员会负责实施的还有《毛织品标签法令》《皮革产品标签法令》《阻燃织物法令》《纺织服装和某些坯布保养标签令》等，这些法令连同其

---

① 强制性标准是涉及保障人体健康，防止欺骗和保护消费者利益的标准，《中华人民共和国标准化法》规定："强制性标准，必须执行。不符合强制性标准的产品禁止生产、销售和进口。"

② 程鉴冰：《国内外纺织品服装技术法规和标准比较分析及对策（1）》，载《丝绸》2004 年第 12 期。

他相关法规构成了一个比较完善的系统。[①] 我国的纺织纤维产品识别标准立法起步晚，一般是跟着欧美学，但基于我国的实际等诸多原因，有的并未借鉴，标准体系还很不完善。[②]

（3）标准更新慢

美国《纺织纤维产品识别法令》虽然说极少改动，但只要一遇到需要更新的情况，美国国会即刻组织专家修改，并在国会上讨论通过，力图保持其先进性和权威性。但我国的标准更新很慢，例如，FZ/T01053 - 1998《纺织品纤维含量的标识》早在 1998 年就制定了，而修订版 FZ/T01053 - 2007《纺织品纤维含量的标识》直到 2007 年才出台，相隔整整 10 年。在我国这样纺织品标识标准较为落后的国家，这种更新速度确实跟不上世界纺织品标识时代的发展。[③] 可见，标准的修订速度远远滞后于产品的开发和贸易增长的速度。

（4）实施方面的缺陷

①无专门管理机构。美国有联邦贸易委员会专门负责美国《纺织纤维产品识别法令》及其法规的具体实施。一旦发现入关的纺织品不符合该法令就可以考虑进行禁令或处罚，直至诉至美国联邦法院。而我国 FZ/T01053 - 2007《纺织品纤维含量的标识》只是我国的纺织（FZ）行业的规定，其实施不由商务部或其他政府部门亲自负责，而由行业自己组织实施，实施措施也不得力。[④]

②执行力度不够

美国《纺织纤维产品识别法令》明确规定法令由美国联邦贸易委员会负责实施。如果出现违法情况，在协议不成时，联邦贸易

---

① 中华人民共和国商务部：《出口商品技术指南（针织品）》，2005 年。

② 郭燕：《入世 5 年来中国纺织品服装进出口贸易发展特征及展望》，载《行业观察》2006 年第 12 期。

③ 肖海霞：《浅论我国纺织品贸易存在的主要问题》，载《齐齐哈尔大学学报（哲学社会科学版）》2006 年第 5 期。

④ 程鉴冰：《国内外纺织品服装技术法规和标准比较分析及对策》，载《丝绸》2004 年第 12 期。

委员会就会提交或提出一个管理上的上诉，由法官作出决定。对非法行为，法院或处以 5000 美元以下罚金或 1 年以下监禁或两者兼而有之。其严格程度可见一斑。虽然我国 FZ/T01053 – 2007《纺织品纤维含量的标识》也属于强制性行业标准，但毕竟不是法律，没有有效的配套机制与之对应，违反 FZ/T01053 – 2007《纺织品纤维含量的标识》可能还并不足以导致民事上的侵权责任。同时加上我国相关规定比较笼统和过于原则，可操作性不强。因此，我国纺织企业违反该标准很可能得不到有力的处罚。①

③没有真正与国际全面接轨

我国 FZ/T01053 – 2007《纺织品纤维含量的标识》只规定了标注原则和含量允差，而且含量允差与美国等国还存在差别，同时美国《纺织纤维产品识别法令》规定的许多重要内容并未涉及，有的规定像处罚只规定在其他相关法律如《中华人民共和国产品质量法》中。这样我国的纺织企业在国外受到的待遇与国外纺织企业在我国受到的待遇产生不对等。这都说明，我国的纺织品纤维标准、法规没有真正与国际全面接轨。

（三）制定我国纺织纤维产品识别法的思考

1. 明确立法目的

我国纺织纤维产品识别法的立法目的应是：规范纺织品标签使用，保护消费者利益，建立公平有序的竞争环境。

2. 设立实施我国纺织纤维产品识别法的专门机构，并赋予其专门职权

当前我国的质量技术监督局和工商局交叉管理的混乱模式不利于制定以后我国纺织品纤维识别的实施，我国应该学习美国建立像联邦贸易委员会那样的机构，赋予其职权，专门负责我国纺织品纤维识别的实施。

---

① 郐关荣、章守明：《TBT 对我国纺织品贸易的影响与对策》，载《经济问题》2003 年第 2 期。

3. 关于我国纺织纤维产品识别法的草案框架及建议

纺织纤维产品识别法草案框架设计如下：

第一章是总则。对事关纺织品纤维识别的全局的、重大的、原则性的事项进行规定，包括：立法目的、基本术语、法律适用范围、基本方针、原则、管理体制、宣传教育、示范等。

第二章是基本管理制度。主要规定了纺织品纤维识别的基本法律制度。

第三章是执行机构和执行流程。

第四章是救济措施。

第五章是激励措施。

第六章是处罚。

第七章是例外情形。

第八章是法律的实施。

第九章是附则。

这样设计草案的框架，结构合理，逻辑清晰，能够准确体现立法的指导思想和目标，可以涵括各项主要制度，并且便于操作和遵守。

此外，在立法中要着重注意以下几个问题：

（1）术语。我国纺织纤维产品识别法应该仿效美国《纺织纤维产品识别法令》，设立"定义"专节，对"人"、"纤维"或"纺织纤维""天然纤维""人造纤维""家用纺织品""纺织纤维产品""最终消费者"等概念进行明确的界定。其中"纺织纤维产品"应包括进出口或在国内销售的任何纺织纤维织品。

（2）纤维标注。纺织品中含量低于5%的纤维可用"其他纤维"表示，但如果是羊毛或其他功能性纤维（弹性或增强纤维），即使含量低于5%，也要标明纤维名称及质量百分比。

（3）含量允差。纺织品纤维含量允差统一规定为3%。美国规定标签上标明的纤维成分含量可以有3%的偏差。可以说3%的纺织品纤维含量允差是世界范围内比较一致的规定。我国《纺织品纤维含量的标识》对棉、毛、丝、麻、化纤等各种纤维含量百分比的允许偏差都作了相应的规定，最高为 - 5%，最低为 1.5%，虽说详细具体，但并不好操作，另外也与国际通行标准不接轨。把纺织品纤维含量允差统一规定为3%可以增强我国企业与国际标准接轨的意识。

（4）处罚的执行流程。可以参照《纺织纤维产品识别法令》的规定，当发现有违法行为时，可先进行非公开的调查，如确认有违法行为就要求其签署协议书，并按照协议书的要求去做。一旦违反协议书，就对其发布禁令和处罚。

（5）保证人。我国民法有关于担保人的规定，但仍然应该在纺织纤维产品识别法中设立这种规定，同时对保证人的资格进行限定。

（6）处罚。加大处罚的力度，并且可以考虑是否入罪。

（7）例外情形。为了出口到第三国的纺织纤维织品；在海关的监管下，为了运输的目的而进入成员国的纺织纤维制品；从第三国进口的纺织纤维织品，目的只是对其进行加工；在双方有合同协议的条件下，交由家庭作坊或独立的公司负责缝制的纺织纤维制品。

四、《纺织服装和零售布护理标签》及其修订版研究①

（一）《纺织服装和零售布护理标签》及其修订版概述

人们在选购纺织品与服装时都会仔细了解其标签上的内容，如成分、质地以及如何保养等。产品的保养事关产品的实用性和使用寿命，是消费者关注的重要内容。但是在服装行业最初兴起的时候，标签的内容十分简单，有些甚至没有保养说明。随着纺织技术的发展，服装的式样、质地都越来越丰富，缺乏护理标签或者是错误的护理说明往往会给消费者造成损失，投诉时有发生。为了规范国内市场，维护消费者的利益，必须制定纺织品护理标签法案。

FTC于1971年12月16日颁布了《纺织服装和零售布护理标

---

① 本小节内容转引与参考了曹玲：《美国〈纺织服装和零售布护理标签〉（修订版）研究》，湖南大学2010年硕士学位论文。

签》，其属于《美国联邦法规法典》（Code of Federal Regulations，CFR）第 16 编中的 423 部分，而 16CFR 标准是以法律的形式提出的，具有法律强制力。① 《纺织服装和零售布护理标签》适用于在美国销售的纺织服装和某些以布匹形式销售的面料，规定生产商和进口商必须在产品上附着永久性的洗涤护理标签，其上要有适合此产品的日常洗涤方法和提示语，包括洗涤、漂白、干燥、熨烫、干洗方式以及必要的提示语，并且在产品的使用寿命周期内保持清晰可见，以便让消费者在选购时容易找到并清晰可读。如因包装的原因，不能使消费者容易读到标签，应在包装外表面印有洗涤护理方法，或者印在吊牌上并附着在产品上。② 此外还对水洗标签的顺序和钉缝位置进行了详细的说明。③ 对于纺织服装的原产地、纤维名称以及如何保养的标签要求是强制性的，纺织服装标签还需要标识制造商、进口商或经销商在 FTC 的注册身份号（identification number，RN），RN 可以帮助消费者在对生产商进行咨询、起诉时可通过 FTC 的数据库获得生产商的地址和电话。④ 《纺织服装和零售布护理标签》对基本的护理术语和相关要求都进行了较为详细的规定，使护理标签在国内市场上逐步得到了统一，促进了纺织业的发展并且使纺织市场进一步得到规范。

《纺织服装和零售布护理标签》对美国国内的纺织品服装行业的标签统一起到了显著的作用。但随着纺织品服装的多样化以及洗涤技术的日益发展，出现了一些新的情况。同时，消费者权利意识不断增强，对护理标签提出了更高的要求。一些生产商也在标签上

---

① 翟保京、王贤瑞、刘艳辉：《从 AAFES 标准看美国纺织品标准构筑体系》，载《印染》2004 年第 30 期。

② 张晓红：《中美纺织品法规标准的对比分析》，载《标准与检测》2008 年。

③ 靳颖、牟峻、耿琴玉、陆立新、于兴力：《美国纺织品的部分法规及标准研究》，载《印染》2002 年第 28 期。

④ 载 How to Read A Label. http：//www.fabriclink.com/care/clabel.cfm，访问日期：2011 年 5 月 27 日。

进行了与技术和消费者需求相关的变动，如琼斯服饰集团对其护理标签上的符号进行了更新。① 在这种情况下，护理标签的修正势在必行。

对《纺织服装和零售布护理标签》的修正从 1983 年 3 月 20 日开始。FTC 首先发布了《条例草案预告》，就各项增加或修改内容广泛征求纺织协会、标准化组织、生产商、环保署、消费者协会等各方面的意见，并在此基础上召开了讨论会。根据对《条例草案预告》的意见、讨论会的结果以及其他证据，FTC 制定了《遵守护理标签的说明》，对如何适用修订版的内容以及其他问题进行了辅助性和解释性的规定。1984 年 1 月 2 日正式颁布了修订版。

修订版对新的情况进行了相应的规定，定义和术语更加完整，根据新出现的纺织服装和零售布护理方法进行了更为合理的规定，对违法的行为规定更加全面、细致。此外，在规定生产商义务的同时也对其权利进行了详细的规定，加强了国际化的协调一致。在《遵守护理标签的说明》中，对相关的新的术语和其他规定进行了进一步的解释和细化，使法规更加容易理解和执行。FTC 希望这些变化使纺织业能够更容易遵守这项法规，进而使消费者获得更清楚、更完整的保养方法并以此促进法规的有效实施和执行。同时，为纺织业的发展营造一个公平的氛围。

（二）《纺织服装和零售布护理标签》（修订版）重点法条分析

《纺织服装和零售布护理标签》（修订版）包括定义、术语、不公平或欺诈性行为或事实、纺织服装部分、零售布部分和附录等内容。从条文的性质和内容上来看，包括技术性法规和规制性法规。规制性法规主要是对护理标签需要如何标注、标注的内容和形式等进行的规定。技术性法规主要是集中在附录部分对各种护理方

---

① 载 Nagel, Andrea. Johnson's Updating Brand. Women's Wear Daily, 12/5/2008, Vol. 196 Issue 118, p14 - 1NULL, 1p, 1 bw。

法的定义、分类，水温的分类等技术操作层面的内容进行的规定，当然在法条的其他部分也有涉及技术性规定的内容。由于技术性的内容并无太多涉及法律层面的分析，笔者主要是对规制性条款进行了相关的研究。因为法案的条理清晰，规制性条款和技术性条款分类清楚，所以分析的方式主要也是遵循了法条本身的结构，并且结合其释义性文件《遵守护理标签的说明》的相关内容对重点的规制性条款逐条进行分析。

1. 定义和术语

（1）定义

《纺织服装和零售布护理标签》（修订版）第一部分对护理标签、零售布、干洗、机洗、纺织品和纺织服装进行了定义。《纺织服装和零售布护理标签》（修订版）中规定纺织品是指用于出售和再出售的，要求保养并保持其发挥一般使用和满足功能的任何商品、编织品、针织品或其他由纤维、纱（毛线）或织物制成的东西。纺织服装是指任何由纺织品制成的成衣或其他衣物制品，通常用于覆盖（遮盖）或保护身体的某一部分。包括（袜子及内衣等）针织品、鞋类、袜类、帽类或其他专用于遮盖或保护头、手的物品。零售布是指家庭缝制服装为目的而从一匹或一卷布中一块块出售的纺织品。①

首先，第一部分有关的概念做出了明确规定。纺织品是纺织服装和零售布的上位概念。纺织品包括了纺织服装和零售布但是却又不仅仅是这两项内容。该法案关于护理标签的规定是针对纺织服装和零售布两项内容而进行的。因此，对这三个概念进行了区分性的规定。其次，这两项内容都规定了其必须是用于销售才能受到该法案的约束，即必须进入市场，未进入市场的行为不受其管辖，体现了这部法案是一部典型的市场行为规制性法案。

《纺织服装和零售布护理标签》（修订版）中规定，护理标签

---

① 《纺织服装和零售布护理标签》（修订版）423.1（b）（c）（d）（e）（f）（g）。

应包含适当保养信息和保养说明的标签或标记，此标签通过附在或者固定在产品上的形式出现，并且在产品使用寿命内清晰可辨。[1]标签表示了科学、信用和权威，因此要更容易获得，更清楚明白并引起消费者的注意。[2] 该定义包含了护理标签的两个要件，形式要件——固定在产品上并清晰可辨；实质要件——要包含护理信息和护理说明的内容。这样的规定体现了该法的立法目的，即对消费者提供全面的护理标签以维护其利益。

（2）术语

①在保养标签或保养说明上应该有任何适当的术语，以便清楚准确地描述一般的保养程序并符合这一规则的要求。

②除了要求的适当术语以外，任何适当的符号都可能用在保养标签或保养说明上，以便满足这一部分的要求，允许只使用符号而不使用术语的有条件豁免。

该部分对术语的规定不是针对术语本身的含义，而是针对术语的表达所做的相关规定。第①项规定要有任何适当的术语来清楚准确地描述保养程序。这表示术语的在护理标签上地表达遵循一项原则——准确适当。只要能够准确地表达出产品的护理方法，任何术语都是允许合理的使用的。第②项同时明确符号也可以用于表达保养程序，在一定条件下符号可以单独使用而不使用术语。法律要具有体系性，法案在术语部分仅对术语的使用原则进行了规定，"适当""准确"，而对具体的术语是以附录的形式体现出来的，保证了法案合理的结构。同时，对只使用符号的有条件的豁免进行了肯定的规定，在长期使用文字说明辅之以符号的护理标签之后，随着国际化的发展，与文字相比符号的优势日益体现出来，法案的规定体现了立法的前瞻性和创新性。

1994 年联邦纪事表明在护理标签上允许用符号代替文字以后，

---

① 《纺织服装和零售布护理标签》（修订版）423.1（a）。

② 载 Bounds, Wendy. A dry cleaners' hero gives top designers a spotty reputation. Wall Street Journal – Eastern Edition, 1/23/97, Vol. 229 Issue 16, pA1, 1 bw。

北美自由贸易区协定已经创造了产业利润，FTC 对这样的改变征求意见。讨论会的代表们都关注护理标签标准的国际协调一致。美国服装生产商协会（American Apparel Manufacturers Association，AA-MA）赞扬了 FTC 对符号化的努力并表示"我们现在与加拿大和墨西哥有了一个与我们的体系融合的基础"并"朝一个 ISO 下的国际标准努力"。美国家电制造商协会（Association of Home App‑liance Manufacturers，AHAM）表示，FTC 需要解决潜在的商标侵害事件，这类事件在美国生产的产品出口到一个使用国际纺织品护理标签协会（International Association for Textile Care Labeling，以下简称 GINETEX）标准的国家销售的时候出现过。①美国纺织品制造商协会（American Textile Manufac‑turers Institute，ATMI）也表示它希望看到国际协调一致。意大利纺织品和衣服行业协会联盟同样强调了与 ISO/GINETEX 标准体系一致的必要性，并建议"形成一个联合委员会，尽可能有 ISO、美国材料与试验协会（American Society for Testing and Material，ASTM）、AAMA 和 ATMI 等的参与，为迅速达到国际符号体系的一致的大多数"。以这些意见为基础，FTC 决定对规则的"术语"部分增加有条件豁免，允许在没有词语的情况下使用符号作为护理标签。此外，对符号的适用范围做出了规定，认为任何服装上只要是适当并有利于标签内容的体现都是允许的。在这一建议下，肥皂与洗涤剂协会（Soa Pand Detergent Association，以下简称 SDA）已经在大力提倡并对基本的护理符号对消费者进行宣传教育了。②

在护理标签上使用符号代替文字是护理标签的发展趋势。在最初使用护理标签时，消费者对于保养符号的含义不是很清楚，因此

---

① See Conditional Exemption from Terminology Section of the Care Labeling Rule.

② 载 Clothing Care Labels May Now Use Symbols Instead of Words，http://www.cleaning101.com/laundry/fabriclabels.cfm，访问日期：2011 年 5 月 27 日。

需要配合相应的文字进行说明才能保证标签的有效性。随着消费者对保养符号的认知度和理解能力的提高，消费者已对基本的保养符号十分熟悉了，使用符号代替文字的客观条件已经成熟。许多国家都规定了标签内容应以符号表示为主，可以辅以相应的文字解释性说明。我国也正朝着符号化的方向努力，并且加强了与其他国家在符号一致性方面的交流。① 此外，经济全球化的发展使纺织品的进出口贸易越来越频繁，在标签上使用不同的符号和文字说明势必会影响产品的进出口。一般出口的服装标签只会采用英文说明，对于一些消费者来说并不容易理解，很多国家都有属于自己的文字和语言，文字的国际化存在不可避免的巨大障碍。但是，符号却不同，它易于形成高度的认知统一性，而且形象生动、简便易记。为了更好的开展国际贸易，在 ISO 的规范下，应该逐渐用统一的符号来代替文字，消除各国在标签符号上的差异。这既体现了立法的前瞻性与创新性，又兼顾了立法的延续性和一贯性。也是法律现实发展和标准国际化、统一化的需要。

用符号来表达护理方法不仅帮助生产商减少了生产成本，同时也是护理标签的发展趋势，符号的国际化、统一化将会使在护理标签的标识上符号将逐渐代替文字说明而占主导地位。法案明确肯定了这一点，并列举了相关只使用符号不使用术语的有条件豁免。而对于各项术语的规定，法案除了在第一部分对干洗、机洗进行了规定以外，都以附录的形式在第 10 部分进行了详细的规定，包括各种水温、洗涤方式、干衣和熨烫方法等。以附录形式进行术语的规定不仅仅遵循了前面从洗涤到干衣的清洁顺序，而且在附录中统一规定更加一目了然，条理清晰，同时不会显得法案内容烦琐，体系混乱，既维护了内容的完整清楚又保证了体系的科学合理。同时，

---

① Steven Klimidis, Fei – Hsiu Hsiao, Iraklis Harry Minas. Chinese – Australians′ Knowledge of Depression and Schizophrenia in the Context of Their Under – Utilization of Mental Health Care: an Analysis of Labeling. International Journal of Social Psychiatry, Vol. 53, No. 5, 464 – 479（2007）.

对只在标签上使用符号的有条件豁免的规定，肯定了符号在护理标签上的应有作用，并推动了符号在标签上的发展，顺应了纺织服装市场国际化，护理标签国际化的趋势。

2. 适用范围和效力位阶

（1）适用范围

《纺织服装和零售布护理标签》（修订版）的适用的主体范围和产品范围具有其特殊性。适用的主体包括服装生产商、以零售方式向消费者出售的用于制造服装的布匹的生产商、服装进口商，向消费者出售的用于制造服装的布匹的进口商、指导或控制制造或进口服装或者用于制造服装的布匹的任何个人或组织。适用的产品范围包括用于穿着或者保护人体的所有服装，所有用于家庭缝制服装的布匹。主要针对纺织品的护理方法，对纺织服装和零售布的护理标签的形式及内容进行了详细的规定。

而对于不适用该法规的对象，在《遵守护理标签的说明》中也进行了豁免性规定。A 纺织服装，但不包括鞋、手套和帽。豁免范围：（a）手帕、带子、吊袜带和颈饰；（b）供一次性使用的无纺布服装。B 纺织面料：（a）纤维含量未知且难以确定，剩余数量不足 10 码，但已标明制造商的纺织面料；（b）不超过 5 英寸宽的花边。[①]

该法在其具体的条文中并没有涵盖所有的相关内容，比如管辖范围、规制对象等，而是通过《遵守护理标签的说明》这一解释性文件来对相关的定义进行详细的解释，并且在该文件中对一些常见问题，如标签所在地的规定，规则豁免的具体对象等进行了详细的回答。这样的规定增强了法案的可操作性，如果没有进一步详细的规定，在法律适用上肯定会出现相关的漏洞，因此这一释义性文件的颁布是十分必要的。

---

① 刘胜利：《国际纺织服装市场遵循的技术法规与标准解析》，中国标准出版社 2005 年版。

（2）效力位阶

423.9 中规定了本法的效力位阶——如果这一规则与易燃性织物法案下发布的任何规则产生冲突时，易燃性纺织品规则效力高于这一规则。在 423.10 中规定了保留或无效条款——如果这一规则的任何部分被保留或者无效，其他部分仍然有效。

易燃性织物法案在 2008 年进行了新的修订，主要是针对织物的可燃性进行的规定。修订案一是增加了对某些易混淆术语的定义；二是引入了更为先进的燃烧测试仪器；三是规定了更科学的样测试前干洗和清洗过程，细化了测试纺织品制样、测试量、燃烧实验过程及实验报告内容；四是对织物燃烧时间的计算、织物底部点燃及燃烧的判断提出了更为明确的规定。[①] 从其内容可以看出这部法案更强调人身安全，同时也有关于干洗、清洗的规定，标准也更高、更详细，而《纺织服装和零售布护理标签》（修订版）主要针对的是购买者的财产安全，相比之下，前者保护的利益大于后者。因此，在两部法案产生冲突的时候要适用前者。423.10 是针对该法案的有效性进行的规定是一项普遍性的规定，由于法案内容涉及较多，可能在以后会对某一部分做出修改或变动，但是不会因此影响其他部分的效力。正如护理标签 1983 年的修正案一样，只是对之前的进行了一定的修改，但未修改部分依然有效。

3. 不公平或欺诈性的行为或事实

《纺织服装和零售布护理标签》（修订版）第五部分，专门列举了什么样的行为构成对消费者不公平或欺诈性的行为或事实。

（1）在销售之前，未对购买者说明产品的一般使用和享用所必需的一般性保养程序的说明。

（2）商品在任何清洗程序下均会损害时，在销售之前，不提供有关的警告。

（3）当消费者或专业清洗人员可能合理的按照一般保养程序

---

① 　聂资鲁、林帅：《美国易燃织物法规体系研究及其对我国相关立法的启示》，载《湖南大学学报》2009 年第 6 期。

规定的任何程序来操作将对产品或其他与其共同清洗的物品造成损坏时，在销售之前，不警告购买者。

（4）提醒消费者有些他们可能认同的与标签指南上一致的保养程序可能会对产品造成损坏（当消费者在理解护理标签的说明时，可能采用某些延伸的护理程序，但是该程序又有可能对产品造成损坏时，应提醒消费者。如当一条短裤上标明"水洗"时，消费者可能认为可在洗涤后加以熨烫。但假如该条短裤经熨烫后可能损坏，则应在标签上说明，如"不可熨烫"）。

（5）对购买者透露的一般保养信息缺乏合理根据。①

这一条款是针对生产商和销售商进行的禁止性规定。禁止性规定属于强制性规定的范畴，如果违反了相关规定就要受到相应的处罚。在产品销售给购买者时，对其说明产品的基本信息和保养方法是购买者的权利，也是销售者的一项基本义务，因此必须在保养标签上予以说明。产品如何保养包括了产品如何清洁，如何获得保养，何种保养方法会对产品造成损害，尤其是在一些消费者一般使用的保养方法或是洗涤方法对产品进行保养会造成产品损害的时候更要明确注明，提醒购买者。因为购买者作为一名普通的消费者不可能掌握所有的保养方法，对其要求只能停留在一般人的常识所知的保养方法这个层面。而生产商和销售商则必须对产品有全面的了解，他们则担负着让购买者了解产品的责任。对购买者要求过高或者不对购买者加以正确的指导则是对购买者的不公平，构成不公平或者欺诈性的行为或事实。

对于如何规制这样的行为，在《遵守护理标签的说明》中规定了在产品的使用期内不提供可靠的保养标签和警告是对 FTC 法案的违背。违法者要为每一次违法遭受到申请强制执行判决的诉讼和达到 10000 美元的罚款，每一个错误标签的服装都是一次违法行为。可见，对于违反护理标签规定的违法者的处罚主要还是通过罚款这种金钱性赔偿的方式。由于每一个错误的标签都是一次违法行

---

① 《纺织服装和零售布护理标签》（修订版）423.5（a）。

为，通常情况下生产商都是大批量生产的服装，因此承担的罚款数额是较大的，在这种情况下有利于提高生产商对标签的重视程度，同时也较好地维护了购买者的合法权利。

市场交易的基本原则包括公平原则、诚实信用原则等。公平原则即在市场交易过程中，双方的地位平等，权利义务对等。诚实信用原则则要求经营者要切实履行合同，不得规避法律和合同，同时不能采取欺诈或胁迫手段牟取非法利益，损害其他经营者和消费者的合法利益。我国在《中华人民共和国消费者权益保护法》中对消费者的权利也有明确的规定。消费者享有知情权，公平交易权，安全交易权等权利。知情权是指消费者享有知悉商品真实情况的权利。公平交易权是指消费者在购买商品或者接受服务时，有权获得质量保障、价格合理、计量正确等公平交易条件，有权拒绝经营者的强制交易行为。安全交易权是指消费者在购买、使用商品和接受服务时享有人身、财产安全不受损害的权利。不公平或欺诈性行为不仅违反了基本的市场交易原则，而且明显对消费者不公平，损害了消费者的合法权益。因此，对于生产商这样的行为必须明确予以禁止性的规定。

不公平或者欺诈性行为在这部法案中的规定十分详细，细分为5种情况，涵盖了生产商应负的基本责任。但是与法案对定义部分的规定一样，对违反这一条款的法律后果，在此法中并没有体现，即没有相关惩罚性的规定，也是在《遵守护理标签的说明》这一释义性文件中进行的规定。

4. 纺织服装部分

（1）警告条款

纺织服装的第1部分规定：①如果消费者合理地运用清洗程序规定的任何部分进行操作均会损害产品或其他与其一同洗涤的物品时，标签必须含有对这一效果的警告。警告必须使用"不可""不""只可"或其他清楚的词语。②警告在标签的表述上并不是必要程序而是选择程序。

同时，在本章第2部分关于干洗的内容中的第2项也提出了对警告的要求。具体规定：①如果消费者或干洗人员合理的按照干洗程序进行干洗，其中任何步骤会对产品或与其共同清洗的衣物造成损害时，标签必须含有对这一后果的警告。警告必须使用"不可""不""只可"或其他清楚的词语。②警告在标签的表述上并不是必要程序而是选择程序。

第1部分中条款①项中所规定的是对一些不是所有护理方式均适用的服装所做的标签内容要求。例如，如果一件T恤是会褪色的，它的标签上就应该写明"可与类似色衣物同时洗涤"或"分开洗涤"。如果裤子是不能熨烫的，标签就必须注明"不可熨烫"。条款②对警告的性质进行的规定。由于只是在一些条件下要对服装的护理有特殊要求，警告的适用条件具有一定的有限性，所以警告在标签的表述上是可选择的内容。例如，一个写着"平放晾干"的说明就没有必要写"不可滚筒干燥"的警告，而一件可以用任意方式进行护理的服装也不用标明"滚筒干燥"或"高温熨烫"等内容。

第2部分关于干洗的内容中对警告提出了更高的要求：①项中规定了警告的用语表达，必须明确具体，用词简洁易懂，不能给消费者造成在标签内容理解上的困扰。例如，干洗程序一般包含对溶剂添加混合物使其达到75%的相关湿度，160℉的高温滚筒干燥和蒸汽熨。如果产品能使用所有的溶剂但是不能熨烫，它的标签上就应该写明"专业干洗，不可熨烫"。②项是在干洗中对警告是一项选择性程序的细化。具体到有关干洗中警告条款的选择性，例如，一个写着"专业干洗：碳氟化合物"的说明就没有必要写"不可使用全氯乙烯干洗"的警告。

对于一件纺织服装的保养，除了在使用任何手段进行清洁均不会造成对产品的损害时，消费者有权得知何种保养方法更有利于服装的清洁和耐久性使用，何种方法对服装会造成外观或材质的损害。因此，对购买者提供适当的警告信息是生产商的义务。如果购买者没有仔细阅读护理标签的内容而使用了标签上禁止的保养方法对产品进行保养而造成的损失就应该由自己承担。《纺织服装和零售布护理标签》（修订版）针对各种不同材质和设计的服装所使用的各类保养方法都进行了相应的规定。针对会对产品造成损害的护理方法，生产商必须在护理标签上予以说明。对于"警告在标签的表述上并不是必要程序而是选择程序"所指的情况有两种：第一种是由于服装可以在任何条件下进行清洁，如高温洗涤、氯漂、高温干衣等，均不会对服装造成损害，这样可以免除生产商的警告义务；第二种是指警告通常是禁止性规定，当护理标签上已经有关于如何保养服装的肯定性规定时，就排除了其他的保养方法，因此可以推出其他方法的不可行性。在这样的情况下当然也可以不使用警告。

生产商如果在护理标签上明确注明了与该服装保养相应的警告条款，而消费者由于没有遵循警告条款的规定采取了不可使用的护理方法对服装进行护理而造成了服装的损害，后果就应由消费者自行承担。因为生产商已经在护理标签上标注了警告条款，尽到了引起注意的义务。警告条款在某种程度上是生产商的免责条款。而在双方的交易过程中，消费者无权选择或改变护理标签的内容或者形式，只能按照上面的指示进行服装的护理，因此，护理标签的警告同时也是格式条款。一般情况下，只要经当事人协商确定的免责条款，不危害社会公共利益，法律是承认免责条款的效力的。确认免责条款有效，必须符合以下要件：①必须是双方当事人真实的意思表示。意思表示一致应当表现为对合同全部条款和内容的协商一致。消费者在购买服装时，显然是在对所购买的服装整体性表示了认同，包括对其护理标签上内容上的认同和了解后，形成了一个有效的买卖合同，是其真实意志的表达。②必须符合社会公共利益要求。合理根据条款的内容节省了生产商的成本并且在消费者的理解能力范围之内，对交易双方都是有利的，并没有造成其他合法利益的损失。③必须合理分配双方当事人之间的权益与风险。合理分配双方当事人之间的权益与风险是免责条款的主要功能，也是其合理性因素之所在。《纺织服装和零售布护理标签》（修订版）中的合理根据条款在减轻生产商的负担的同时并没有增大购买者的风险，对购买者没有造成任何的损失。④格式合同免责条款的提供者必须尽说明义务。生产商在护理标签上用符号或文字的形式对消费者进行警告是基于消费者在清洁服装时会按照标签上的说明进行这一常识性判断，已经尽到了提醒义务，因此警告条款是有效的。

服装市场的发展使服装越来越多元化，不同的服装需要的护理方法不尽相同。对于各种服装要求生产商详细的列明产品该如何保养显然增大了生产成本，也不符合标签所要求的简洁明了的要求。因此，在某类服装用某一种或几种方式护理会造成对服装的损害，而其他方式则不会造成损害的情况下，允许生产商从反面进行相应的禁止性规定，对提高生产商的积极性，促进服装市场的进一步发展都是十分有利的。警告条款的可选择性是立法强制性与灵活性相结合的体现。条文要求企业在注明警告条款时必须使用的表述方法，但是也赋予了企业相应的自主权，可以选择从正反两个方面选择一个方面来表达，这也是基于考虑到一般人的理解能力而进行的规定。

（2）合理根据条款

合理根据条款是修正案的一项重要内容，在《纺织服装和零售布护理标签》（修订版）中有两处增加了该项内容。

第一是在关于第 5 章不公平或者欺诈性行为或事实的规定的第 5 节，规定了对购买者提供所有的一般保养信息但缺乏合理根据的情况构成不公平或欺诈性行为。

第二是在第 6 章纺织服装部分警告第 3 项中的规定。要求纺织服装生产商和进口商在销售产品之前，提供保养方法的合理根据。合理根据必须由一个支持标签上方法的可信赖理由组成。主要包括以下几种情况：①有可信赖证据证明按照方法合理洗涤的情况下不会对产品造成损害；②有可信赖证据证明在违反标签上规定的方法洗涤时会对产品或其样品造成损害；③有可信赖证据证明，产品的每一组成部分，都像①②条中描述的那样；④有可信赖证据产品或其样品均成功通过检测；⑤有可信赖证据证明现有技术资料，过去的经验，或者产业技术支持标签上保养信息；⑥其他可信赖证据。[①]

合理根据条款其实是对生产商的免责所做的一项规定。当其对其护理标签上的内容存在合理根据时，就免除其对购买者因保养产品所造成的损害。合理根据对"可信赖证据"的具体要求是生产商要有相关的资格证书、检测机构的证明或者相关的技术资料，测评结果等具有权威性或者法律意义上的证明性文件。第5项中还规定了现有技术，资料等也构成可信赖证据。合理根据条款虽然是规定了6种情况下生产商的免责，但是细读这6种情况可以看出，①和②是正反两面分别进行的阐述，①针对的是标签上注明的是应该如何洗涤的护理标签，而②针对的是有警告条款说明禁止的保养方法的护理标签，③是对包含允许性和禁止性两种表述的护理标签所进行的规定，④、⑤是对可信赖证据进行了具体性的规定，⑥是典型的兜底条款，是为了以后技术发展出现新的情况所作出的灵活性规定。条款中规定的6种情况是选择性而不是并列性的要求，即生产商只要能够证明其中的任何一项，如产品成功通过检测或者按照方法合理洗涤不会对产品造成损害其中的一种情况就可以免除产品损害的责任。所以，只要有一项相关的证据就可以让生产商免责。因此，在产生纠纷的时候，生产商如果能够提供相应的可信赖证据，就可以免除其责任。因为这些证据证明了生产商提供的护理方法是正确的，产品一旦产生了损害就只能是购买者自身的操作不当、对标签的误读或者其他原因造成的。

警告条款和合理根据条款体现了法律的公平性原则。法律是一把双刃剑，兼顾消费者与生产者的权利和义务。虽然从整体上说《纺织服装和零售布护理标签》是对生产商义务内容的规定，但是同时也规定了他们相应的权利，比如前面提到的可选择的警告条款的使用和该条合理根据的构成。

---

① 《纺织服装和零售布护理标签》（修订版）423.6（c）。

5. 零售布部分

（1）定义

对零售布的规定首先在最初定义部分就做出了明确规定。但是对护理标签的标注位置的规定有所不同，第 1 款规定零售布的制造商和进口商必须在每一捆或每一卷布的末端提供清晰准确的保养信息。这也是由于产品的不同形式而决定的。在第 2 款直接规定适用423.6 列举的保养信息规定来说明产品的日常使用所需的日常保养，也就是和纺织服装的保养方法相一致。

（2）豁免的项目

零售布部分对何种零售布可以免除标注护理标签进行了详细的规定。

①纺织服装的任何一个部分，除了口袋都是可以翻过来的（例如，产品设计为任何一面都可以作为里面或外面—正面或反面），都可免除护理标签的要求。

②如果标签会损害产品的外观或者使用，制造商或进口商都能要求免除其他纺织服装产品的保养要求。这一请求必须向 FTC 秘书处书面提出。请求还必须附上有产品标签的样本和允许该请求的完整合理解释的陈述。

③即使在①段或②段下的护理标签豁免的任何部分，仍然要向这一部分的消费者提供产品所要求的保养信息。不管怎样，这一信息能附于悬挂标签上，附在包装上或者其他显著位置，使消费者能够在购买产品之前看到这些保养信息。

④423.5 条款下的制造商和进口商的产品，如果产品在最严格的程序下也可以洗涤，就可以免除持久性护理标签。这一豁免只在有可信赖证据证明在以下所列的所有水洗和干洗程序均可适用于这一产品时，才可以适用……①

在《遵守护理标签的说明》中对豁免进行了更全面的规定。下列的物品不需要持久性保养标签，但是在销售时必须有显著的临

---

① 《纺织服装和零售布护理标签》（修订版）423.8。

时标签：

无口袋的双面式衣物。

可在最严格条件下水洗、漂白、干衣、熨烫和干洗的产品，只要临时标签上写着"可以使用任何正常的方法洗涤或干洗"。

产品在保养标签或对其造成损害或无效时获得豁免。必须向FTC提出书面的豁免申请。请求必须包含一个附有标签的产品样品和请求被接受的解释的完整陈述。

下列物品不需要保养说明：产品出售给集团购买者用于商用的产品以及消费者提供的材料所定制的衣物。可完全水洗并以零售价3美元或更低价格出售的产品，在最初的规则（c）（2）部分获得的豁免。如果产品不再符合这些标准，豁免就会自动废除。

从各个豁免的项目我们可以看出，对于护理标签的豁免，分为有条件豁免和无条件豁免两种。第一，对产品的各个部分，即产品的组成部分，是无条件的完全豁免，因为服装的各个组成部分只有构成一件完整的服装对消费者来说才有使用价值，如果生产商对服装的每一个构成部分都必须保证其不受损害，显然是不公平的。因为很有可能由于消费者个人疏忽会造成某一部分的损坏，而生产商只需要对服装的整体性负责；第二，对于作为整体的一件服装，生产商享有的豁免分为有条件和无条件两种，有条件豁免体现在两个方面：首先，必须主动提出请求并有合理陈述，最终是否予以豁免还是由FTC决定；其次，即使是获得了豁免，还是要尽可能在服装的包装或使用悬挂标签来提供保养信息。而对于整体的服装无条件豁免的要求是在最严格的程序下服装均可洗涤才可免除其义务。而在《遵守护理标签的说明》中，将纺织服装和零售布分为两类进行了更详细的规定。第一类是即使豁免请求得到肯定也要在销售时有显著的临时标签来告知购买者，并且对可获得豁免的纺织服装和零售布，对其种类进行了详细规定。第二类是完全不需要任何标签。

纺织技术飞速发展，服装设计的越来越不拘一格，消费者需求的多样化促使生产商生产的服装种类繁多，有些类型的服装如果附上护理标签就会损害其整体性，破坏美感或者影响购买者穿衣的舒适度。因此，在消费者的服装外观或使用需求与服装的持久性护理标签相冲突的时候，应广大生产商和消费者的要求，对一些特定的服装允许生产商不附上持久性标签。这有利于生产商减少成本，同时也能生产更多样的服装来满足消费者的需求。从市场交易的要求来看，生产商和购买者是处于同一地位的，都享有权利并承担义务，而且双方的权利义务要根据其实际能力大小来予以规定，对于一些产品根据其本身的特点不宜适用护理标签的话，就应该免除生产商对其在护理标签上的义务，才能体现公平、平等。

法律要求全面性和前瞻性，但是如果情况过于多样和烦琐，对于一些交易成本低并且权利义务关系明确的法律纠纷，没有必要动用过多的法律资源来进行调节。条文这样规定，不仅节省了司法成本，也增强了市场主体的法治意识，实现了法律资源的优化配置。

（三）《纺织服装和零售布护理标签》（修订版）对我国的启示

1. 我国纺织品护理标签的立法现状及问题分析

我国在纺织品护理标签立法上长期处于空白阶段，只能借助其上位法参照执行。例如，2005 年 1 月 1 日，国家质量监督检验检疫总局发布的《国家纺织品基本安全技术规范》对纺织品服装的安全性进行了材料和制作工艺、程序方面的要求，而对于护理标签并没有相关的规定。《中华人民共和国产品质量法》也只是对生产者的责任和限制性行为进行了概括性的规定，主要针对的是产品的质量问题，并没有包括具体的售后保养护理问题。《中华人民共和国进出口商品检验法及其实施条例》中主要是针对不合格的产品，进出口检验部门的职责问题进行了相应的规定。也没有对纺织品服装护理标签的要求。直到 2009 年 3 月 1 日才正式实施了专门针对纺织品护理标签符号进行规定的 GB/T8685 - 2008。这是我国纺织品保养立法上的一大进步。但 GB/T8685 - 2008 还存在许多不足，主要体现在以下几个方面：（1）内容规定较为简单，虽然这对各国企业进行操作会有一定的灵活性，但是，过于简单的规定会使符号法的强制性减弱，对企业的约束力不够；不仅如此，这样的规定会给企业发展造成阻碍，因为他们没有具体的条款来进行操作，对于哪些产品应该适用新标准，哪些符号是必需的都不是很清楚，反而使其可操作性大大降低了。（2）内容有所缺失，不够全面细致。对于一些已经出现的问题没有予以明确的说明，清洁方法的说明不够全面。缺乏一定的前瞻性。尤其与美国的《纺织服装和零售布护理标签》（修订版）相比，各项具体的内容，如水温的设定，干衣的方法、水洗的方法都没有相关的分类说明和具体细化。（3）只是对一些洗涤符号进行了相应的界定，对于一些洗涤方法的具体分类还只是指通过符号进行了规定而没有通过文字体现出来，表达不够清楚。（4）缺乏违反法律规定后的救济措施和法律后果的规定，也没有关于援引性条款以参照其他相关法律法规的规定，使法律缺乏一定的强制力。消费者一旦权益遭到侵犯，往往会不知从何处入手以寻求救济。

概括而言，与国际标准相比，我国纺织品护理标签的立法过于简单，缺乏体系性和可操作性。同时，在具体的标准设立上和国际标准还是存在一些差异，并且缺乏相应的救济途径的说明。

2.《纺织服装和零售布护理标签》（修订版）与《纺织品维护标签规范符号法》之比较

GB/T8685－2008作为我国的国家标准，具有法律效力，是一项强制性标准。而美国的《纺织服装和零售布护理标签》（修订版）作为一项技术法规，这两者在效力位阶上大体上是处于相同地位的。我们只有比较二者的异同，才能发现我们自身的不足。

（1）相同点

①定义

《纺织服装和零售布护理标签》（修订版）第1部分对护理标签、零售布、干洗、机洗、纺织品和纺织服装进行了定义。

GB/T8685－2008只有关于纺织产品的规定，认为是以天然纤维和化学纤维为主要原料，经纺、织、染等加工工艺或再经缝制、复合等工艺而制成的产品，如纱线、织物及其制成品。在《纺织品和服装使用说明》（GB5296.4 – 1998，以下简称 GB5296.4 – 1998）中对纺织品和服装也进行了定义。纺织品是指经过纺织、印染或复制等加工，可供直接使用，或需进一步加工的纺织工业产品的总称。服装是指穿于人体起保护和服饰作用的制品①。可见，我国对于纺织产品的界定，包括了纺织服装和零售布。

我国没有专门的护理标签的定义，在较早前颁布的 GB5296.4 – 1998 中规定了使用说明和耐久性标签。使用说明是使用者如何正确、安全使用产品的信息工具。通常以使用说明书、标签、标志等形式表达。耐久性标签是指一直附着在产品本身上，并能承受该产品使用说明中规定的使用过程，保持字迹清晰易读的标签②。从这两项定义我们可以看出，使用说明和耐久性标签都含有了服装的保养信息的内容，不易区分。但是，根据该使用说明 6.2 中的规定，产品的型号或规格，采用原料的成分和含量、洗涤方法等内容应采用耐久性标签。可见，在我国护理标签不仅仅标识护理方法，而是在耐久性标签上与其他有关产品的重要信息一起标注的。也就是说，我国的耐久性标签类似于美国的护理标签，与其具有相同的功能，都要求对护理方法进行详细的说明，耐久性标签也体现了其要求长期清晰可见的具体规定。

②术语——使用符号代替文字

美国的《纺织服装和零售布护理标签》（修订版）术语部分要求在保养标签或保养说明上应该有任何适当的术语，以便清楚准确地描述一般的保养程序并符合这一规则的要求。除了要求的适当术语以外，任何适当的符号都可能用在保养标签或保养说明上，以便满足这一部分的要求。同时在 423.8 列举了允许只使用符号而不使用术语的有条件豁免。GB/T8685 – 2008 其本身就是一部符号法，主要是对维护标签符号的形状及其所代表含义的规定，只有相应的

---

① 《纺织品和服装使用说明》3 1，3 2。
② 《纺织品和服装使用说明》3 3，3 4。

辅助性文字说明。在这一点上两部法案是相似的，均体现了以符号代替文字的立法原则。这是在国际贸易的发展过程中形成的，也是整个纺织品护理标签的发展趋势，符号的统一性反映了整个国际贸易的迅速发展，更是整个标签行业的发展趋势。

　　③家用水洗的优先性的排除适用

　　《纺织服装和零售布护理标签》（修订版）中对于纺织品的护理标签除了清晰可见、持久性要求以外，在423.6中还有如下规定：护理标签必须注明产品日常使用所需的一般保养。通常情况下，纺织服装的护理标签必须有水洗说明或干洗说明。如果有水洗说明，其内容必须遵守这一部分（b）段（1）所列的要求。如果含有干洗说明，其内容必须遵守这一部分（b）段（2）所列的要求。如果该产品可用于水洗和干洗，标签只需要其中一项说明。如果产品在任何清洗方法下均会受损，标签要注明如下：如果产品在水洗或干洗情况下均会受损，标签应写道："不可手洗——不可干洗"，或者"清洗不适用"。水洗和干洗说明如下……①

　　这表明干洗是与水洗相并列的概念，两者是可选择性的。即标明"干洗"的服装也能采用水洗，标明"水洗"的服装也能采用干洗的方式进行清洁。肯定了干洗和水洗的可选择性而非水洗的优先性。我国的 GB/T8685 - 2008 也只是介绍了几种不同的清洁方法，并没有指明在使用中存在的效力的大小不同，没有关于家用水洗优先性的规定。

　　干洗、水洗已经成为一般人们对于服装的洗涤的一般分类。家用水洗并不是另一类新的洗涤方法，而是强调了可以在家通过水洗来对服装或其他纺织品进行清洁。原有规定使生产商极有可能通过与干洗商为利益达成某种协议而只在可水洗的服装上注明干洗，家用水洗方式的提出的要求不仅仅是维护消费者利益的需要，也是避免生产商规避法律的现实要求。水洗和干洗相比，显然前者更经济，成本较低。家用水洗优先性条款就避免了这些问题，在同时可

---

　　①　《纺织服装和零售布护理标签（修订版）》423.6（b）。

以干洗和水洗的时候，注明家用水洗优先，从而提醒消费者可以选择的护理方式，增加了消费者的购买选择，同时对生产商提出了更高要求，使其尽量考虑如何从减少消费者的护理成本入手来生产和设计服装，如何更环保的保养服装。虽然在《纺织服装和零售布护理标签》（修订版）的征求意见中很多代表认为对家用水洗优先性的规定可以有利于环保，并更符合消费者的需求。而且琼斯服饰集团已经对其标签进行了重新的设计来更体现环保的精神。① 但是FTC认为修改现有规则的条件并不成熟。首先，并没有充分的证据证明消费者均对现有的标明"干洗"的服装只采用干洗的洗涤方法，还是有很多消费者对这类服装使用水洗；其次，消费者也可以通过其他途径如零售商的推荐、有关消费者的报纸书刊的介绍、专业清洁人员的说明以及其他消费者及自己过去的经验来判断这些只标明"干洗"的服装能否采用水洗；再次，规则这样的改变会对现有多少标明"干洗"的服装不得不标上"家用水洗"，这样的改变是否能取得良好的效果没有较为充分的保障；最后，增加"家用水洗"标签对生产商增加的成本是难以估计的，这样会不会对服装市场产生消极性影响也难以估计。因此，最终并没有明确规定家用水洗的优先性。

在立法时，我们要充分考虑各方因素，收集多方信息，全面的衡量各方利益，达到立法的科学性和实用性。笔者认为，FTC的考量更多地顾及了生产商的成本以及由此引发的法律成本的增加。但是综合考虑，法律更重要的是对现有问题的解决。现有的相关规定已经不能满足市场发展和消费者的需求了，而从长远来看，家用水洗有其更大的发展空间，势必成为人们的重要选择。如果不采取相应措施解决现有问题，那么今后付出的司法成本将会更加不可估量，并且极有可能引发更多相关的技术性处理问题。这也是我国最新的GB/T8685－2008中同样欠缺的内容。

---

① See Miel, Rhoda. Johnson & Johnson´s redesigns go for green . Plastics News，1042802X，11/5/2007，Vol. 19，Issue 36.

（2）不同点

《纺织服装和零售布护理标签》（修订版）在体系上除了定义、术语、管辖范围、效力等一般分类之外，还对纺织服装和零售布分章进行了具体的规定。而我国的 GB/T8685 - 2008 主要是对符号的规定，只有范围、术语和定义、符号、符号的应用和使用四个部分的规定，没有对纺织服装和零售布进行专门的分类。因此，在这部分的规定上，存在较大的差异。

①不公平或欺诈性的行为或事实

在《纺织服装和零售布护理标签》（修订版）的第 5 节，专门列举了什么样的行为构成对消费者不公平或欺诈性的行为或事实。

我国并没有专门针对纺织服装进行不公平或欺诈性行为或事实的规定。因此，生产商很可能利用这样的漏洞来规避其责任。但是，我们从基本的《消费者权益保护法》可以看出，消费者享有知情权、安全权等基本的权利。如果生产商不提前告知服装的保养信息，无疑是构成对消费者知情权甚至是安全权的侵害。对于这样的行为，我们可以借助《消费者权益保护法》来予以规制。但是，为了使其更有法可依，还是应该对特殊材质的服装要求生产商在标签上注明服装的特殊保养方法或者是其他相应的提示性标识进行详细的规定，才能保护消费者的利益。

②警告条款

《纺织服装和零售布护理标签》（修订版）对于生产商在标签上应注明的警告提出了以下要求：（1）如果消费者合理地运用清洗程序规定的任何部分进行操作均会损害产品或其他与其一同洗涤的物品时，标签必须含有对这一效果的警告。警告必须使用"不可""不""只可"或其他清楚的词语。（2）警告在标签的表述上并不是必要程序而是选择程序。同时，在本章第 2 部分关于干洗的内容中的第 2 项也提出了对警告的要求。GB/T8685 - 2008 并没有关于对于生产商应该在维护标签上予以警告的任何规定，GB5296.4 - 1998 中也没有相关规定，只有在《消费品使用说明》GB5296.1 - 1997 的第 9 项安全警告中规定了安全警告的格式和编写应考虑以下几点：确保消费者和其他人在正常使用产品时，能从使用位置看到存在危险的警告，解释伤害的性质（如果需要，解释伤害的原因）……而在 GB/T8685 - 2008 中并没有关于适用该法的任何说明。可见，这样的规定不利于符号法的适用，对于警告条款的规定应该予以明确说明。

③合理根据条款

《纺织服装和零售布护理标签》（修订版）中对合理根据内容的相关规定要求纺织服装生产商和进口商在销售产品之前，提供保养方法的合理根据。合理根据必须由一个支持标签上方法的可信赖理由组成，此外还详细列举了六种情况。

合理根据其实是对生产商的免责的一项要求。当其对其护理标签上的内容存在合理根据时，免除其对购买者因保养产品所造成的损害。可以说，这既是生产商的权利，也是其义务。GB/T8685 - 2008 中并没有关于合理根据的规定。法律的平等原则意味着公民在遵守法律和法律适用上平等。① 符号法中的规定在一定程度上剥夺了生产商的权利，对生产商来说是不公平的。同时也给了司法机构过大的自由裁量权。

④零售布部分

《纺织服装和零售布护理标签》（修订版）在定义中对零售布用一章专门进行了规定，并对一些类型的零售布的生产和销售做出了豁免性情形的规定，在满足一定条件的情况下免除了生产商或进口商在保养标签内容和形式上的义务。而我国的 GB/T8685 - 2008 并没有豁免的规定。仅仅在 4.1 项符号的应用中指出"在不适当的情况下，也可仅在包装上表面维护说明"，而什么情况是不适当的，并没有明确说明。

⑤专业湿洗的规定

美国《纺织服装和零售布护理标签》（修订版）没有专业湿洗

---

① 胡建淼主编：《外国公法译介与移植》，北京大学出版社 2009 年版，第 197 页。

的规定。在对《纺织服装和零售布护理标签》进行修订的时候，对是否需要定义"专业湿洗"和为生产商使用标签上的"专业湿洗"方法而开发测试程序时，产生了相当激烈的讨论。ASTM 和 AATCC 的代表认为现有条件还不成熟，建议在这些组织的下一次会议上再对定义和测试程序进行确立。许多参与者提出需要额外的时间来为湿洗确立定义和测试程序的意见。因此，修订版中并没有定义专业湿洗。对于许多消费者来说，"专业湿洗"的概念可能还较为陌生。而对于很多专业清洁人员则比较熟悉。专业湿洗针对的是一些特殊材质的服装和纺织品。但是如果消费者对这一概念不清楚，当护理标签上标明"专业湿洗"时，消费者对什么是专业湿洗，通过什么途径可以得到专业湿洗都不清楚。因此，当时引入这一概念的时机其实并不是很成熟，美国在关于这一问题的讨论会上决定对此项建议予以保留是较为合理的。但是，经过了 20 多年的技术发展和实践，对于专业湿洗是否应该予以规定，如果允许使用其具体操作应该怎样规定，笔者认为是一个值得考虑的问题。在 1997 年，绿色和平组织已经尝试性地使用湿洗机器和专门的湿洗溶剂，并且加强了专业人员的训练以求可以改变标签的现有规定。[①] 随着这些特殊材质的服装和纺织品被消费者广泛接受，专业湿洗也将获得其发展市场。我国在 GB/T8685 - 2008 中规定了专业湿洗，认为专业湿洗即采用专用技术（清洁、冲洗和脱水）、洗涤剂和为降低副作用的添加剂，由专业人员在水中清洁纺织产品的程序。同时在符号中也予以了规定。从国际市场和国内市场的需求来看，在维护标签上增加专业湿洗的方法是服装行业发展的必然趋势。同时也是有利于环保的一项有利举措。[②] 但是如何获得专业湿

---

　　① See DeRosa, David. Wet cleaning is wringing out success. Greenpeace Magazine, Fall97, Vol. 2 Issue 3, p. 9.

　　② See Hsiou - Lien Chen, Leslie Davis Burns. Environmental Analysis of Textile Products, Clothing and Textiles Research Journal. Vol. 24, No. 3, 248 - 261 (2006).

洗，这一程序的具体内容我们并不清楚。

⑥效力位阶

美国的《纺织服装和零售布护理标签》（修订版）规定了该法与易燃织物法冲突时的效力位阶。而我国没有 GB/T8685 - 2008 效力位阶的相关规定，GB/T8685 - 2008 是单纯的一部维护符号规定的强制性标准，而且，这部法律没有相关的实施条款予以辅助，因此，在具体的实施过程中可能会出现各种问题，该法如何与其他的部门法或者上位法进行衔接，如何运用，都需要相关的条款进一步说明和确定。

3. 完善我国纺织品护理标签立法的若干思考

GB/T8685 - 2008 内容规定简单，只涉及定义和符号两个部分，以及相关国际标准的附录。这对于健全纺织品维护标签的法规来说，还远远不够。而整个标准的内容，与国际标准还是存在一定的差异。这可能是考虑到我国的市场现状的权宜之计，但是，针对我国纺织品出口大国的这一特点，与国际标准的完全接轨势在必行。我们在具体的清洁程序分类上，如熨烫、干衣的种类、水温的分类标准上等，都应该在考虑我国国情的基础上尽量与国际标准相一致，并且参照主要出口国（如美国等国）的国家标准。因为国际标准并不是一个硬性标准，各个国家国情和经济发展水平不同，对标准的认同度自然会有所不同。正如美国使用的 ASTM 标准，虽然与 ISO 标准有所不同，但是在一些基本程序的规定还是和国际标准相一致的。[1] 而美国又是我国纺织品服装的一个出口大国，因此，我国要加强对其维护标签的研究，才能让我国的纺织品产业拥有竞争力，朝着国际化方向发展，并以此促进标准国际化的发展。我国要努力参与制定修改技术法规和国际标准活动，特别在国际标准制定、修订方面，应积极争取承担起草工作，以保证国际标准能更多地体现本国的意志和利益，或将本国标准纳入国际标准，积极

---

① See Casella, Alessandra. Product Standards Coalitons in a market without borders. NBER Working paper 1996，No. 5853.

在世界范围内推广采用，以保护、发展自己的相关产业。[1]

鉴于我国最新出台了 GB17B8685 - 2008，我们可以以之为基础，对这一部法的内容进行修改和完善，完善的方法可以是通过颁布相关的实施细则或者进行相关的解释。主要可以从以下几个方面入手。

（1）实体法部分

①定义

《纺织品和服装使用说明的图形符号》缺乏最基本的维护标签的定义，它只是对纺织服装和永久性标签进行了界定，但是既然已经出台了 GB/T8685 - 2008，对何谓维护标签却没有清晰明确的定义，显然是立法者的一大失误。这也不利于这部法律的实施。因此，建议在第一部分增加对于维护标签的定义，可参照美国《纺织服装和零售布护理标签》（修订版）中的定义，将维护标签界定为包含适当保养信息和保养说明的标签或者标记，通过固定在产品上的形式出现并且在产品使用寿命内均清晰可辨。

此外，GB/T8685 - 2008 中对纺织产品进行了规定，与《纺织品和服装使用说明》GB5296.4 - 1998 中规定的纺织品的概念相一致，两者在定义上其实都包括了零售布。但是后者又对服装进行了定义而符号法中却没有，造成了立法的不一致，因此同样应该在符号法中同样对服装进行相应的定义来完善其体系，具体的规定应该和后者相同，将服装直接定义为"穿于人体起保护和服饰作用的制品"。

②增加豁免性规定

随着服装市场的发展，服装种类和材质越来越多样化，出现了许多新的纤维，而这些纤维在法律上难以得到及时的规定。[2] 在一

---

① 张锡锻：《外国技术性贸易壁垒及其应对》，对外经济贸易大学出版社 2004 年版，第 161—162 页。

② H. J Koslowski：《纺织品标签的现状和问题》，戴自怡译，载《国际纺织导报》2008 年第 5、6 期。

些情况下，根据服装的特性，生产商没有任何理由和方法对其使用保养方法或者采取其他维护措施的。面对这样的产品，我们应该对生产商进行豁免性的规定，才能保证市场的公平性和生产商的积极性。GB/T8685-2008 的 4.1 规定"第 3 章中规定的符号应尽可能地直接标注在制品上或标签上。在不适当的情况下，也可仅在包装表面上说明"。但是何谓"不适当的情况"并没有相应的解释。因此，应该增加对可豁免于持久性护理标签的纺织产品的情况的说明。具体来说，应该对我国的服装市场进行调查研究，看存在何种类型的产品是可以予以豁免的。由于我国对纺织服装和零售布的定义均包含在纺织产品之内，因此我国可以将其合并规定。具体的条文设计可以参照美国的《纺织服装和零售布护理标签》（修订版）中的规定。第一，明确肯定豁免，并将豁免分为有条件豁免和无条件豁免两种类型。第二，符号法中的"不适当情况"其实就是对有条件豁免的肯定。对于有条件豁免的产品要求生产商自行提出申请和理由，由质量监管部门进行处理。包括两种情况。A 由于材质或者外观设计原因而不适合缝制持久性护理标签的可以予以仅标注在包装上；B 可以使用任何正常的方法洗涤或干洗（最严格程序下均可无害清洁）的纺织产品可以仅标注在包装上。第三，对无条件豁免的项目进行具体规定，也包括两种情况：A 对于消费者自行提供的材料制成的服装生产商可以不附上护理标签；B 非进入流通市场的纺织产品可以不附上护理标签。

③细化专业湿洗相关规定

专业湿洗的概念其实在广大消费者的意识中还未有效形成，何种材质的服装应该使用专业湿洗进行保养维护，什么样的符号表示应该采用专业湿洗来保养服装，消费者们不是很了解这样一种保养方法，甚至是许多服装企业本身对这一概念也不是有十分清楚和明确的理解。而符号法中对于湿洗的定义的表述过于字面化，认为专业湿洗即采用专用技术（清洁、冲洗和脱水）、洗涤剂和为降低副作用的添加剂，由专业人员在水中清洁纺织产品的程序。从定义中，我们看不出专业湿洗的特点和其与其他清洁方法的不同之处，消费者由于对其不了解可能会排斥或误解这一概念，从而选择其他方式进行服装护理或者避免购买需要专业湿洗的服装产品。从美国的《纺织服装和零售布护理标签》（修订版）中可以看出，对于专业湿洗，他们认为其技术并不成熟，无法预计所需要的立法和司法成本，同时也没有足够的证据证明专业湿洗有其相应的市场，消费者对于这一概念也还没有普遍性的接受，因此，没有对这一概念做出明确的规定。这样就达不到立法的目的，国内产业同样得不到保护。① 我国对于专业湿洗的规定具有一定的前瞻性。既然是对一项较为新型的技术进行法律层面上的规定，更应该从定义、程序、具体的操作等方面进行详细的、全面的规定，否则这样缺乏可操作性的法律规定只能是形同虚设，因此，我国要对专业湿洗的概念进行更清楚的界定，对于何种情况下采用这一维护方法，何种服装采用这一护理方法，具体的程序，可以选择的溶剂等，都应该给出一个指引性的解释规定，以方便消费者在购买时予以参考，并对服装清洁人员进行相关的指导。同时，在出现新情况后也要及时的做出解释，解除纺织企业和消费者的困惑。

④家用水洗优先性的规定

我国对水洗、干洗、专业湿洗都进行了相应规定，但是没有对家用水洗进行规定，那么是否要将其作为一类护理方法专门进行规定呢？ GB/T8685 - 2008 在对水洗的定义中明确规定了相关的操作既可以用机器进行操作也可以手工进行。这说明水洗包括了机器水洗和人工水洗。家用水洗指的就是可以在家里进行护理的机洗或者手洗方法，它是为了与专业护理店相区别的概念，显然，GB/T8685 - 2008 中的水洗规定已经包括了家用水洗的概念。因此，不用进一步对家用水洗进行分类定义，现有规定已能满足消费者的需要并且符合我国的现有市场水平，无故增加新的概念只会对生产商和消费者都造成不便和困扰。但对于各种清洗方法，我们应该最大

---

① See Fischer, Ronald, Pablo Serra. Standard and Protection. Journal of International Economics, Vol. 52, issue2.

限度地尊重消费者的选择，避免误导消费者的情况出现，从维护消费者利益的角度出发，应该对各种清洁方法的效力进行相应的说明。从有利于环保和保障消费者权益的角度出发，应该对家用水洗的优先性进行肯定。具体来说，由于消费者通常只有对服装清洁水洗和干洗是分类概念，而现在我国已规定了专业湿洗，因此，为了体现家用水洗的优先性，可将现有清洁方式分为水洗、干洗和专业湿洗三种。这三种方法是对现有洗涤方法较为全面的分类，而且具有可选择性和优先性的考虑。首先，水洗和干洗是可选择性的平行概念，这两者之间是选择性的关系。其次，专业湿洗是对特殊服饰的要求，采用专业湿洗即表示排除了水洗和干洗这两种清洁方法。这样既赋予了消费者选择权，也达到了环保的功效。

⑤不公平或欺诈性行为的规定

我国仅在《消费品使用说明》中的安全警告中规定了警告的用语和形式，但是在 GB/T8685 - 2008 中只是对相关定义和符号表示进行了规定，对于违反法律的行为没有进行任何规定，更没有规定在何种情况下生产商应该使用安全警告，对购买者尽到提醒注意的义务。对于这样一部技术标准，我们并没有其他的相关规定，这样就容易在适用时出现法律的空白，因为虽然已经有了相应的护理符号法但是在具体适用时还是要参照上位法《消费品使用说明》，警告的内容针对的是专门的纺织服装但是在相关内容上却还有缺失，这是我们立法上的疏漏，要尽快弥补，才能保证法律切实可行。因此，对于违反法规的行为我们也应该予以规定。首先，这样可以让法律的执行更加方便，可操作性增强，对司法机关和相关行政机关适用法律有指导作用。其次，对规制服装生产商的行为会起到一定的威慑和预防的作用。最后，可以完善相关的立法上的不足，进一步与国际接轨。不公平或欺诈性行为是国际法上一个较为常用的概念，尤其是在国际贸易和国际投资领域，主要出现在企业的关联交易和保护消费者的情况下。对于纺织服装的进出口，这也是一个必不可少的概念。结合对于纺织服装产商的特殊要求，对于何谓不公平或欺诈性行为，可以参照美国《纺织服装和零售布护理标签》（修订版）的规定。在销售之前，不对消费者提供关于保养的任何警告或者有关服装的特殊的清洁方法的提醒时，对消费者造成的损失要承担赔偿责任。① 具体情形规定如下：A 在销售之前，未对购买者提供产品的一般使用所必需的一般性保养程序的说明；B 商品在任何清洗程序下均会损害时，在销售之前，不警告购买者；C 在销售之前，提醒消费者或专业清洁人员可能合理的按照一般保养程序规定的任何程序的某一部分来操作将会对产品或其他与其共同清洗的物品造成损害时，不警告购买者。同时，对于纺织企业之间的联合损害消费者的权益的行为，比如市场的垄断、制定统一的低于国家标准的行业标准等行为，对消费者这一弱势群体的保护也极为不利，违背了市场的公平竞争和开放性的要求。要针对这样的行为进行相应的警告性规定。

⑥细化符号代替文字的规定

GB/T8685 - 2008 在引言中这样提道："有必要时，除符号外还可以使用文字说明。"附录 C 给出了示例。同时，在附录 C 中对这一内容进一步进行了说明，指出补充性说明是一种附加维护说明，是非常必要的信息。但同时也指出，当某项常规的维护程序是消费者或专业清洗人员有可能使用的，但该程序又会对产品造成损伤时，补充说明术语可能是必需的。标签上宜尽可能少地使用补充说明用语。由此可见，在一般情况下，维护标签只需要标注符号即可，在一些特殊情况下，为了保证服装的安全有效清洗，可以附加文字说明。比如垫布熨烫、使用水洗网、干燥时远离直接热源等这样一些较为特殊的保养方法，可能消费者或清洁人员不是十分清楚其符号的具体含义，为避免造成误解，适时的辅之以补充说明用语是必需的。我国在维护标签上的文字性规定和美国以及国际上的要求是基本一致的，即尽可能的只使用符号来进行护理标签的内容说明。但是，我国仅对一些补充说明用语进行了列举，并没有明确的

---

① 杨玉华、董念慈：《国内外服装、纺织品护理标签符号及法规》，载《中国检验检疫》1997 年第 4 期。

规定哪些不需再辅以补充性说明。由于服装的保养符号主要分为五个方面，每个方面均有自己的类型和符号规定。在 GB/T8685－2008 附录 A 中也列举出了这些符号，因此，对于哪些是不需要附加补充性说明用语，哪些应该附加补充性说明用语，可以进一步明确其范围。就笔者看来，附录 C 部分列举了 22 项补充说明用语，基本能够满足现有护理技术的说明要求，所以可以尝试对这些说明用语的使用进行排除性规定，即规定只有这些说明用语可以用在服装护理标签上，而如还需增加新的说明，则需要提供相关的证据证明其合理性。这是规范纺织服装护理标签的要求，同时也是护理符号国际化发展的趋势。

⑦非规则方法推进消费者教育

消费者对于其购买的产品的护理标签往往不够重视，这也是我国纺织品产业发展滞后的原因之一。消费者是产品市场竞争力的集中体现，加强对消费者教育对各国来说都是必不可少的。以推行对消费者进行水温数字化教育为例。水温的数字化由于各国国情的不同，设定范围也不同。消费者对于水温缺乏具体了解的现实可能性，他们只能通过洗衣机等设备上的标志来识别不同类型的水温。水温数字化的发展有赖于消费者认知水平、服装产商和家电产商等的共同发展。在标签上一定要求将水温具体的数字化，如果达不到出口国的要求，那么产品就会被拒绝进入其国内市场。因此，在各国对水温的定义未能达成高度一致的情况下，使用非规则性方法来推行水温的数字化更适宜。有哪些非规则性的方法呢？加强社会组织的宣传推广是一个有效途径。我国的纺织工业协会于2001 年成立，成立以来对纺织服装业的发展发挥了一些积极作用，但协会的覆盖面过窄，难以发挥综合协调功能。① 不仅仅是纺织工业协会，还有消费者协会、家电行业协会等相关的组织进行消费者的教育和产品的推广活动来使消费者更了解产品的标签内

----

① 彭剑：《中国纺织业出口竞争秩序现状分析与对策》，载《科技信息》2008 年第 36 期。

容、如何更好地掌握水温等。制定行业标准，加强行业的自律性。建立纺织业检测机制，逐步建立起纺织服装的监测系统。制定纺织品进出口市场准入标准和认证体系。[1] 与我国的技术标准相呼应，加强相关宣传力度。法律要具有更大的可操作性，当然需要更多的人们对法律知晓并了解其内在含义。正如前面提到的不公平或欺诈性行为的各种类型、专业湿洗的定义等，这些法规和技术的发展都要以市场的潜力和民众的接纳度为依托。因此，需要通过各种非规则性的方法来推进消费者教育工作，这和推进相关法规和标准的发展是相辅相成的。推进对消费者的教育不仅仅可以促进纺织业市场更快更好的发展，也能带动相关电器行业的发展。此外，也有利于宣传其他更环保更科学的护理方法，增强消费者的维权意识。

（2）程序法部分

①违法行为制裁措施的规定

单纯的技术标准一般都不包含有关法律救济的条款。但是，GB/T8685－2008不仅仅是一项技术标准，涉及很多灵活性很强的规定。此外，对于违反这一符号法的救济措施，该法中并没有明确的援引性条款提示我们可以参照其他的相关法律，这就使得在法律的适用上缺乏明确的条文和规则。如果在出现问题的时候再寻求相关的司法解释或者向有关部门请示如何处理，不仅加大司法成本，浪费司法资源，而且也会降低司法效率，不利于保护消费者的合法利益。可以增加相关的惩治性条款，对具体的违法行为进行规定，也可以设置援引性条款。对于如何保障消费者的利益，惩治违法的企业我国已有相关规定，但是并没有很好地与现有的强制性标准有效结合起来。其实可以参照《中华人民共和国产品质量法》《中华人民共和国消费者权益保护法》以及《中华人民共和国行政处罚法》等相关法律的相关条款进行处罚；或者结合两种方法，对如

---

[1] 邢洪涛、张亚军：《当前我国纺织品出口贸易的现状、问题及对策》，载《商场现代化》2007年第11期。

何救济进行立法性和援引性双重规定。我们认为，结合我国现有的立法体系和实践，为了节约立法成本和司法成本，提高效率，采用援引性条款能更好地保护消费者的利益。援引的条款不应该限于某一部法律，联合执法有利于更好地实现司法职能，可以是几部相关的法律，如可以援引《中华人民共和国产品质量法》的第4章损害赔偿和第5章的罚则，《中华人民共和国消费者权益保护法》中第6章争议的解决和第7章法律责任。这两部法是采用民事救济的手段，此外，还可以依据《中华人民共和国行政处罚法》的相关规定，由工商行政部门或其他职能部门对未按规定使用护理标签的企业进行行政处罚。在具体适用的时候按照法律的效力等级执行。

②明确合理根据条款

我国在标准立法上一直侧重于对企业产品标准的强制性要求，但是对于豁免的标准和范围却设定不明或者有所缺失。过于强调企业责任，但是对其权利的保护却十分缺乏，没有做到权利义务相统一。而企业的生产和发展也需要积极的鼓励和支持，在应当给予豁免或者适当放宽政策的情况下就应该对企业的权利进行明确的规定。应该增加对生产商的救济性措施，明确合理根据构成豁免的规定。合理根据条款相当于生产商和进口商的免责条款，在符合了相应的条件时就能免除其护理标签标准形式或内容上的相关义务。在美国的《纺织服装和零售布护理标签》（修订版）中就增加了合理根据构成豁免的规定，我国也可以予以借鉴。所谓合理根据构成豁免就是要求纺织服装生产商和进口商在销售产品之前，提供保养方法的合理根据。具体可按如下规定：第一，有可信赖证据证明按照方法合理洗涤的情况下不会对产品或其样品造成损害，或有可信赖证据证明在违反标签上规定的方法洗涤时会对产品或其样品造成损害；第二，有可信赖证据包括现有技术资料，过去的经验，或者产业技术支持标签上的保养信息或其他证据。当产品符合以上标准时，就可以对消费者保养服装造成的损害予以免责。因为已经有可信赖的证据表明产品符合标准，而且按照规定的清洁方式进行保养不会对产品造成损害，在这种情况下就应当对企业免除对消费者的损害赔偿责任。这样就从形式和内容上对合理根据做出了相应的规定。但是，这里涉及举证责任的问题，由于消费者是弱势群体，要求其对企业的产品不符合标准进行举证较为困难，而且依照相关法律的规定，在这种情况下应该采取举证责任倒置，由企业来证明其产品本身不存在问题。企业只要具备了以上的合理根据就可以免除其责任。这样，就使企业的权责统一，对企业和消费者都提供了相应的保障。

③倡导和解方式解决纠纷

增加对市场主体的救济途径，完善纠纷解决机制，倡导和解方式解决纠纷。和解是最简单有效的纠纷解决途径。① 在发生纠纷的时候，可能会由消费者和生产商、进口商作为对立双方，也有可能是行政部门与生产商、进口商作为对立双方，或者是行业协会与消费者共同起诉生产商或进口商。纠纷的处理机构可能是行政职能部门或者是法院，不管是哪个机构，都要积极倡导和解方式解决问题。并且要加强对和解协议的执行。由于护理标签不合法而造成的损害一般均是物质上的损失，因此不管是采用民事制裁还是行政制裁，基本上是采取赔偿或者罚款这类金钱性惩罚手段。处罚要充分地体现制裁与威慑的双重作用，赋予法院相应的自由裁量权，按照生产商、进口商造成的损害大小，市场地位等对其进行处罚。

④明确法案效力位阶

我国关于纺织品服装的法律规范和技术标准十分零散。GB/T8685 – 2008 中并没有关于其效力位阶的规定。因此，在立法有缺陷的时候我们往往就寻求其上位法或者法律原则的规定。《中华人民共和国产品质量法》《中华人民共和国消费者权益保护法》《中华人民共和国计量法》等都是和产品的品质、规格等息息相关的法律。在考察我国现有立法与外国法律、技术标准不同的同时，也

---

① See Finger, Machael J, Phillip Schuler. Implementation of Uruguay Round Commitments: the Development Challenge. Policy Research Working Paper, The World Band, Washington DC, 1999.

要注意修改内容与国内法的协调一致。要注意明确法案的效力位阶，增加与国际标准的协调一致。一方面要避免法律规定互相冲突，在适用上出现不一致的规定；另一方面也要注意如何完善法律不足的部分，以免造成立法空白，出现无法可依的情况。对于各部法律之间的效力，除了要遵守一般的效力规则，如上位法优于下位法，特殊法优于一般法，新法优于旧法等，对于出现同一违法行为存在可适用几部法的情况下，要明确指出如何适用法律，尤其是在纺织品定义、术语和相关的救济措施的法律适用上。此外，充分利用现有的立法规范和司法资源，节约立法和执法成本，也是我们应该考虑的因素。如何在现有的立法体系和司法系统内，以最小的成本获得最大的收益，完善我国立法，达到立法目的，这有赖于我国立法部门全面细致地对相关法律的考察，并征询各方意见，充分发挥立法的协调一致功能。

第三节　美国纺织品燃烧性技术法规研究①

纺织品具有高度易燃性，是一种易燃物质。在人们的日常生活中，时有因纺织品而引起的火灾。为了降低因纺织品引发火灾的危险性，许多发达国家纷纷制定技术法规与标准对纺织品的燃烧性能提出了严格的要求，禁止将极易燃烧的织物用于制衣，并要求按照规定的测试方法进行测试，只有获得安全标志的产品才准许进入市场；尤以美国为甚。美国作为中国纺织品与服装的主要出口市场，其燃烧性能法规的颁布会对中国纺织品与服装业带来巨大的影响。

---

①　本节转引和参考了聂资鲁、林帅：《美国易燃织物法规体系研究及对我国相关立法的启示》，载《湖南大学学报（社会科学版）》2009 年第 6 期。也见商务部组织编写的出口《商品技术指南：北美纺织品和服装》，载 http://policy.mofcom.gov.cn/export/NATAC/index.action；《出口商品技术指南：针织品》，载 http://policy.mofcom.gov.cn/export/woodenfabric/index.action；出口商品技术指南：《羊绒制品》，载 http://images.mofcom.gov.cn/sms/table/e06.pdf，访问日期：2015 年 5 月 10 日。

尤其是这种以维护人身安全为由对纺织品服装提出的燃烧性能要求，在使用中往往被用来作为阻碍中国纺织品服装进口的一种技术性手段。但国内学术界鲜有学者从法律的层面对美国燃烧性能法规进行系统研究，而这种研究的缺乏，不利于中国纺织业国际竞争力的提高和有效应对美国的技术性贸易壁垒。有鉴于此，本节将在这一方面做些基本的探讨。

一、美国燃烧性能法规枚举与分析

（一）美国燃烧性能法规概述

美国关于纺织品和服装的燃烧性能的法规主要是《易燃性织物法案》（FFA）及依据该法案而制订的实施条例。

美国是一个极为注意保护国民身体健康和安全的国家，对纺织品的阻燃性自然也就非常重视。早在 1953 年，美国国会就颁布了《易燃性织物法案》（FFA），以后又多次对其进行了修订，并由美国消费者产品安全委员会（CPSC）① 强制执行，该法案主要包含了服装和室内装饰用纺织品的燃烧性技术规范，禁止进口、生产和销售具有高度易燃性的纺织品服装。依据《易燃性织物法案》，美国消费者产品安全委员会还制订了：服装纺织品易燃性标准（16 C. F. R 1610，CPSC 对阻燃性的要求）；乙烯基塑料膜可燃性标准（16 C. F. R 1611）；儿童睡衣的可燃性标准：0—6X 号（16 C. F. R 1615）；儿童睡衣的可燃性标准：7—14 号（16 C. F. R 1616）；地毯类产品表面可燃性能标准（16 C. F. R 1630）；小地毯类产品表面可燃性能标准（16 C. F. R 1631）；床垫的可燃性能标准（16 C. F. R 1632）。以上各种可燃性能标准均是美国的强制性技术标准，所有进入美国市场销售的相关纺织品与服装都必须据此进行检

---

① 美国消费者产品安全委员会（Consumer Product Safety Commission，CPSC）是美国国会授权机构（或称"独立的联邦机构"），主要负责根据 FFA 的要求，制定和修改服用产品燃烧性能相关标准。

测，并要达到其规定的阻燃性能要求；检验不合格者则被视为不安全产品，做退货处理，由此产生的损失全由服装生产者承担。另外，美国一些州也出台了有关纺织品阻燃性能的技术法规，如加利福尼亚技术公告 117 号，主要是针对家庭装饰用纺织品，对多孔弹性非人造纤维填充材料、人造纤维填充材料、蓬松材料的阻燃性能和测试方法分别作了具体规定。①

此外，涉及纺织品燃烧性能或与之相关的法规还有：《美国联邦危险物品法》《联邦航空局飞机消防规定及加利福尼亚州州法》《波士顿消防法》《纽约市消防法》等。

（二）美国燃烧性能法规内容举要与分析

1.《易燃性织物法案》（FFA）

该法案于 1953 年颁布实施后，又前后修正了许多次，如 1954 年 8 月 23 日、1967 年 12 月 14 日、1976 年 5 月 11 日（1976 年的《消费者产品安全委员会改进法》）、1978 年 11 月 10 日（1978 年的《消费者产品安全授权法》）、1980 年 10 月 19 日（1980 年的《国会爆炸声消除法》）、1981 年 8 月 13 日（1981 年的《消费者产品安全修正案》）、1990 年 12 月 16 日（1990 年的《消费者产品安全改进法》）、2008 年 9 月 22 日修订，等等。该法案共有 17 节，内容非常全面，现择要介绍如下：

在第 2 节"定义"中对诸如"个体""服装制品""内部装饰""织物""相关材料"和"产品"等做了适用本法案的具体而详细的定义。例如，"磨损的衣物"是"指用旧了的或人为磨损了的服装或者衣物"；"室内饰品"是"指全部或部分由织物及相关材料制作的计划用于或合理预计可能将用于家庭、办公室或其他集会或住房的各种饰品"；"产品"是"指任何磨损衣物或室内饰品"；这些定义较为直观，容易理解。又如，对"织物"是这样定

---

① 转引自袁志磊等：《国内外纺织品服装燃烧性能技术法规与标准的研究》，载《纺织导报》2004 年第 5 期。

义的："指任何梭织、针织、毡制材料或由天然或合成的纤维、薄膜制作而成或与天然或合成的纤维、薄膜结合制作而成的材料或计划用于或合理预计可能将用于'产品'的代替品（不包括纤维、长丝、除用于零售外的纱）。"这是从生产工艺和产品形态等方面所做的定义。这样做是为了防止理解上的偏差和歧义，为实施本法案打下基础。在第3节"被禁止的交易活动"中规定：（1）"将不符合易燃织物标准或条例要求的织物、相关材料或产品进口到美国是非法的，是一种不公正的竞争手段，有欺骗性的商业行为或活动。"（2）"对于不符合颁布或修订的易燃织物标准或条例要求的，并且已被装运或在商业中被接收的织物或相关材料加工而成的产品来说，其销售性生产、销售或销售性供应均是非法的，是一种不公正的竞争手段，有欺骗性的商业行为或活动。"本节对不公正、不正当的竞争行为进行了列举，并做出了禁止的原则性规定。但对禁止的方式和作用没有做出具体的规定。

在第4节"易燃性织物条例"中阐述其立法目的，"为了保护公众免受火灾的威胁而不会造成死亡、人身伤害及重大财产损失"，制定与织物、相关材料或产品相关的易燃性标准及其实例条例。

在第5节"实施和处罚"中规定：（1）由联邦贸易委员会负责对不符合本法案要求的织物、相关材料或产品进行调查。（2）对故意违反有关织物、相关材料或产品易燃性标准或条例的个体：①应受到民事处罚，对一次违规行为的罚金不超过5000美元。对于一系列相关的违规行为，民事处罚的最高罚金不超过125万美元。②在委员会决定罚金的数额，或在决定是否免除或减轻此处罚时，应考虑到违法行为的性质和数量；造成人身伤害风险的严重性；以及对人身伤害的程度；被指控个体的经营规模等情况。③民事处罚可由委员会协调处理。④被批准的最高罚金，将由于通货膨胀做出调整；以及根据由劳工部发布的对城市消费者的消费品价格指数做出调整。

在第6节"禁令和被禁止产品的处置"中规定：（1）若联邦

贸易委员会确认某个体违反本法案及其实施条例，则可在此个体的居住地或交易地向美国地方法院提起诉讼，禁止这种违法行为。（2）在支付法院审理费、仓储保管费等相关费用后，被法院扣押的产品、织物或相关材料，要么被销毁，要么按合同经过加工后，判定其符合要求，再交付其所有者或申诉人处理（再合法地进入商业中）。

在第8节"担保"中规定：（1）如果某个体收到了一份担保，该担保是由产品、织物或相关材料的制造商或供货商签署，其中包含他的姓名和地址，且该担保可保证被担保产品、织物或相关材料符合所适用的易燃性标准；或者经进一步加工后，不会影响到被担保织物、相关材料或产品的易燃性，则该个体不作为违反本法令而受到处罚。（2）这种担保应该是：①独立担保，即明确指定被担保产品、织物或其他相关材料；②连续担保，即以委员会在法规或条例中指定的形式，由卖方为买方提供担保。（3）如果任何个体对产品、织物或相关材料提供虚假担保，并将这些物品进口到美国，则认为是违法的。

在第11节"例外"中明确规定：该法案不适合于任何输出美国的产品，除非消费者产品委员会认为该产品在运输过程中会不可避免地对人体产生伤害；或进口到美国进行加工后再从美国出口的产品。关于法案的施行，明确规定由美国消费者产品安全委员会（CPSC）强制执行，禁止进口、生产和销售高度易燃性的纺织品。

2008年5月，CPSC对美国《易燃性织物法案》进行修订，并于2008年9月22日生效。修订集中在四个方面：一是增加了对某些易混淆术语的定义；二是引入了更为先进的燃烧测试仪器；三是规定了更科学的样本测试前干洗和清洗过程，细化了测试纺织品制样、燃烧实验过程及实验报告内容；四是对织物燃烧时间的计算，织物底部点燃及燃烧的判断提出了更为明确的规定。明确规定，凡进入美国的纺织品，其燃烧性能必须满足法案的要求，否则将被处以最高125万美元的罚款。对此，我们要熟悉和研究美国新燃烧法案的内容，及时调整输美纺织品的技术参数，做好相应的产品测试工作，避免因技术更新不及时而导致纺织品出口受阻。①

2. 服用纺织品易燃性标准（16CFR1610 Standard for the flammability of clothing textiles）

（1）1953年服用纺织品易燃性标准

16 CFR Part 1610 标准发布于 1953 年，主要内容如下：

①关于定义和范围：标准详细规定了适用于该标准的定义，如法令、规则与条例、标准、服装暴露部分、涂层织物、平面纺织织物、绒面纺织织物、整理类型等。该标准适用于所有天然纤维或合成纤维制成的经过某种整理或未经整理的织物，以及由这些织物制成的服装。不适用于帽子、手套和鞋袜，以及衬里布。

②关于产品的分级：该标准根据试验结果，将服用纺织品的易燃性分为三个等级：1 级为一般易燃性；2 级为中等易燃性；3 级为快速和剧烈燃烧。并规定了符合各等级的性能指标。

③关于燃烧性能要求：该标准中规定了具体的试验方法和燃烧性能要求。燃烧性能分成三级，根据产品的类型规定了具体的指标。明确指出 1 级适用于服装；2 级仅针对绒面纺织品，也适用于服装；3 级不可用于制作服装，并且禁止进口到美国。

④违反处罚：

如果服装面料被检测出属于快速剧烈燃烧性质的，此类服装和面料是不允许交易或买卖的。CPSC 采用零售监督方式监管，并和海关共同监管。对违反者采取查封、停止生产和销售等措施，并按 FFA 法规处罚。

⑤其他说明

A 豁免

根据多年的试验经验，某些织物依据该标准进行试验时，试样结果始终都能满足要求，因此对于由下列一种或多种织物制成的产品，可以不受检验要求的限制：

---

① 傅科杰：《纺织品输美须关注新燃烧法令》，载《中国国门时报》2008 年 5 月 3 日。

（a）不考虑纤维含量，平方米克重不低于 88. 16g/㎡（每平方码 2. 6oz）的表面平坦的织物；

（b）由腈纶、改性腈纶、尼龙、烯烃类纤维、涤纶和羊毛加工而成的所有织物。

B 注意事项

——制造商、批发商、进口商以及零售商在销售产品之前，有必要去评估服装面料的易燃性能，以确保服装符合要求。

——少数纺织产品的试验结果可能会发生变化，也就是说在某次试验中易燃性定为一级或二级的产品，在另一次试验中易燃性为三级。

——应确保样品数量能够满足试验的需要，以充分保证此类纺织产品符合标准要求。

（2）2007 年服用纺织品易燃性标准（修订版）

2007 年 3 月 8 日，美国通过 WTO 秘书处发布了 G/TBT/N/USA/242 号通报，美国消费品安全委员会（CPSC）提议修订一般服装的可燃性标准。CPSC 认为，历时 54 年之久，服用纺织品易燃性标准（16 CFR Part 1610）在几个方面的规定都已经过时。为了更好地反映目前消费者的习惯和技术要求，该委员会拟对标准中关于定义、燃烧测试仪、翻新方法、测试程序、测试结果说明和报告等几方面规定进行修订。

①定义方面，对一些说明或报告测试结果时容易让人混淆的术语如"基布燃烧"和"表面闪燃"分别进行了详细说明。同时，新增了一些其他相关术语和定义，如燃烧时间、火焰、点燃等。

②燃烧测试仪方面，现有标准中规定的试验箱使用了一个机械定时装置，拟改为采用更先进、配有电子机械元器件的燃烧测试仪。

③关于翻新方法，现有标准中规定的干洗、熨烫程序都已经不符合发展需要，提议对这些测试程序进行修订，并对测试程序中的特定条件及相关参数进行了规定。此外，规定了以 AATCC 124 - 2001 标准为依据的洗涤要求。

④测试程序方面，制造商和实验室都表示现有标准中关于测试程序、所需材料或设备的规定有些混乱，本次修订将对测试程序这部分内容进行重新组织和改写，明确了选择表面的方向或织物受测方向以及如何进行易燃性测试等。

⑤关于测试结果说明和报告，现有标准没有用于报告复杂性测试结果的编码。修订中规定了测试结果编码，这些编码来自 CPSC 实验室测试手册，以联邦贸易委员会提出的编码为依据。

⑥此外，还将对标准中子部分 B 和子部分 C 进行修订，把这些部分内的测试程序等相关规定移到子部分 A 内。该通报提意见截止日期为 2007 年 5 月 14 日。

从此次美国修订纺织品易燃性标准可以看出国际上对生活用品的阻燃要求越来越高。①

3. 儿童睡衣易燃性标准

(1) 儿童睡衣易燃性标准之一（16CFR1615 Standard for the flammability of children′s sleepwear：Sizes 0 through 6X，FF 3 – 71）

①定义和范围

在该标准中，详细规定了适用于该标准的定义，如儿童睡衣、尺码、婴儿服装、制品、装饰品、连匹织物、织物的生产批、服装的生产批、试样等，并引用了易燃织物法令中的有关定义。

该标准适用于尺码为 0—6X 的儿童睡衣。但不适用于尿布、内衣、婴儿服装和紧身服装。这 4 类产品应符合服用纺织品易燃性标准（16CFR1610）和聚乙烯塑料膜易燃性标准（16CFR1611）中相应的要求。

②燃烧性能要求

该标准中规定了具体的试验方法和燃烧性能要求。要求儿童睡衣按照规定的程序试验，5 个试样的平均炭长不超过 17.8cm（7.0in），没有一块试样的炭长为 24.5 cm（10in）。

---

① 《美国拟修订服装用纺织品易燃性标准》，载 http：//www.cnnbzj.com/bzwx/view.asp？id = 7931，访问日期：2015 年 5 月 27 日。

对于使用时需洗涤的儿童睡衣，应按照规定的程序进行洗涤，然后测定燃烧性能。对于标有"只能干洗"的产品，应按消费品安全委员会确认的干洗方法进行干洗。

③抽样要求

该标准详细规定了织物和服装的抽样具体要求，包括什么样的织物和服装可以组成一个生产批、织物和服装的具体取样方法、出现不合格产品时的取样方法、多层织物和服装的取样方法和试验时对试样的要求。

织物抽样分为常规抽样、放宽抽样和加严抽样，以及对不合格批产品的处理。服装抽样分为样服试验抽样和产品试验抽样。样服试验包括接缝和服饰品。

④标签要求

A 维护标签。各种儿童睡衣均应附有耐久性标签，并符合消费品安全委员会发布的规则和条例。标签上注明某些试剂或处理会造成阻燃性降低等注意事项。

B 标注方法。当产品放置在包装中销售时，如果购买者不易看到制品上的标签，则必须在包装上突出、醒目、清晰地标注上所要求的信息。如果有关影响阻燃性的注意事项需要标注在永久性标签的反面，则应该由突出、醒目的语句出现在永久性标签上，如"标签反面的注意事项"等，以便消费者看到。

（2）儿童睡衣易燃性标准之二（16CFR1616 Standard for the flammability of children's sleepwear: Sizes 7 through 14 , FF 5 – 74）

在该标准中，详细规定了适用于该标准的定义，如儿童睡衣、尺码、婴儿服装、制品、装饰品、连匹织物、织物的生产批、服装的生产批、试样等，并引用了易燃织物法令中的有关定义。该标准适用于尺码为 7—14X 的儿童睡衣。除了尺码不同外，其他要求基本与 16CFR1615《儿童睡衣易燃性标准》（尺码 0—6X）相同。

1995 年 9 月 9 日，CPSC 发布了儿童睡衣易燃性标准修正案，对儿童睡衣市场影响较大。主要内容：对于小于 9 个月婴儿的睡衣阻燃性没有要求；所有紧袖口的睡衣包括 9 个月以上婴儿睡衣的阻燃性没有特别要求。修正案 1997 年 1 月 1 日开始生效。

4. 地毯类产品的表面易燃性标准（16CFR1630 Standard for the surface flammability of carpets and rugs，FF 1 – 70）

（1）定义与范围

该标准适用于家庭、办公室或宾馆使用的、未通过机械的方法（如钉子等）黏附，单向尺寸大于 1.83m，表面积大于 2.23 ㎡的地毯。

（2）燃烧性能要求

该标准中规定，试样烧焦部分的孔的大小在 2.54cm（1.0in）范围内，则此单个试样符合要求。在 8 个给定的试样中，如果至少有 7 个试样满足标准要求，则认为此地毯合格。

该标准中还规定试样尺寸 22.86cm × 22.86 cm（9 × 9in），8 个试样需经调湿后进行燃烧性能试验。试验报告须给零售商或分销商。长度达到 22860m 的每一款地毯应有一份试验报告，长度每增加 45720m 应有一个附加报告。

如果地毯经过了阻燃处理，或含有经阻燃处理的纤维，则应在地毯上标注 "T"。

（3）对不合格品的召回

消费品安全委员会要求将不符合《易燃性织物法案》（FFA）的产品召回。可以从分销商、零售商及最终消费者中召回不合格产品。

小地毯类产品的表面易燃性标准（16CFR1631 Standard for the surface flammability of small carpets and rugs，FF 2 – 70）

该标准适用于家庭、办公室或宾馆使用的、未通过机械的方法（如钉子等）黏附，单向尺寸不大于 1.83m，表面积不大于 2.23 ㎡的地毯。除了尺码不同外，其他要求与 16CFR1630《地毯类产品的表面易燃性标准》基本相同。

5. 床垫的易燃性标准（16CFR1632 Standard for the flammability of mattresses and mattress pads，FF 4 – 72，amended）

（1）定义与范围

该标准中的床垫，是指充有某种弹性材料或与其他产品组合的床垫套，可用于睡卧。包括成人和青年床垫、童床垫（包括便携式）、三用沙发床垫、组合沙发床垫、折叠床垫、有轮的矮床垫等。

该标准不包括睡袋、枕头、充液体和充气体的床垫套（如充水床和充气床垫）、蒙上软垫的家具，以及儿童用品类衬垫诸如婴儿车垫、摇篮垫、婴儿背椅用垫和躺椅垫、梳妆台垫、折叠式婴儿车用垫、童床围栏缓冲垫等。

（2）燃烧性能要求

按照该标准中规定的具体试验方法测定床垫表面经受卷烟时的抗点燃性。要求床垫表面的任何方向上离香烟最近点的炭长不超过5.1cm（2in）。

（3）标注

A 阻燃处理标签

凡经化学阻燃剂处理的床垫，应在标签上标"T"。

B 警示标签 48

——凡经化学阻燃剂处理的床垫，应附上预防说明标签，以防止床垫的阻燃性能受到某些药剂或处理的损害。

——标签必须粘贴在床垫上，一直保留到床垫被售出或交付给最终消费者。

——床垫从制造商到消费者的整个商业流通过程中，标签上的警示语应始终耐久、突出和醒目。①

6. 床垫及成套床具易燃性法令（16 C E R 1633）

该标准中的床垫包括成人用、青少年用、婴儿用便携式、双

---

① 《我国与北美对纺织品燃烧性能要求的异同》，载 http：//www. product safety. cn/xfp/html/？4846. html，访问日期：2015 年 5 月 27 日。

层、装有芯子的水床及气垫床、沙发床等，但睡袋、枕垫、充液体或气体的床、睡椅等棉絮的套子除外。按照该标准中规定的方法进行测试（香烟法），如果在香烟周围任何方向上的炭长都不超过 50.8mm（2 英寸），则该单支香烟实验部位属合格。一般要求点燃 18 支香烟进行测试，只要有一个部位不符合该标准，则该床垫不合格。此外，法规还规定经阻燃剂整理过的床垫类产品在其标签上要注明"T"。

2004 年，美国加州政府率先通过了《床垫阻燃安全法规》（TB603），并于 2005 年正式开始实施。法规要求 2005 年 1 月 1 日所有进美国加州市场的床垫，必须通过 TB603 的测试标准。TB603 没规定任何主辅材料（包含面料、无纺布、填充棉、海绵、乳胶、毛毡、椰棕、滚边带和缝纫线等）必须要个别经过阻燃处理，无论采用任何阻燃方式，只要成品的床垫能具有阻止明火蔓延燃烧的能力，在要求的时间内让火焰自行熄灭，就被认定为通过燃烧测试而达到 TB603 的标准。

2006 年 2 月 16 日，美国消费品委员会一致通过了针对床垫阻燃的新的联邦标准 16 CFR 1633。新标准将从 2007 年 7 月 1 日正式生效。新的联邦法规是全美国各州以加州 TB603[①] 为基础而推出的。该项联邦标准设定了两个指标来限定火焰在床垫或床垫套装上的蔓延，这两项指标是：在用喷燃器进行试验时，在 30 分钟的测试时间内，床垫/床垫套装的最高热量释放峰值不得超过 200 千瓦

---

① 2004 年，美国加州政府率先通过了床垫新的阻燃安全法规 TB603。法规要求 2005 年 1 月 1 日所有进美国加州市场的床垫，必须通过 TB - 603 的测试标准。TB - 603 没规定任何主辅材料（包含面料、无纺布、填充棉、海绵、乳胶、毛毡、椰棕、滚边带和缝纫线等）必须要个别经过阻燃处理，无论采用任何阻燃方式，只要成品的床垫能具有阻止明火蔓延燃烧的能力，在要求的时间内让火焰自行熄灭，就被认定为通过燃烧测试而达到 TB - 603 的标准。转引自《美国最新联邦阻燃标准 16 CFR Part 1633》，载 http: // hushen007. blog. bokee. net/bloggermodule/blog_ viewblog. do? id = 1054699，访问日期：2011 年 5 月 27 日。

（kW）；在测试的最初 10 分钟内，总热释放量必须小于 15 兆焦耳（MJ）。

根据联邦标准，所有在标准生效当天或之后制造，进口及翻新的床垫和床垫套装产品都必须符合该标准要求。所有在美国境内制造、进口、销售床垫的厂商都必须以文件和标签来证明产品符合或高于标准要求。厂商必须对其床垫及床垫套装产品的原型，确认样及生产中的产品都依照该项标准要求进行测试，获得相应的合格测试报告，并在产品上依照 CPSC 的要求附上永久标签。

新标的推出，对国内床垫厂商制造了一个成本上升的压力。成本的上升主要来自材料（如阻燃剂等）和人工；该评估并未包含测试成本。

为了缓解这种可能的压力，该联邦标准允许两家以上的工厂共测同一个原型。产品不重叠（即无市场竞争）的小厂商可以联合进行测试和进行质量控制，从而降低成本。此外，为了降低该标准对小厂商带来的冲击，CPSC 还取消了关于保留实物样品的要求。同时，依照 1633.13（C）的要求，单一款式（One – of – a – kind）的床垫套装有可能可以豁免测试。[1]

CPSC 预计这项针对床垫明火易燃性的新标准将更有效地提高相关产品的防火性能，减少火势的蔓延，降低火灾的强度，从而每年因此能至少挽救 270 多人的生命，使 1440 人免于受伤。[2]

7. 加利福尼亚技术公告 117 号[3]

范围：家庭装饰用纺织品、床垫等。

---

① 引自《美国最新联邦阻燃标准 16 CFR Part 1633》，载 http：//hush-en007. blog. bokee. net/bloggermodule/blog_ viewblog. do？id = 1054699，访问日期：2011 年 5 月 27 日。

② 载 http：//www. nbciq. gov. cn/gb/policy/showNews. jsp？lawId = 4472，访问日期：2011 年 5 月 27 日。

③ 何秀玲等：《国内外家用纺织品燃烧性技术法规的比较》，载《印染》2006 年第 22 期。

（1）多孔弹性材料

要求：

第一，所有样品经燃烧后，平均炭长不得超过 15.24 cm；

第二，任一样品经燃烧后，最大炭长不得超过 20.32 cm；

第三，所有样品的平均余燃时间，包括熔化部分及样品上掉落下的碎片，不得超过 5 s；

第四，任一样品（包括熔化部分及样品上掉落下的碎片）的平均余燃时间不得超过 10 s；

第五，所有样品（包括熔化部分及样品上掉落下的碎片）的平均阴燃时间不得超过 15 s。

测试：至少采集 2 组样品，每组至少 10 个，尺寸为 30.48 cm × 7.62 cm×1.27 cm，老化前测试 5 个，老化后测试 5 个。

（2）多孔弹性碎片材料（如聚氨酯泡沫碎片）

要求：同本节（1）多孔弹性材料。

测试：样品数为 20 个，按表 1 方法进行检测。

表 1　多孔弹性碎片材料燃烧性检测方法

火焰燃烧时间/s	经纬向	样品/件
3	经向	5
3	纬向	5
12	纬向	5
12	纬向	5

（3）非人造纤维填充材料

要求：同本节（1）多孔弹性材料。

（4）蓬松材料、羽绒羽毛材料

要求：同本节（1）多孔弹性材料。

测试：样品数为 20 个，检测方法同表 1 所示方法。

（5）人造纤维填充材料

要求：

①所有样品的平均展焰时间不得少于 10 s;

②任一样品的最小展焰时间不得少于 7 s;

③不论测试时人造纤维填料是否含有任何机织或非机织材料,如粗布、筒子纱布,都需满足这些要求;

④无论是从织物长度还是宽度方向测试,人造纤维填充材料都应符合这些要求。

测试:样品成长方体,表面尺寸为 15.24 cm ×7.62 cm,厚度由检测的填充材料决定,至少抽取五个样品进行测量。

（6）弹性填充材料

方法:香烟燃烧法。

要求:所有弹性填充材料（弹性多孔材料除外,如泡沫）,从香烟灼烧点至任何方向测量,所有样品的最大炭化长度都不得超过 5.08 cm。

测试:样品成长方体,表面尺寸至少为 30.48 cm ×30.48 cm,厚度由检测的填充材料决定。

（7）弹性多孔材料

方法:封闭烟熏检测。

要求:计算没有碎落的泡沫板所占总板质量的百分比。

测试:测试泡沫时,在直立板上的泡沫尺寸为 18.42 cm × 20.32 cm ×5.08 cm,在水平板上的泡沫尺寸为 20.32 cm ×10.16 cm ×5.08 cm。测量的每种泡沫板必须取样 3 次。

（三）美国燃烧性能法规体系评析

第一,美国对纺织品燃烧性能的要求是以强制性技术法规的形式出现的,其法律地位重要。美国尽管对纺织品的燃烧性能提出极为严格的要求,但其目的却是尽可能减少火灾的发生,降低火灾的危害,保护公众生命和财产的安全。具有正当性和合理性。也正因为如此,美国易燃织物法规的内容最为具体,包括名词术语,对纺织品燃烧性能的要求,燃烧试验方法和洗涤试验方法,对织物和制品的不同抽样方案,试验结果的处理,标签的标注,以及担保和豁免。

第二，美国燃烧性能法规体系明确规定了适用范围，即进口到美国的所有纺织产品都属监控的范围，都必须达到法规的要求，还对纺织产品做了精确的定义：以天然纤维和化学纤维为主要原料，经纺、织、染等加工工艺或再经缝制、复合等工艺制成的产品，如纱线、织物以及其制成品。可见美国易燃织物法规体系的适用范围很广，几乎涵盖了整个纺织产业链。

第三，美国燃烧性能法规体系详细划分了产品的不同类别，针对不同类别的产品，制订出所有织物通用的《易燃性织物法案》和地毯、小地毯、床垫以及床具等不同类别的家用纺织品的燃烧性标准。这既突出了基本安全性能的重点，又考虑到纺织产品使用对象的不同。通过实施技术法规、标准可以确保所有在进口到美国的纺织产品满足"必须保护公众免受导致死亡、人身伤害或重大财产损失的火灾发生的不合理风险"的最基本的要求。

第四，美国燃烧性能法规体系对标签还有明确的要求，规定各种儿童睡衣均应附有耐久性标签，标签上要注明某些试剂或处理会造成阻燃性降低等注意事项。

第五，美国燃烧性能法规体系实质上是美国为保护国内纺织产业，以技术法规的形式设置的一种技术性贸易壁垒。长期以来，美国积极倡导自由贸易、公平贸易、消除别国贸易壁垒，但同时对构建本国的贸易壁垒及进行歧视性立法方面，却往往以消费安全、国家安全等借口予以掩盖，以"合法"之名，行排斥外国商品、限制外国竞争、保护国内产业之实[1]。复杂、严苛的美国易燃织物法规体系便是这样一种阻挡外国纺织品和服装进口的利器。

---

① 雷孙栓：《美国技术法规体系构架分析》，载《中国检验检疫》2002年第 8 期。

二、我国纺织品燃烧性能法规和标准的现状与缺陷

（一）我国纺织品燃烧性能法规和标准的现状

我国虽然是纺织品生产大国与出口大国，但并没有专门的燃烧性技术法规。与纺织品燃烧性能相关的法律依据及强制性标准主要有：《中华人民共和国标消防法》《中华人民共和国标准化法》《中华人民共和国产品质量法》《中华人民共和国进出口商品检验法》、GB－17591《阻燃织物》（2006 年 5 月 25 日修订，12 月 1 日实施）、GB8965－1998《阻燃防护服》、GB－50222《建筑内部装修设计防火规范》、GB20286－2006《公共场所阻燃制品及组件燃烧性能要求及标识》、GB8410－1994《汽车内饰材料的燃烧特性》等，以及一系列燃烧性能试验方法的国家标准。试举要如下：

《中华人民共和国消防法》尽管规定公共场所必须使用符合相关国家标准的阻燃材料，但并没有具体规定产品指标和试验方法。

《中华人民共和国标准化法》仅从总体宏观上规定了标准的制定、实施和法律责任。标准化工作由国务院标准化行政主管部门统一管理，并将标准分为强制性标准（保障人体健康、保障人身和财产安全的标准和法律、行政法规规定强制执行的标准）和推荐性标准（除强制性标准以外的其他标准），对于强制性标准必须执行，不符合强制性标准的产品，禁止生产、销售和进口。推荐性标准，国家鼓励企业自愿采用。

GB17591－1998《阻燃织物》，规定了阻燃机织物的产品分类、技术要求、实验方法、检验规则及包装和标志。该标准将阻燃机织物的阻燃性能分为 2 个级别：①B1 级：损毁长度≤150mm，续燃时间≤5s，阻燃时间≤5s；②B2 级：损毁长度≤200mm，续燃时间≤15s，阻燃时间≤10s。阻燃性能的测试方法按照 GB/T 5455。根据产品用途或由供需双方协商确定考核级别，一般 B1 级适用于服用和特殊需要的装饰用布，B2 级适用于各种装饰布。该标准已于 2005 年进行了修订，修订后的标准名称改为《阻燃织物》，适

用于装饰用、交通工具（包括飞机、火车、汽车和轮船）内饰用、阻燃防护服用的机织物和针织物。修订的主要变化为：由强制性标准转为推荐性标准；适用范围由原来的机织物扩大为机织物和针织物，名称也作了相应的修改；产品由原来的按耐洗性能分类改为按最终用途分类，并规定了相应的燃烧性能指标；增加了内在质量和外观质量的要求。

GB8965 - 1998《阻燃防护服》规定了阻燃防护服的技术要求、试验方法、检验规程、标志、包装、运输和储存。其衣料的阻燃性能应根据 GB/T5455 进行测试，并达到 GB17591 中所规定的 B1 级要求。该标准适用于劳动者从事有明火、散发火花、在熔融金属附近操作和在有易燃物质并有发火危险的场所穿用的阻燃服。

GB50222 - 1995《建筑内部装修设计防火规范》规定了家庭内装饰织物（如窗帘、帷幕、床罩、家具包布等）的阻燃要求及测试方法。根据 GB /T 5455 - 1997 垂直法进行测试，地下民用建筑中的装饰织物都必须达到 B1 级要求；高层民用建筑中住宅和旅馆的床罩要达到 B1 级要求；而窗帘、帷幕和家具包布根据建筑物和场所的不同也要达到 B1 级或 B2 级要求。《建筑内部装修设计防火规范》适用于民用建筑和工业厂房的内部装修设计，不适用于古建筑和木结构建筑的内部装修设计。该规范规定的建筑内部装修设计，在民用建筑中包括顶棚、墙面、地面、隔断的装修，以及固定家具、窗帘、帷幕、床罩、家具包布、固定饰物等；在工业厂房中包括顶棚、墙面、地面和隔断的装修。

GB20286 - 2006《公共场所阻燃制品及组件燃烧性能要求及标识》是公安部为了有效控制公共场所发生火灾时造成人员伤亡和财产损失而制定的，于 2007 年初开始正式施行，由全国消防标准化技术委员会防火材料分委员会归口管理。该标准明确了公共场所用阻燃制品及组件的定义及分类、燃烧性能要求及标识等内容，规定了公共场所使用的建筑制品、铺地材料、电线电缆、插座、开关、灯具、家电外壳等塑料制品以及座椅、沙发、床垫中使用的保温隔热层及泡沫塑料的燃烧性能，提出了相应的阻燃标准等级要求。该标准适用于公安部令第 39 号和公安部令第 61 号所规定的各类公共场所使用的阻燃制品及组件。

GB8410 - 1994《汽车内饰材料的燃烧特性》规定了汽车内饰材料水平燃烧特性的技术要求及试验方法。该标准适用于汽车（轿车、多用乘客车、载货汽车和客车）内饰材料。

(二) 我国纺织品燃烧性能法规和标准的缺陷

1. 立法层面的缺陷

首先，缺乏一部专门法律从程序上严格规定阻燃织物的适用范围，遵行的原则，易燃标准的制定和实施等。其次，强制性技术标准少且不能与国际接轨。与美国相比，我国的纺织品燃烧性法规体系内容过于单一，已出台的燃烧性标准与国际标准还有一定的距离。具体产品的详细易燃性标准缺乏立法渊源。纺织品法规的制订、修订明显滞后于产品的开发，现行的燃烧性标准已经无法满足纺织品消费市场的需要。[1]

2. 实施层面的缺陷

我国由于没有一部专门法来调整易燃纺织品，因而只能从其他相关法律中寻找有关条款和依据来规制其违法行为。但这些法律在实施过程中却存在一些缺陷：

(1) 部门分割、无统一的管理部门，出现部门与部门之间职责重复的矛盾，标准与标准之间、法规与标准之间的衔接不清晰，造成一些执行上的真空。

(2) 专门管理机构的缺失，导致织物可燃性标准的调查研究力度较弱及对与织物阻燃相关法律的管理和执行缺乏合理高效的严格程序，不能顺应国际趋势。

(3) 实施的可操作性不强。强制性标准所约束的范围（安全、健康等）是需要政府采取强制性措施管理的，但强制性措施的载

---

① 中国商务部：《出口技术指南——北美纺织品与服装》，载 http: // sms. mofcom. gov. cn，访问日期：2011 年 4 月 7 日。

体应是法律、法规。而我国却依靠强制性标准执法。尽管《中华人民共和国标准化法》规定了强制性标准的实施监督和法律责任，但由于相关规定过于原则，如，未针对产品的类型、危害性的程度而确定相应的处罚，执法主体职责不清，对强制性标准的实施监督缺乏可操作性和有效手段等从而导致强制性标准的实施不力，影响立法宗旨的实现。

三、完善我国纺织品燃烧性能法规体系的思考

既然国内与美国乃至国际先进水平还有较大的差距，我国应积极研制和推广纺织品燃烧性能方面的技术法规，以期与国际接轨，适应市场的需求。

（一）制定我国易燃织物法的必要性和可行性

一是 WTO/TBT 协定的要求。目前，我国的技术法规体系还没有建立，仍以强制性标准代替技术法规，这与国际惯例，特别是与 WTO/TBT 协定不符，所以，有必要积极推进易燃织物的立法工作，并结合我国纺织业的实际状况，以此为立法渊源，相应制定具体的执行条例与技术标准。[①]

二是弥补我国易燃织物立法缺陷的需要。我国有必要借鉴美国的易燃织物技术法规的立法经验，制定一部既符合国际条约要求又能充分反映我国实际状况和发展需要的易燃织物专门法，授权专门具体部门管理和执行本法。

三是更好地保护国内消费者合法权益的需要。虽然我国是纺织品出口大国，但我国也是纺织品消费大国。而纺织品极易引发火灾，导致消费者生命财产遭受重大损害。为了更好地保护国内消费者生命、财产的安全和健康，有必要制定一部专门法。将产品在销售给消费者前设定相应的程序和标准进行检验，达到其燃烧性标准

---

① 金德有：《中国应对技术性贸易壁垒策略》，中国标准出版社 2005 年版，第 162—167 页。

后才能生产与流通，这样能更好地控制因织物燃烧导致的火灾发生的风险，防患于未然。此外，我国已有的织物燃烧强制性标准还未涉及消费者，更应为这方面的立法寻找合法的法律渊源。

四是完善和加强技术法规可操作性的需要如前所述，现行的强制性标准处罚手段明显不足，可操作性不强，亟须通过立法完善法律责任，加大处罚力度。

五是进一步明确管理部门职责的需要。现行强制性标准实施过程中一个突出的问题是部门分割、无统一的管理部门，因此，需要通过立法明确主管机构和职能部门，并界定清楚各部门的分工。

六是美国等发达国家的易燃织物技术法规体系和立法实践为我们提供了制度借鉴。

（二）我国易燃织物法的基本架构

1. 关于总则。总则规定的是该部法律的总的原则等，是整部法律的纲领性的规定，是法的灵魂。应该包含立法目的、立法原则等内容。立法目的是尽可能减少火灾的发生，降低火灾的危害，保护公众生命和财产的安全；规制不符合燃烧性能要求的易燃织物进入市场销售和流通；保护国内纺织业的可持续发展。立法应遵循如下基本原则：（1）非歧视原则。WTO 要求各成员之间的经贸往来建立在非歧视的基础上，这就要求我国易燃织物的立法不能针对不同主体分别立法或设置不公平的限制。（2）协调一致原则。易燃织物法的实施需要多个部门的配合。在立法中，应建立科学的协调、配套机制，使易燃织物法在实施时有法可依，消除政出多门、标准不一，缺乏协调的现象。（3）透明度原则。WTO 要求各成员制定和实施技术法规时必须公开、透明，在立法时应努力贯彻这一原则。（4）合理性原则。WTO 要求各成员制定技术法规时不得制定没有科学依据的严苛的标准，因而在立法时，应贯彻合理性原则，并解释其内容的合理性。（5）公众参与原则。美国的经验证明，公众参与是促进和完善易燃织物立法不可缺少的重要手段。因此，我国在易燃织物立法中，也应鼓励社会大众参与立法。

2. 关于适用范围和术语定义的规定。美国易燃性织物法案的适用范围广泛，进口到美国的所有纺织产品都在其监控的范围之内，包含公共领域与消费者个人领域。而我国现有的织物阻燃性标准未涉及消费者个人领域，因此在我国的易燃织物立法中应借鉴美国的立法模式，把适用范围扩大到整个纺织产业；在进行定义性规定时还应明确界定调整的对象，涵盖私人场所和公共场所内使用的织物。此外，还必须对个人、贸易、室内饰品、相关材料、执行机构等术语给予科学的定义，从而解决实施过程中可能出现的术语定义不明的现象。

3. 关于产品的分类和标签要求。借鉴美国的做法，制订出通用的易燃织物法和不同类别的纺织品燃烧性标准，确保所有纺织产品都符合阻燃的最基本的要求。此外，在立法时，还应对标签有明确的要求，必须规定各种儿童睡衣应附耐久性标签，标签上要注明某些试剂或处理会造成阻燃性降低等注意事项。

4. 关于被禁止的交易活动的规定。美国《易燃性织物法案》具体规定了被禁止交易的产品范围，被禁止交易的行为，并指出这种行为是一种违法的不公平的竞争手段和不公平的、欺骗性的商业行为或活动。立法者的意图是，为了保护公众免受不合理的火灾风险发生，必须对即将进入贸易领域的产品进行严格限制，禁止不符合本法易燃性标准的产品销售、生产和流通于市场，以防患于未然。美国的经验值得借鉴，我们在立法时，也应该对违反本法的一些贸易行为定性，规定本法所禁止的交易行为的范围，包括销售性生产、销售、销售性供应、进口、引进、运输等行为，并设置相关的处罚措施。

5. 制定程序。鉴于我国在阻燃性标准的制定上并没有专门且严格的法律程序，因此，我们可以借鉴美国设立独立机构来专门制定和审查标准的做法，成立消费品安全委员会来负责易燃性标准的制定和审查工作，授权如下职权：（1）裁决织物是否具有导致火灾发生的不合理损害风险；（2）裁决标准是否合于客观条件规定，是否具有可操作性，是否合理适当；（3）发布并实施相应的强制性标准；（4）与行业共同制定自愿性标准并监督自愿性标准的履行等。同时，在这一部分，还应对标准制定的启动程序做出规定，应予以个人或组织等启动立法程序的建议权，委员会在标准的制定程序中应履行通告、信息的保密和披露义务。

6. 实施和执行。借鉴美国的模式，授权消费品安全委员会实施和执行本法。在实施和执行过程中应明确委员会的如下职权：（1）负责因产品、织物或相关材料的意外燃烧导致死亡、人身伤害和经济损失的持续调查和研究；（2）与合适的公共和私人机构协作调查产品、织物和相关材料的可燃性并进行降低可燃性的可行性研究；（3）完善产品、织物和相关材料可燃性的测试方法和测试设备，为可燃性测试方法和测试设备的使用提供适当的培训；（4）调查、分析、测试和检查有理由认为属于本法禁止的产品、织物或相关材料；（5）对易燃织物消费品发布上市禁令或临时禁止令；（6）与生产商或销售商联合发布不合格产品的召回信息，或安排其修理有问题的产品；（7）通过媒体、地方政府以及民间团体等向消费者提供信息、进行教育，并回答消费者咨询；（8）对违法行为的处罚权。

7. 规范各类主体（地方政府、企业、协会、民间组织、个人等）的权利和义务。立法应体现公众参与原则，因此应单立一章详细规定地方政府、企业、协会、民间组织与消费品安全委员会相互配合协作的权利及对立法的建议权等，同时设定相关义务。

8. 进出口商品。借鉴美国的经验，对进入国内市场的国外织物是否能合法进入本国市场销售、流通，以及我国出口的织物是否必须符合本法的要求，都必须予以详细规定，同时对于为出口而进口的织物和出口到符合他国法律的织物应作出例外规定。

9. 处罚。美国易燃性织物法案对处罚作出了具体的规定：（1）对个人处以不超过5000美元的罚款，民事处罚的最高罚款不应超过250000美元；（2）在决定处罚的数额上，应当考虑违法行为的性质及数量；造成损害风险的严重性；以及对人身伤害的程度；被指控个体的经营规模等情况。因而，我们在立法时，应考虑借鉴美国的做法，规定处罚的数额和标准；还应本着加大违法者违法成本的立法理念，对违法者从严处罚，让违法者顾忌违法成本，不敢违法或降低违法次数，从而达到降低执法成本的目的。

其他还应有法律适用范围、时效、冲突规范及未尽事宜。

总之，在目前的情况下，我们可以未雨绸缪，借鉴美国经验，结合中国实际，制定出符合我国国情的纺织品与服装技术性与绿色贸易壁垒体系，并积极指导我们在司法实践中如何正确适用，这就是美国相关立法给予我们的启示。

第四节　美国纺织品技术贸易壁垒实证研究

一、《纺织服装和零售布护理标签》（修订版）相关案例分析[①]

有关《纺织服装和零售布护理标签》（修订版）的案件主要是因为纺织服装和零售布的生产商或进口商违反了护理标签的相关内容上或形式上的规定而引起的。大多由联邦贸易委员会（FTC）提起诉讼，由于生产商确实存在各种各样与规定不符的行为造成了购买者的损害，因此，对于被告的违法行为的确认基本没有分歧。而这样的诉讼最后往往都是和解而终结案件。我们在这一部分挑选的案例主要是分析具体违法行为、救济手段和相关的纠纷解决机制。

（一）联邦贸易委员会诉汤米·希尔菲格公司案[②]

1. 案件概述

原告联邦贸易委员会控告被告汤米·希尔菲格公司在 1999 年春，出售了一些服装，当按照公司生产和销售服装时的洗涤说明进

---

① 转引自曹玲：《美国〈纺织服装和零售布护理标签〉（修订版）研究》，湖南大学 2010 年硕士学位论文。

② 载 https：//www.ftc.gov/sites/default/files/documents/cases/1999/03/ftc.gov – hilfiger2.htm，访问日期：2015 年 5 月 18 日。

行洗涤时，将导致服装一个部分的颜色渗透到另一部分，产生了严重的服装褪色问题。联邦贸易委员会同时控告该公司违反了规则，因为它在销售之前对保养说明没有合理的解释。

原告在起诉后，被告已经放弃了传召权和控告权。然言双方当事人通过律师代表出席，达成了违背联邦贸易规则关于纺织品护理标签的和解协议，协议获得了法庭的支持。根据联邦贸易委员会的控告，汤米·希尔菲格有限公司同意承担 30 万美元的民事罚款并在将来遵守护理标签法案。同时公司同意在服装的护理标签上增加消费者满意的信息和免费拨打电话，使消费者在遇到有关服装护理问题时可以拨打这个电话。被告应当在其护理标签上提供一个免费拨打电话号码，有效的表述为"产品保养信息，请拨打 1 – 800 – ×××－×××"。免费拨打电话号码应该位于按照 423.8（c）规定的保养信息的缝合处。被告应该在其用完现有护理标签存货之后，使用含有免费拨打电话号码的护理标签。这一协议同时还包括了保持和汇报和解协议执行情况的记录，来保证帮助联邦贸易委员会掌握被告的行为与协议要求的一致性。①

2. 警告条款的具体适用

《纺织服装和零售布护理标签》（修订版）423.5 不公平或欺诈性行为或事实中有规定如下：（1）在销售之前，未对购买者提供产品的一般使用所必需的一般性保养程序的说明……（3）在销售之前，提醒消费者，当消费者或专业清洗人员可能合理的按照一般保养程序规定的任何步骤来操作都将对产品或其他与其共同清洗的物品造成损坏时，不警告购买者……（5）对购买者透露所有的一般保养信息缺乏合理根据。

被告销售的服装存在严重的褪色问题，这里存在两种可能性：第一，褪色是正常现象，因为有些服装由于其特殊的着色过程或者材质，在清洗的时候会有一定程度的褪色情况，但是这样的褪色是

① 载 FTC V. Tommy Hilfiger U. S. A. Inc. http：//www.ftc.gov/os/1999/03/hilfiger1.htm，访问日期：2014 年 5 月 27 日。

正常的，不会影响服装的正常使用。在这种情况下，生产商必须要警告消费者服装的这种特殊性，告知消费者在清洗这样的服装时只能与类似色的服装共同清洗，而不能与其他颜色的服装共同清洗，以免造成对其他服装的损坏。第二，褪色是服装在生产过程中出现的过错造成的，实质上是服装存在质量问题。这样的话，生产商就不仅仅是护理标签的说明内容的问题，而是产品质量的问题。生产商要对产品的质量承担保障责任。在该案中，属于第一种情况，被告并没有警告消费者正确的清洗方法而导致了服装的褪色。也就是对其护理标签上的说明缺乏合理根据，没有可信赖的证据来证明标签上提供的方法对服装的护理是有效无害的。该行为违背了《纺织服装和零售布护理标签》（修订版）423.5（a）项下的（1）、（3）、（5）警告条款，构成了不公平或欺诈性的行为和事实。对此，被告要承担相应的赔偿责任。警告条款（c）项规定，生产商或进口前要在销售之前对保养说明有合理根据。合理根据是指生产商要对产品的整体性负责，在使用护理标签上注明的护理方法时不会对产品作为服装的整体性产生损害，对于护理标签上所注明的护理方法有证明其合理可行的义务，要保证消费者按照标签注明的方法进行护理不会造成对产品的损害。如果由于标注了不适当的护理方法导致消费者利益受到损害，就是对消费者存在不公平或欺诈性行为，要承担相应的责任。在该案中汤米·希尔菲格公司使用了肯定性的护理标签，指明了其所谓正确的护理方法，但对其提供的护理方法没有相应的证据、技术资料或其他可靠性证据来证明服装按照其护理标签上的护理方法进行清洁是没有问题的，即对护理标签缺乏合理根据，因此要承担相应的责任。由于法案对于各种护理程序都有详细的说明，被告的行为显然不仅仅违反了一种护理程序的要求。由此可见，法案对于各种违反行为的规定是十分全面的，并从正反两面规定了生产商的权利和义务，体现了法律的公平和严谨。

关于法律责任的承担，在《纺织服装和零售布护理标签》（修订版）中并没有详细的规定。而是在其释义性文件《遵守护理标签的说明》中予以了明确，规定在产品的使用期内不提供可靠的保养标签和警告是对联邦贸易委员会法案的违背。违法者要为每一次违法遭受到申请强制执行判决的诉讼和达到 10000 美元的罚款，且每一个错误标签的服装都是一次违法行为。双方达成的协议中规定了 30 万美元的民事处罚，其远远高于法条规定的最低标准。莫泽尔·W. 汤普森委员在针对该案的发言中指出，汤米·希尔菲格公司的牌子是十分流行的，尤其是在年轻人群体中。这样的流行程度通过 1998 年其 8.4 亿美元的销售量充分地反映出来。根据这一流行程度，联邦贸易委员会并不奇怪汤米·希尔菲格的服装会如此昂贵。一些汤米·希尔菲格的普通的 T 恤和牛仔裤要卖到 100 美元甚至更高。虽然 30 万美元的民事罚款显然是比联邦贸易委员会已经在其他违背护理标签规则案件中获得的数额高了很多，但是他们所担心的是它可能不会让其他大的盈利性服装公司产生足够的威慑力。因此，在为他们增加了比其他护理标签和消费者保护案件中罚款的数额的同时，这些处罚在类似的案件中是应该明显更高一些的，因为这些公司有着巨大的销售量，同时消费者也要求更有效的救济来保证其利益。显然，这样的处罚数额是根据公司的利润进行的调整，法案规定的 10000 美元的罚款只是最低额，这样的规定也是为了让法官有更大的自由裁量权来进行裁判，而法官自由裁量的依据正是产品的销售量、公司的知名度等这些相关因素。因此，联邦贸易委员会的大部分成员也认同这样的罚款数额，并且也希望通过更高数额的处罚来威慑那些大的品牌公司，进一步规范护理标签。事实也证明了这样的协议规定是较为科学的，消费者的损失基本得到了救济，而被告也并没有因为这样的事件完全丧失掉整个市场，而是通过更合理科学的标签的标注重新获得了消费者的认可。

此外，协议还要求被告在标签上标注一个免费拨打电话以保证购买者可以在对标签内容存在疑惑或者不清楚如何保养服装时可以通过拨打免费电话获得相关信息。这一点在《纺织服装和零售布护理标签》（修订版）中是没有规定的。但是，这样的要求显然不仅仅是对违反这一规则的公司的一大处罚措施，更重要的是它使产品购买者的权利有了双重保障。根据现有的服装公司的发展现状，在标签上标注免费服务电话显然也是对其品质保障的一大承诺，有利于树立企业的品牌形象，赢得市场声誉。我们也可以考虑在规则中增加这一条款，更好地为消费者服务，同时约束生产商的行为。《遵守护理标签的说明》作为《纺织服装和零售布护理标签》（修订版）的释义性文件，对其具体的操作做出了更为详细全面的规定，是法案具体操作执行必不可少的，保证了现有法规能有效实施，增强了法律的执行力。

（二）联邦贸易委员会诉琼斯服饰集团案[①]

1. 案件概述

原告联邦贸易委员会控告被告琼斯服饰集团在 1998 年至 2000 年，销售了一些类型的服装，根据这些服装上面的护理标签进行护理会对服装造成损害。在这些服装中的某些服装上有植绒花纹的设计，但是当服装按标明的方法干洗之后，花纹的部分却消失了。其他的服装在干洗的时候有褪色的情况出现。这一控告同时还指出了琼斯服饰集团销售的某些开司米毛衣上标明了"只可干洗"，但是事实上，消费者用手洗的方法同样是可以安全清洁的。联邦贸易委员会控告被告所谓的从事或参与商业活动的销售纺织品服装时，存在以下违反护理标签规则的行为：没有标明合理的护理方法，干洗说明不恰当造成对服装的损害。2002 年 2 月，联邦贸易委员会和琼斯服饰集团达成了协议，解决了关于该公司在 1998 年至 2000 年多次违法《纺织服装和零售布护理标签》（修订版）相关规定的问题。除了罚款 30 万美元以外，该公司还同意会在服装护理标签上注明书面式的程序，来保证未来与这一规则的一致性。

2. 合理根据条款的具体适用

《纺织服装和零售布护理标签》（修订版）423.6（b）中明确

---

① 载 https：//www.ftc.gov/enforcement/cases - proceedings/012 - 3027/jones - apparel - group - inc - us，访问日期：2015 年 5 月 19 日。

指出，护理标签必须注明产品日常使用所需的一般保养，通常情况下，纺织服装的护理标签必须有水洗说明或干洗说明。423.5（a）（1）中要求生产商或进口商在销售前必须对护理标签的方法有合理根据，包括所有类型的警告，423.6（c）中的干洗条款下也有同样的要求。

根据案情进行相应分析，第一，虽然被告提供了相应的护理方法，但是按照被告提供的方法对服装进行干洗时，导致服装图案的消失，因此，这项护理方法其实是不可取的，会对产品造成损害。被告并没有提供如何干洗他们的某些类型的服装的准确信息产品和通常使用所需要的一般保养程序，被告的护理标签虽然推荐了关于干洗的内容，但是没有表明至少一种可以无害使用的溶剂，违反了《纺织服装和零售布护理标签》（修订版）423.6（b）关于干洗的说明。第二，干洗导致对系在服装上的设计的植绒花纹造成损害，说明这一方法是不可行的，而被告没有对不可使用的保养方法在销售前对购买者做出警告，反而对该方法进行了肯定性的规定误导了消费者，违背了423.5（a）（1）中警告条款的规定。第三，护理标签推荐了干洗的说明但是该方法导致了服装褪色，构成了423.5（1）、（3）所规定的不公平和欺诈性的事实。第四，产品的护理标签上标明的方法在实际操作中对产品造成了损害，生产商提不出任何相关技术资料或证据证明其对护理标签有合理根据，构成了423.5（5）条对购买者透露所有的一般保养信息缺乏合理根据的违法行为。同时，被告在销售前对其销售给购买者的护理标签的所有保养信息都缺乏合理根据，违反了423.6（c）。综上所述，琼斯服饰集团违反了《纺织服装和零售布护理标签》（修订版）423.6（b）、423.6（c）项条款，并构成不公平或欺诈性行为或事实，违反了423.5（5）（a）（1）、（3）条款。联邦贸易委员会对其处以30万美元的民事处罚也是基于其市场的占有率和产品的销售量而确定的，属于数额较高的罚款。而被告对之前开司米毛衣描述的保养说明缺乏合理根据。开司米毛衣的护理标签推荐了"只可干洗"，但是被告并没有合理根据来警告认为服装不能手洗。这剥夺了购买者使用手洗的可能性，增加了购买者的服装保养成本，是不恰当的护理方法。

　　护理方法是《纺织服装和零售布护理标签》（修订版）的核心内容。标签的实质内容必须能够保证产品得到有效的护理。合理根据条款要求生产商对其出售产品上的标签对维护产品作为服装的整体性承担责任。警告条款要求生产商对产品不能使用的护理方法要在标签上给购买者以相应的警示。这两大条款是《纺织服装和零售布护理标签》（修订版）的核心条款。这虽然是对生产商的免责性规定，但是反之也是对生产商的义务进行了规定，如果对标签的护理方法没有合理根据又没有相关警告就必须承担相应的责任。法案在条款的设计上精练但是却包含了全部的方法，对消费者和生产商的权责根据双方的地位、能力大小进行了较为合理平衡的区分规定。

　　该案在处理上很大程度上借鉴了汤米·希尔菲格公司案件的相关方法。美国作为一个判例法起主导作用的国家，法律法规往往在具体的案件处理中得到进一步完善和充实。在该案中，判决的结果依托了之前相关的判决的处理方法和处理结果，而具体的罚款数额又给其他类似案件提供了参考。不同之处在于被告同意在服装护理标签上写上书面式的程序，来保证未来与这一规则的一致性。这就加重了企业的责任负担，同时也起到了较好的威慑效果，使企业不再抱有侥幸心理来规避法律。对企业有了更高的要求，这样也使消费者对其更有信心，反而会提高企业的声誉。因此，并不会给企业带来完全的负面影响，反而会促进其更健康的发展。法律的制定不仅仅在于惩罚违法性行为，更大的功能是通过立法形成一定的威慑力，从而减少违法行为的发生，建立良好的社会秩序。《纺织服装和零售布护理标签》（修订版）的各项相关规定及违法性惩罚体现了法律的公平正义价值。

（三）联邦贸易委员会诉大陆礼服清洁公司案①

1. 案件概述

原告联邦贸易委员会起诉被告大陆礼服清洁公司的对其标注的护理标签违反了护理标签规则，因为他们推荐了干洗但是没有指明任何一种可以安全干洗的干洗溶剂，并且没有警告像婚纱这样的精致的礼服要对一般的干洗程序进行修正才能清洁。联邦贸易委员会称大陆礼服清洁公司的护理标签误导了消费者，并没有合理根据要求其生产的服装只能通过"Zurcion"方法进行洗涤，并且做了错误和无根据的广告宣传这些服装只能通过"Zurcion"方法洗涤，认定"Zurcion"方法的特殊性，其自身是唯一可以安全有效洗涤礼服的干洗商。

大陆礼服清洁公司承认其对他们生产、销售的婚纱礼服提供了不适当的护理标签，并与联邦贸易委员会达成解决的协议。协议要求，禁止被告和其他使用同样方法和手段的服装公司和零售商的被告，传播没有遵守护理标签规则要求的特殊信息的标签。同时要求被告从生产商或进口商处获得对其提供的传播的护理标签或悬挂标签合理根据的书面陈述。同时要求禁止被告误导消费者"Zurcion"方法是唯一安全有效的清洗婚纱礼服或其他正装的方法陈述，或者说大陆礼服清洁公司是清洁这些服装的唯一干洗商。

此外，协议要求禁止被告对任何清洁或保存方法、服务、公司或产品的安全有效性进行对比，除非表述是真实的，并且有完全可信的支持证据，在有必要的时候必须是科学证据。此外，如果被告对他们的清洁和保存服务提供了保证，指示要求他们告知消费者保证的形式和条件。同时要求被告对与其有商业往来的服装生产商和进口商提供一个同意指示的复印件并通知他们禁止使用"Zurcion"标签，对其他有关使用"Zurcion"标签清洁或保存的人，除了服

---

① 载 FTC V. Continental Gown Cleaning Service Inc. http：//www. ftc. gov/os/1999/09/continentalgownd&o. htm，访问日期：2011 年 5 月 27 日。

装公司以外，要公布其他安全有效的洗涤方法并告知他们生产商或进口商以获得清洗说明。最后，要求保证大量的记录和条款以帮助联邦贸易委员会对他们的遵守情况进行监督管理。

2. 不公平或欺诈性行为或事实条款的具体适用

此案不同于前面案例的部分是被告是清洁公司而不是服装的生产商。礼服的清洁对于大部分消费者来说是一项较为陌生的内容，因为礼服不同于我们日常生活中的穿着，而对于礼服的保养消费者一般也不是十分清楚，因此，大部分消费者均会听从干洗公司的意见来清洁礼服。被告在没有合理根据的情况下，告知消费者只能通过其唯一的保养方式"Zurcion"方法来清洁礼服，违反了《纺织服装和零售布护理标签》（修订版）423.5（5）和423.6（2）（c）规定的对购买者提供的所有的一般保养信息缺乏合理根据。同时，被告对其他的清洁方法会对服装造成损害没有任何可信赖的证据来予以支持。违反了规则关于干洗的423.6（2）（c）下第2款——当违反标签上说明的方法进行清洗时，有可靠的证据表明是会对产品或其样品造成损害的。何为"Zurcion"方法？消费者并不清楚。事实上，"Zurcion"其实是该公司注册的一个商标，商标并不是专利，并不能证明其方法代表的特殊性。公司在其服装的护理标签上标明通过"Zurcion"方法，其实是限定了消费者只能去该公司旗下的清洁公司进行服装的护理。[①] 其实，礼服是可以采用其他方法获得清洁的。被告的行为构成了对购买者不公平和欺诈性的行为，同时还侵犯了其他的服装清洁商的利益，构成了不正当竞争行为。从联邦贸易委员会对双方一致达成的协议的内容可以看出，对于这种不正当竞争的行为，它也予以了处罚。要求被告在没有任何可信赖证据的时候不能对任何清洁方法或产品有效性进行对比，因为其不是专门的权威性机构，在没有证据的基础上随意散播信息或进行宣传介绍，会对消费者构成误导。同时，针对被告提出的"Zur-

---

① What is "Zurcion"? http：//www. gown. com/zurcpnt. htm，访问日期：2011 年 5 月 27 日。

cion"标签的有效性，联邦贸易委员会也要求其要从生产商或进口商处寻求合理根据。如果标签的要求是从生产商或进口商处获得的，那他们必须对标签内容有合理根据，否则也构成对护理标签规则的违反。《纺织服装和零售布护理标签》（修订版）对管辖范围进行了详细的规定，明确包括了产品的生产商、销售商、进口商。如果存在不合理的护理方法不仅要追究销售商的责任同样也要追究生产商的相关责任。这样才能保证责任的公平承担和法律的有效全面执行。不公平和欺诈性行为违背了市场双方主体的平等性，构成了不正当竞争，损害了消费者和其他生产商、销售商的利益，《纺织服装和零售布护理标签》（修订版）是严厉禁止的，对这类行为规定了五类具体的情况。法案对此的规定十分全面，从主体范围、行为方式都进行了详细而周全的规定，充分体现了立法的严谨和科学。对维护市场的公平公正和保障购买者的利益起到了重要的规制作用。

该案所触及的法律并不仅仅是《纺织服装和零售布护理标签》（修订版）的相关条文。案件中，干洗公司对礼服的护理存在不当行为，而且生产商对礼服的护理标签注明的护理方法也没有可信赖证据来证明其合理性，均缺乏合理根据。这样的行为不仅仅对消费者造成了损害，也损害了其他干洗公司的利益，同样违反了反托拉斯法的相关规定，是不正当的竞争行为。市场竞争最重要的一项保障就是公平公正。公平原则要求"对所有的相关人平等地分配利益与负担"。[①] 它是社会公平竞争观念在法律上的体现，要求参与市场竞争的经营者都应依照同一规则行事，不得采取任何非法的或不道德的手段获取竞争优势。因此，被告的行为违背了法律最基本的公平原则。联邦贸易委员会针对这一案件所达成的协议不仅仅维护了消费者的权利，也维护了其他干洗公司的利益。

同时，联邦贸易委员会要求生产商或进口商提供合理根据，如果不能提供，显然他们对消费者的损失负有责任，都应与干洗公司

---

① ［德］考夫曼：《法律哲学》，刘幸义等译，法律出版社 2005 年版。

一起承担连带责任。因此协议不仅从护理标签的内容出发，同时也考虑到了相关的责任人因素，体现了法律的公平、公正的价值。协议的内容十分全面具体，维护了该规则的有效性和权威性，充分发挥了规则的积极作用。

一项违法行为同时触犯了多部法律，涉及法律的优先适用问题。按照特殊法优于普通法、新法优于旧法的法律效力位阶的基本原则，显然在这里要适用《纺织服装和零售布护理标签》（修订版）的相关条文。而在案件涉及多个违法主体时，要全面考察各个主体的违法行为及其危害性大小从而判定其责任的承担方式和责任大小。和解协议对其他责任主体提出的要求也是基于这一点的考虑。

3. 评析

从以上案例分析中我们不难看出，在与《纺织服装和零售布护理标签》（修订版）有关的案件中，很多并没有真正地进入司法审判程序，是通过和解达成的协议。针对违反护理标签的案件，从1990 年以来，联邦贸易委员会已经申请了 16 起强制执行判决，其中 15 起都是通过和解解决。处罚金额从 10000 美元到 300000 美元不等。① 这些纠纷的解决虽然没有通过审判程序最终得到解决，但是都达到了弥补受害人损失、制裁相关违法主体、规范相关市场的积极效果。司法机关对违反《纺织服装和零售布护理标签》（修订版）的行为的处理方法大致类似，可见通过具有法律执行力的和解协议解决纠纷对司法机关有很大的实用价值。首先，司法程序其实是解决纠纷的成本最高的方法，通过和解解决纠纷对双方当事人都更为有利。消费者在产品的使用过程中出现了问题，只需要指出对其造成了损害即可，对于证明其标签的合理性的举证责任是由生产商或销售商承担。而对其提起诉讼往往是由联邦贸易委员会提

---

① See Federal Trade Commission Care Labeling Rule Cases, 16 CFR Part 423, 载 http://www. ftc. gov/os/statutes/textile/carelblcases. htm, 访问日期：2015 年 5 月 27 日。

出，联邦贸易委员会只有在有充分证据的时候才会对其提起诉讼。从节约双方时间与精力的方面考虑和解协议是最有效的方法。其次，和解协议获得了法庭的支持，就不仅仅是双方的合意，同样具有法律约束力和强制执行力。再次，和解协议的执行可以尽量减少生产商或销售商因为诉讼而产生的消极影响，并不是一味的打击，而是对其提出了更详细的要求，但在同时也达到威慑的效果。最后，在处罚的适用上，是以《遵守护理标签的说明》中的规定来执行的。可见，这一《遵守护理标签的说明》同样具有法律效力，相当于其实施细则，对于切实执行《纺织服装和零售布护理标签》（修订版）是不可缺少的。

《纺织服装和零售布护理标签》（修订版）的合理根据条款、警告条款以及不公平或欺诈性行为或事实条款是判断生产商、进口商或销售商有无违反规则的重要判断依据。对于护理方法如干洗、水洗、熨烫等的具体规定其实均是对于这两项条款的具体内容的体现。产品能否水洗，生产商要有证据证明水洗方法的可行性，这样才形成合理根据。错误的护理方法必然是不公平或欺诈性的行为，也是对"合理根据条款"的违背。在解决纺织品护理标签相关纠纷的过程中，可以充分运用这些条款的相关规定。这样的规定在适用法案时条理十分清楚，从违背了何种条款到具体标签的表述是在哪个部分存在问题，让人一目了然。法案的制定科学合理，同时相应的释义性文件也对其起到了良好的辅助作用，两者协调配合，增强了法案的可操作性。

二、《毛皮制品标签法案》相关案例分析①

自《毛皮制品标签法案》生效以来，在美国法院受理的有关案件中，对该法第 2 节相关术语的解释、第 4 节虚假标签、第 5 节虚假广告、第 9 节的禁止令、第 10 节的担保制度等有关条款分析

---

① 转引自王晓燕：《美国〈毛皮制品标签法案〉研究》，湖南大学 2010 年硕士学位论文。

最多，同时争议也最为激烈。本节主要从以下三个案例——曼德尔兄弟公司诉联邦贸易委员会案，菲尔公司诉联邦贸易委员会案，雅克、苏滋及其合伙企业贝特公司诉联邦贸易委员会案，来着重解读重点法条，以便更全面准确地理解法案的相关条款。

（一）曼德尔兄弟公司诉联邦贸易委员会案①

1. 案情简介

曼德尔兄弟公司（上诉人）是一家总部设在特拉华州的公司，同时在芝加哥经营一家大型百货商店，旗下有2家毛皮部门。被上诉人联邦贸易委员会于1957年7月5日基于《毛皮制品标签法案》对上诉人发布了一项禁止令，认为上诉人毛皮制品违反了法案第4节、第5节中标签、广告和发票的规定。随后，上诉人向美国地区法院提起诉讼，法院支持并确认了委员会的禁止令，上诉人不服向联邦法院提起上诉。法院经过审理，裁定确认并要求被上诉人修改对上诉人的部分禁止令。

2. 案例焦点及评析

本案争议的焦点主要有四个问题：

第一，上诉人的活动是否构成联邦贸易委员会管辖范围内的州际贸易？经法院查明，曼德尔兄弟公司百货商店的毛皮制品是从芝加哥以外的地区采购的，其毛皮部经理希尔作证称，公司一年内从纽约采购了大部分毛皮制品。并且有证据显示上诉人确实在芝加哥《太阳时报》和芝加哥《论坛报》做过广告宣传。而根据联邦法律，美国人民是有跨境流动权的，这就意味着公司有可能会与芝加哥以外的人进行贸易。希尔还说，百货商店的发票并没有在芝加哥缴纳营业税，因此必须进行州际贸易。基于以上事实，法院认定，联邦贸易委员会完全有理由认定上诉人的活动构成联邦贸易委员会

---

① See Mandel Brothers, Inc, a corporation, Petitioner, v. Federal Trade Commission, Respondent, 载 http://www//lexisnexis.com/ap/auth.1957-07-05, 访问日期：2011年5月27日。

管辖范围内的州际贸易。

第二，联邦贸易委员会认为上诉人在广告中提及的价格存在误导性和虚假性是否有合法根据？是否恰当？《毛皮制品标签法案》第 5 节规定，毛皮制品的广告直接或间接包含任何形式的不实陈述，并且其目的在于促进销售，都构成法案规定的虚假宣传。而在本案中，上诉人出售的毛皮制品的通常价格为 244 美元，而其在 1954 年 10 月 2 日的芝加哥《论坛报》上发布的价格为 299—399 美元，这种不实广告可能会令消费者对实际价格有所误解。而上诉人声称，该价格并不是该毛皮制品的通常价格，而是类似或可比商品的通常价格，但是其并没有对此提供实质性证据。因此，联邦贸易委员会判定上诉人的行为构成虚假宣传是有合法依据的，是恰当的。

第三，联邦贸易委员会对上诉人发布的禁止令是否有足够的证据支持？经法院查明，上诉人并没有违反禁止令中涉及的（2）、（4）、（5）项，委员会在上诉中也承认禁止令在该部分确实有所不当。最高法院在 FTC v. Ruheriod . Co 一案中指出，联邦贸易委员会的权力不限于禁止法律已经明文规定的违法行为，还包括法律尚未规定但确实违反法律的行为。但是，同时联邦贸易委员会也不得禁止当事人从事联邦贸易委员会无法证明其存在的行为。

上诉人承认违反了法案第 4 节和第 8 节的规定，但是其抗辩称，该违反是技术层面的，是不重要的和非实质性的。法院认为，如果该抗辩理由成立，则美国法律制度的权威将荡然无存，美国法律的实施将成为纸上谈兵。

本案中，最大的焦点在于上诉人提出其与消费者之间的销售发票不属于法案定义下的发票，因此委员会不能判定其违反法案第 5 节（a）款。法案对发票的定义规定如下：“发票是指，与毛皮、毛皮制品有关的书面凭证、备忘录、清单或目录，记录着运输商、配送商或者任何其他毛皮制品买卖参与者对该毛皮制品的处理过程。”法院认为，在法律解释中，当其含义是明确而具体的时候绝不能超越其本身含义而运用历史解释主义去解释法律。而该法条对发票的定义是非常明确的，本案中的销售发票毋庸置疑不属于该发票定义范围内。另外，限制性从句是用来限制前面的先行词的，除非它需要不同的解释。具体在本案中，如果表述为"任何人"而不是"任何其他人"，则本案中零售商与消费者之间的销售发票就属于法案范围内；反之，本法案如此之规定，则本案中上诉人向消费者出具的销售发票不属于法案意义上的发票，上诉人的抗辩理由成立。

第四，委员会是否有权将禁止令扩大适用于上诉人的负责人、代理人、代表、雇员？依据美国公司法上的原则，公司只能通过其代理人而进行法律行为，因此，联邦贸易委员会完全有权力将禁止令适用于上诉人的负责人、代理人、代表和雇员，虽然本案中仅涉及上诉人本身。

在本案中，案件得以适当的解决，关键在于法案本身对于"发票""州际贸易"等相关术语做了翔实而具体的规定，并且对禁止令程序的要求和条件都规定得很详细，这一方面反映了立法者在制定法案的过程中的严谨性和合理性，另一方面充分展现了程序正义原则的重要性。

从这一案例中可知，我们在以后的立法工作中要充分借鉴与学习本法案在本案例中体现出来的严谨法律精神。首先，我们在立法的时候必须明确界定相关术语的定义，然后我们在解释法案中的术语时，更应注意斟酌其细微含义，以此准确把握立法意图，更好地实现立法目的。另外，目前我国诸多立法中有很多"兜底条款"，立法者在规定这些条款时绝对不能一概而论，要仔细推敲，力图其精准，避免给法律实践带来不必要的纷扰。我们的毛皮制品在以后的出口道路上，也很有可能遭遇同样的纠纷。

任何制度都是存在其缺陷的，我们应该从更加细致和严谨的思维方法去寻找类似案件的突破点，这也是本案当事人能够在发票的诉讼事项中抗辩成功的关键所在。另外，上诉人败诉的很大一部分原因在于其未能对自己所主张的事实提供有效、恰当、足够的证据体系来支持，这也提醒我们：在涉外诉讼中，我们只有在举证期限内提供符合美国证据法体系合理证据标准的证据来支持自己的主张才有可能确实保障自己的合法权益。

（二）菲尔公司诉联邦贸易委员会案①

1. 案情简介

上诉人菲尔公司拥有一家毛皮工厂，并在保留了其控制权的前提之下将该工厂租赁给另一独立缔约方经营。被上诉人联邦贸易委员会于 1967 年 6 月 17 日认为菲尔公司毛皮工厂出售的毛皮制品的标签和广告违反了《毛皮制品标签法案》而对其发布了一项禁止令。上诉人要求撤销该禁止令，并主张其违反法案的行为是非实质性的，而且已经取得了制造商的有效担保。而委员会认为上诉人根据该法案负有纠正错误标签的义务，因此不应撤销。法院最终判决，上诉人并没有纠正错误标签的义务，并且取得了有效担保，因此应撤销禁止令中错误标签的那部分内容。但是，对于上诉人主张的虚假广告事项法院认为其抗辩不足，因此不应撤销，而应当继续实施禁止令中的该部分。

2. 案例焦点及评析

本案的焦点在于上诉人是否负有纠正错误标签的义务？上诉人在已经取得了制造商的有效担保后是否能得到豁免？

菲尔公司将其毛皮工厂租赁给另一个能够独立经营的经营实体，但是有足够证据表明菲尔公司仍然保留了很大程度上的控制权，并且消费者也对此完全不知情，因此本案不会因菲尔公司实际上退出毛皮经营而终止诉讼。

《毛皮制品标签法案》第 10 节（1）规定，任何人违反本法案的规定，但在提供有效担保的情况下可以免予处罚，即满足了担保人、担保内容、担保形式的法定条件后即可免予处罚。而其实施细则 34（1）规定，如果进口商、销售商、许诺销售商、加工商等发现或有合理理由相信其经手的毛皮制品标签上的必需信息是不完整或不准确的，则应当按照法案要求予以纠正，或者用另一完整、准

---

① See The Fair, Petitioner, v. Federal Trade Commission, Respondent. http://www.lexisnexis.com/ap/auth，访问日期：2011 年 5 月 27 日。

确的标签予以替换。委员会认为后者使上诉人有检查并纠正标签错误的义务，如果未能履行该义务则其依前款规定享有的权利将受影响。但是，法院经查明发现，上诉人的毛皮制品标签上的错误绝大部分不是显而易见的，必须依赖于专业技能才可能不会被忽略，因此上诉人有权依赖于制造商提供的有效担保而不负有检查错误标签的义务。另外，法院就此分析了法案第 10 节（1）的立法目的，一方面在于从源头上阻止和预防错误标签；另一方面从根本上贯彻实施标签法案，因为只有制造商才最熟悉和了解其毛皮制品的性质和属性。因此，法案实施细则 34（1）只是要求零售商纠正错误标签，并没有令其承担检查并纠正错误标签的义务，更没有将其法案第 10 节（1）的权利挂钩。由此，法院认为，菲尔公司并没有违背任何义务，他有权依赖制造商提供的有效担保而免于处罚。

除此之外，委员会还认为菲尔公司出售的毛皮制品以低于通常价格出售构成虚假广告，违反了法案第 5 节的规定。委员会指出，菲尔公司广告中宣称的通常价格其实并不是其毛皮制品的通常价格，事实上很多产品已经调低价格，因此这使消费者对该价格产生误解。同时，菲尔公司指出，通常价格并不是该毛皮制品的销售价格，而是同类产品的可比价格，还引用了 1956 年优良商业局基金联合会的《零售产品广告和销售指南》（第五版），该指南表示"通常价格"通常是用来表达特殊购买场合下的可比价格。但是，委员会随机对众多消费者做了控制测试，表明消费者确信低于"通常价格"销售即意味着降价。由此，法院判定，菲尔公司不能提供确切的证据来证明其主张。

本案主要涉及的是法案的担保制度，法案从实体和程序两方面兼顾了各方主体的利益，平衡了正义与利益之间的协调关系，从而实现了最大限度上的利益保护。

本案的启示在于，只有从整体上准确把握法条之间的关系，才能避免对法律本身的立法目的的误解，要从立法意图来解释法律，如此才能准确执行、适用和遵守法律，实现法律的目标。以后面对此类诉讼中，我们应当力图从立法目的、立法意图以及立法背景来确定法律的具体含义，而不是单独依赖法律条文本身来分析问题，比如本案中担保制度条文本身规定是毋庸置疑的，但是联邦法院从为什么要设定这个制度？目的又是什么？这种多方面分析的思维值得我们学习。

（三）雅克、苏滋及其合伙企业贝特公司诉联邦贸易委员会案①

1. 案情简介

上诉人雅克和苏滋共同合伙设立了贝特公司在州域范围内从事毛皮制品贸易，被上诉人联邦贸易委员会于 1956 年 3 月 11 日对贝特公司发布了一项禁止令，认为上诉人的贸易活动已经违反了规定。上诉人不服提起上诉，要求联邦法院审查该禁止令。法院经查明，判决如下：上诉人确实从事了州际贸易，属于《毛皮制品标签法案》的适用范围；上诉人的行为违反了法案关于虚假宣传和虚假价格的规定，并且委员会确实有足够证据合法行使了其合法权力，最终确认了被上诉人的裁决结果。

2. 案例焦点及评析

第二巡回上诉法庭曾评论说："应当为了事实而不是为了我们自己去对证据的效力发表意见，应当综合考察证据的效力，以及证据之间是否相冲突。如果联邦贸易委员会的裁决从整体上有实质性的证据予以支持，则它是终局性的，即使有证据证明与裁决相左。"由此，本案的关键是从整体上把握事实和法律。本案的焦点有两点：

一是原告在其州域范围内从事贸易活动，是否属于法案"州际贸易"的管辖范围之内？美国是典型的联邦制国家，联邦法律和各州法律各有各的适用范围。《毛皮制品标签法案》是由美国国会于 1951 年通过的，它在第 2 节对贸易一词做了如是规定："贸

---

① 转引自王晓燕：《美国〈毛皮制品标签法案〉研究》，湖南大学 2010 年硕士学位论文。

易"指在美国数个州内或与外国之间或在美国某领土、属地内或在哥伦比亚地区内或在某一领土、属地与另一领土、属地之间或在领土、属地与哥伦比亚州或外国之间的贸易。遵循以往的判例来说，只有涉及州际之间或州域间的贸易才受联邦法律管辖，其他受州法律规制。那么，本案中上诉人的州域范围内的贸易活动是否受法案规制呢？

美国宪法很早以来就赋予了美国国会规制州际贸易的无限制的绝对的权力，我们不应当分割事实来理解"州际"的含义。词语有不同含义的时候，一般是以立法者的立法意图进行解释，在特殊情形下，不仅要考虑词语本身的含义，还要考察上下文、立法目的、立法背景等。法院认为，法案的立法意图在于赋予委员会决定什么样的行为不利于州际贸易的权力，州际贸易是彼此联系的，应当从实际效果来考察，国会以及委员会行使权力的标准应当在于贸易活动的效果而不是它的来源，这样才能充分体现立法者的立法意图，充分保障贸易活动的秩序。另外，在类似判例中也曾提及过国会可能会限制纯粹的当地行为，州域范围的行为不会因此免受联邦法律通商条款的管辖。比如，从下面的案例我们不难发现地方层面的劳动关系是能够影响贸易的，已经成为联邦法律规制的调整对象，The Fair Labor Standards Act 所确立的最低工资和最长时间标准同样适用于州际贸易的当地商，农业产品市场协定也是如此。总而言之，这并不是在创设一项新的法律原则，只不过是将慢慢淡化的基本法律原则重新确立而已，这早在美国宪法就已经得到确立了。

因此，法院认为，上诉人的州际贸易虽然仅在州范围内，但是足以影响毛皮制品的贸易，因此受《毛皮制品标签法案》管辖，结合法案相关法条，上诉人的行为已经违反了法案项下关于虚假广告和虚假价格等的规定。

二是法案实施细则第 44 条规定的虚假广告又是如何界定的？在界定什么是虚假价格行为的时候，法院也确立了新的判例制度。本案中法院认为，法案第 5 节和实施细则第 44 条规定的"虚假广告"并不要求广告必须是虚假、误导性的，如果该广告具有误导性倾向也构成"虚假广告"，也是联邦贸易委员会法案项下规定的一种不公平竞争手段和不公平、欺骗性行为。在界定虚假广告的问题上，法院否决了被上诉人提到的顾客留心规则，认为即使消费者能够判断出广告的真实意思，但这并不妨碍法案的实施。此外，法院认为，委员会在处理这方面的案件上有丰富的经验，它有权在缺乏消费者的证词的情况下依赖其经验来决定广告措辞其最真实的意义。

本案涉及的主要问题是对"州际""虚假广告"等专业术语的解释。因此，对法律词语进行解释时，应当仔细斟酌，衡量各种因素，不仅要考虑词语本身的含义，还要考察上下文、立法目的、立法背景等，准确把握立法者的立法意图，从整体上去考察案情，去寻求实质性的证据来支持判决，只有这样才不会违背法律本身制定的宗旨。应用到我国毛皮制品的立法，我国的立法一般来说对专业术语的解释是非常少的，这样导致在适用法律的时候出现很大分歧，然后我国审判法院在审判过程中本身对法律没有解释权，进而由于立法上存在漏洞，司法实践中更是困难重重。

综上所述，我们可以借鉴美国先进的立法经验，在纺织品立法中详细界定专门术语的含义，明确具体实施制度的实体和程序条件，从而使法律本身能够充分反映现实产业发展方方面面的需求，以此促进我国产业又快又好地发展。而在司法实践中，法院应当更多地从各方面因素中考察立法意图、立法目的以确定法律条文的真实含义，以此为法律实践提供更详尽、更符合实际的司法解释，以此来更好地指导我们如何有效处理类似的纠纷。

（四）　美国纺织品进口协会诉联邦贸易委员会案分析[①]

1. 案情简述

美国国会于 1939 年通过了《毛皮制品标签法案》，并将本法的执法权授予联邦贸易委员会。联邦贸易委员会于 1967 年 12 月 22 日颁布实施了《毛皮制品标签法案实施细则》，在实施细则中，联邦贸易委员会规定进口毛织品必须历经海关暂扣、联邦贸易委员会抽检等一系列复杂烦琐的程序后才能进入美国国内市场。

原告美国纺织品进口协会为了保护美国国内毛织品进口商的利益，向哥伦比亚地方法院提出申诉，主张《毛皮制品标签法案》未授权联邦贸易委员会制订《毛皮制品标签法案实施细则》，要求哥伦比亚地方法院签发《毛织品标签法实施细则永久性禁令》。哥伦比亚地方法院的一名法官判定美国纺织品及服装进口协会胜诉并签发了永久性禁令，但哥伦比亚地方法院的另一名法官却撤销了前者签发的永久性禁令，认为由于美国历史上并无相关案例，以法院无管辖权为由驳回了原告的起诉。原告美国纺织品进口协会不服该判决，向哥伦比亚地方上诉法院提出上诉，要求撤销哥伦比亚地方法院的判决，并禁止实施《毛皮制品标签法案实施细则》。

主审法官怀特认为被告联邦贸易委员会并未有利用《毛皮制品标签法案实施细则》影响毛织品进口贸易的意图，因此是否禁止《毛皮制品标签法案实施细则》存在一定的争议。因此，哥伦比亚地方上诉法院将本案发回哥伦比亚地方法院重审。

2. 法理分析

本案的争论焦点在于《毛皮制品标签法案》是否授权联邦贸易委员会制订实施细则。根据《毛皮制品标签法案》第 6 章第 1 条的规定，"联邦贸易委员会可以根据《联邦贸易委员会法》给出

---

① See United States Court Of Appeals For The District Of Columbia Circuit. Textile Group V. Federal Trade Commission，载 http：//www. lexisnexis. com/ap/auth，访问日期：2011 年 5 月 27 日。

的传统执行程序执行本法，并可以根据实际需要制订必要的、适当的实施细则来配合本法的实施"。而《联邦贸易委员会法》给出的传统执行程序为：联邦贸易委员会可以对市场上销售的毛织品进行抽检，若抽检结果表明毛织品存在错误标签时，联邦贸易委员会将会通知制造商，举行听证会，最后作出决定。①

我们认为，联邦贸易委员会未被《毛皮制品标签法案》授权颁布与自己日常执法方式不同的实施细则的权利，理由为：进口毛织品在联邦贸易委员会决定是否对其进行测试之前被扣留于海关，若联邦贸易委员会决定对其进行测试，对于测试结果来说，联邦贸易委员会既是"运动员"也是"裁判员"，没有任何机构能对其进行监督，进口商也没有申请举行听证会的权利。实质上，实施细则类似于一个片面的行政许可令，而《毛皮制品标签法案》并未授予联邦贸易委员会制订如上程序的权利。

本案涉及《毛皮制品标签法案实施细则》公平性的问题。《毛皮制品标签法案》实施细则规定了一系列严厉的毛织品入关规定，如联邦贸易委员会规定了注册、生产记录的建立和保持、海关扣留及保证、处罚这一系列措施，上述措施很明显限制了外国毛皮制品进入美国市场。虽然在本案判决后，联邦贸易委员会迫于美国国内进口毛织品销售商的压力，在《毛皮制品标签法案实施细则》最后一条中增加了进口商可以就注册标识号的问题申请举行听证会，与实施细则之前的规定相比，这一修正确实有进步。但是，我们认为联邦贸易委员会并没有就最为关键的海关扣留程序上给予进口商以知情权和申请听证会权，这一点无疑是比较遗憾的，这也提醒我国毛皮制品出口企业必须切实提高对产品标签的重视，以免遭遇联邦贸易委员会上述严厉的措施，避免不必要的出口损失。

---

① See Joshua Escoto. Technical Barriers to Trade under NAFTA: Harmonizing Textile Labeling. Harvard Law Review, 2003, 120 (10): 7 - 9.

（五）美国《毛皮制品标签法案》相关案例对我国司法实践的启示

1. 更加注重程序正义原则和证据正义规则

美国是一个判例法的国家，面对毛皮制品产业发展及生产者、销售者和消费者法律意识的增强的形势下，法院在审理违反毛皮制品标签法案的案件的司法实践中显示了对法案的术语界定、担保制度、禁止令程序等的灵活性，通过程序正义原则和合理证据规则平衡了正义和利益之间的协调关系，实现了法律规则范围内最大利益的保护。笔者认为这值得我国法院在毛皮制品标签法在相关制度方面存在的司法实践上的冲突提供借鉴。我国法院在司法实践中，应当综合案情背景，从立法目的、立法意图以及立法背景来确定条文的具体含义，以正确的点来支持自己的主张，从而协调好利益和正义之间的关系，实现有中国特色的社会主义依法治国。作为当事人，我们应坚持合理证据规则，尽可能的收集足够合理的证据来支持自己的诉讼请求。我们应该更注重证据正义，只有在举证期限内提供符合证据法上合理证据标准的证据来支持自己的主张才有可能确实保障自己的合法权益。

2. 合理界定相关术语概念

在曼德尔兄弟公司诉联邦贸易委员会一案中，案件争议的焦点在于如何界定发票的概念，美国第一巡回法院认为，在法律解释中，当其含义是明确而具体的时候绝不能超越其本身含义而运用历史解释主义去解释法律，但是，在本法案中，修饰发票的限制性从句是用来限制前面的先行词的，因此，法院据以裁定本案中上诉人向消费者出具的销售发票不属于法案意义上的发票。在菲尔公司诉联邦贸易委员会一案中，法院在面对担保制度与零售商的义务上的冲突时，追溯法案的立法目的一方面在于从源头上阻止和预防错误标签，另一方面在于从根本上贯彻实施标签法案，由此认定法案并没有赋予零售商承担检查和纠正错误标签的义务。在雅克、苏滋及其合伙公司诉联邦贸易委员会一案中，法院在界定虚假广告的范围时，综合考虑了立法目的和现实实践，否决了被上诉人提到的顾客留心规则，认为即使消费者能够判断出广告的真实意思，但依然适用本法案。

虽然每一个法律概念都有其固定性，但是不能将法律本身的术语概念只是像测量员一样机械地限制在规范的范围内，应考虑法案的合理性，法院在审理案件时，应当仔细斟酌，衡量各种因素，不仅要考虑法律本身的含义，还要考察上下文、立法目的、立法背景等，准确把握立法者的立法意图，从整体上去考察案情，去寻求实质性的证据来支持判决，只有这样才不会违背法律本身制定的宗旨。因此我国法院在适用毛皮制品标签法时，应结合该法的立法宗旨和原则对法律概念进行合理适用。

3. 法院在判决时应更加注重逻辑论证和辩证论证

在美国《毛皮制品标签法案》相关案例中，他们的共同之处在于都运用了严谨的逻辑论证和辩证论证方法对案例争论的焦点予以一一辨析，采用了演绎推理、辩证推理的论证方法，运用立法学和法理学的理论知识，在判例的基础之上，形成了合理、充分的证据体系来支持法院的判决。而我国法院习惯于讲究判决书的简洁，以致常常分析论证不透彻、不充分，生搬硬套地适用法律条款，这就造成判决书理由不够充分，说理性和逻辑性不强，缺乏其应有的公信力。因此，我国法院在适用毛皮制品标签法时，应借鉴美国法院在判决过程中体现出来的论证思维并结合我国国情，加强对案件的推理论证，以有效解决纠纷。

4. 充分发挥司法解释的作用

我国不属于判例法国家，法院不能通过判例来确定毛皮制品标签法，但是，最高人民法院却可以在法律的解释、运用和补充方面发挥重要作用。笔者建议，在毛皮制品标签法没有出台的情况下，最高人民法院可在适当的时候就此问题作出有利于产业发展的司法解释，以此更好地指导我们如何处理关于毛皮制品标签的纠纷。

第四章　欧盟纺织品技术性和绿色贸易壁垒法律问题研究

第一节　欧盟纺织品绿色贸易壁垒相关法律问题

欧盟是中国的主要贸易合作伙伴。欧盟也是对纺织品和服装设立壁垒较多的地区，尤其是在标准、法规和评定程序方面采取了许多限制措施。研究欧盟的纺织品技术性和绿色壁垒法律问题当具有特别的意义。

一、欧盟的纺织品和服装法规概述[①]

（一）欧盟层面

欧盟对中国纺织品出口有影响的法律文件主要有：条例（regulations）、指令（directives）、决议（decisions）、建议和意见（recommendations and opinions）四种形式，其中建议和意见虽不具有约束力，但影响很大，因而也值得研究。

（1）47/1999/EC　关于环境保护法规；

（2）1673/2000/EC　1500t 长纤维（亚麻）和 3500t 短纤维（亚麻）法规；

[①]　本节转引和参考了商务部组织编写的《出口商品技术指南：针织品》，载 http：//policy. mofcom. gov. cn/export/woodenfabric/index. action；《出口商品技术指南：羊绒制品》，载 http：//images. mofcom. gov. cn/sms/table/e06. pdf，访问日期：2015 年 5 月 10 日。

（3）45／2001／EC　个人数据保护法规；

（4）中国与欧盟的纺织品贸易协议（1998）；

（5）中国与欧盟间纺织品贸易协议（1988 年）未包括部分的纺织品贸易协议；

（6）73／44／EC　欧洲成员国在测定纤维成分方面的规则；

（7）85／374／EEC　欧洲共同体国家在产品方面的法规；

（8）96／73／EC　双组分纺织纤维混合质量分析方法；

（9）96／74／EC　修改纺织品名称的指令；

（10）97／37／EC　适应上述纺织品名称的技术指令；

（11）1999／34／EC　消费者保护法规；

（12）76／769／EEC　关于统一各成员国有关限制销售和使用禁止危险材料及制品的法律法规和管理条例的理事会指令；

（13）79／663／EEC　对 76／769／EEC 的补充（d）；

（14）83／806／EEC　对 76／769／EEC 的第二次修订（d）；

（15）82／828／EEC　对 76／769／EEC 的第三次修订（d）；

（16）83／264／EEC　对 76／769／EEC 的第四次修订（d）；

（17）83／478／EEC　对 76／769／EEC 的第五次修订（d）；

（18）83／478／EEC　对 76／769／EEC 的第六次修订（d）；

（19）85／610／EEC　对 76／769／EEC 的第七次修订（d）；

（20）89／667／EEC　对 76／769／EEC 的第八次修订（d）；

（21）91／173／EEC　对 76／769／EEC 的第九次修订（d）；

（22）94／60／EC　对 76／769／EEC 的第十四次修订的勘误表；

（23）1999／43／EC　对 76／769／EEC 的第十七次修订；

（24）Agreement on the European Economic Area—Annex Ⅱ—Technical Regulations，Standards，testing and certiflcation—List Provided for in Article 23（欧洲经济区域协议——附录Ⅱ——技术法规、标准、检测认证——文件 23）；

（25）Agreement on the European Economic Area—Annex Ⅲ—Product Liability—List Provided for in Article 23（c）（欧洲经济区域协议——附录Ⅲ——产品责任——文件 23）；

（26）2000/532/EC　关于限制经过砷防腐处理的木材进入市场的指令；

（27）2001/118/EC　对 2000/532/EC 的修改；

（28）2001/119/EC　对 2000/532/EC 的修改；

（29）2000/573/EC　危险性废料名单 （94/904/EC）；

（30）2001/831/EC　生态纺织品标签 （1999/178/EC）；

（31）2002/18/EC　生态标签 （植物生产）；

（32）2002/374/EC　农药残渣的最大准许量 （吡啶氮类）；

（33）87/142/EEC　纤维混合物定量分析之前去除非纤维物质的方法；

（34）2002/371/EC　欧盟关于 "针织纺织品生态标签申请标准的新法规"；

（35）94/519/EC　纺织品统一进口政策；

（36）2002/61/EC　关于蓝色偶氮燃料的标准，是对 76/769/EEC 的十九次修改；

（37）2003/3/EC　关于蓝色偶氮燃料的标准，是对 76/769/EEC 的十九次修改；

（38）3030/93/EEC　关于欧盟以外国家纺织品进口的共同规定，2002.01.29 生效；

（39）94/74/EC　有关未来纺织品贸易管理法规；

（40）96/74/EC　纺织品名目；

（41）Oeko—Tex Standard 100 生态纺织品标准。

对服饰中的一些饰件和装饰带中镍及其化合物的要求，由欧盟 94/27/EC、EN1811、EN12472 限定。直接或长期与皮肤接触的金属制品，镍释放量低于 0.5μg/cm2·周 （模拟两年的穿戴时间）。①

---

① 《出口商品技术指南·针织品》，载 http：//policy. mofcom. gov. cn/ex-port/woodenfabric/index. action。

(二) 欧盟各成员国与纺织品和服装有关的法律文件[①]

1. 德国

德国是世界上最早颁布纺织服装中有害物质法规的国家之一。[②]

1992 年 4 月 10 日，德国政府颁布了《食品及日用消费品法》（LMBG），共 9 章 61 条，对食品及日用消费品的范围、健康保护、检测方法、监控、进出口及行政处罚等方面进行了原则上的规定。服装、防护剂及其他整理剂都属于该法令中所限制规定的日用商品的范畴。其中在第 5 章第 30 条中明文规定，禁止生产厂家在纺织服装类商品中使用对人体健康有害的物质，生产厂家有责任和义务履行相关法规的条款，并由联邦卫生局行使监督权。根据 LMBG 法，1994 年 7 月 15 日，德国政府颁布了《日用消费品法》（BG-VO）第二次修正案，对纺织服装中限制使用的有害物质及其限量进行了具体的规定。1994 年 12 月 16 日第三修订版，1995 年 7 月 14 日第四修订版，1996 年 7 月 23 日第五修订版。1997 年 12 月 23 日对法规进行了进一步的修订和完善，于 1998 年 1 月 7 日公布了完善后的日用消费品法规。2000 年 3 月 7 日又对法规进行了第六次修订，对含禁用偶氮染料的再生纤维的制品的销售日期从原来的 1999 年 12 月 31 日之前推迟一年，更改为 2000 年 12 月 31 日之前；2000 年 6 月 23 日第七次修订，对日用品中镍的限量进行了规定，并对实施日期进行了调整；2000 年 12 月 21 日第八次修订。根据多次修订，最终形成了针对纺织品等日用消费品的一部较为完整的技术法规。德国政府于 2002 年 6 月 20 日颁布了新的消费品法规，并于当日生效。1996 年 10 月 7 日，德国立法禁止销售含有偶氮染

[①] 参见张琦：《我国纺织品服装海外市场的准入规则分析及对策》，天津工业大学 2007 年硕士学位论文。

[②] 载 http://www.chinaqf.net/? action - model - name - textile - itemid - 194，访问日期：2015 年 5 月 2 日。

料的纺织和服装产品，并且德国已经禁止使用这些染料，法规适用于所有与人体接触的日常用品，德国也是第一个禁止使用有害偶氮染料的欧洲国家。此外，德国还颁布了《服装中残留物及其镶边的标准》①《日用品分析纺织日用品上使用某些偶氮染料的检测》《日用品分析聚酯纤维上使用某些偶氮染料的检测》《日用品测试皮革上禁用偶氮染料的检测》以及《纤维成分标签》（Fiber labeling）、《纤维成分标签使用说明标签》（care labeling）②和《关于在市场上限制使用有机锡及其化合物的规定》（2001/570/EC），等等。③

2. 英国

英国主要有《贸易描述法》。英国对纺织品和服装有易燃标记要求，包括儿童睡衣和所有婴儿服装（尺码在0～3号，或者胸围为21英寸，或者更小）。④

3. 法国

（1）关于纤维成分标签（Fiber labeling）及使用说明标签（care labeling）方面⑤

相关法规规定，针织品和服装的标记必须用法语，书写要求清楚，不含超越产品性能内涵的说明，标记、介绍或广告传单、说明手册使用法语是强制性要求，而且报单和其他产品信息应有相应的法语术语时也禁止用其他语言，用外国词语或缩写必须由法国或国

---

① 参见欧盟 Annex（28 CAS 比 7440 - 0 - 20 EINECSNO 2311114）中有关镍的规定，关于健康与安全标准参见《德国食品及商品法律》（The German Law for Food stuffs and Commodities）中有关纺织品的规定。

② 参见德国法律 TKG，其内容与欧盟 Directive 96/74/EC 指令大致相同。

③ 参见李正红：《欧盟纺织品绿色贸易壁垒法律问题及应对研究》，湖南大学 2007 年硕士学位论文。

④ 《出口商品技术指南·针织品》，载 http：//policy. mofcom. gov. cn/export/woodenfabric/index. action。

⑤ 参见欧盟 96/74/EC 的相关规定。

际法授权。

（2）关于产品中含有禁用偶氮染料、甲醛或五氯苯酚的法规草案

法国于 1997 年 1 月 21 日制定了一部关于纺织产品，皮革和类似产品以及毛皮和类似产品的法令草案，并以官方公报（Official-Gazette of the French Republic，No—tification 97/0141/F）的形式规定在含有纤维的产品、皮革类产品、皮毛类产品以及鞋类产品中甲醛、五氯苯酚、禁用偶氮染料的含量必须低于如下限定值：不和皮肤直接接触的产品或产品的某部分的甲醛含量不得高于 400mg/kg；和皮肤直接接触的产品或产品的某部分的甲醛含量不得高于 200mg/kg；婴儿服的甲醛含量不得超过 20mg/kg；和皮肤直接接触的产品或产品的某部分的五氯苯酚含量不得超过 0.5mg/kg；不和皮肤直接接触的产品或产品的某部分的五氯苯酚含量不得超过 5mg/kg；禁止上述产品中使用可裂解并释放出致癌芳香胺的偶氮染料，限量不得超过 30mg/kg。[①]

4. 奥地利

如果检测出其偶氮染料和偶氮涂料可释放芳香胺超过 30mg/kg 时，奥地利的《偶氮染料条例法令》禁止在奥地利生产、进口、销售这些产品。标记要求最终消费品的纺织品和服装必须以德语标明其纤维成分，这些产品必须采用 ISO 标记，带有洗涤、熨烫或干洗说明；标记必须牢固。[②]

5. 希腊

纺织和服装的标记和标志要符合欧盟要求，并且必须用希腊语；希腊语标记用于清关与销售；纺织品应标记说明生产商名称和注册商标，所用原料性质；羊毛产品必须显示股数、号数、重量、

---

① 参见李正红：《欧盟纺织品绿色贸易壁垒法律问题及应对研究》，湖南大学 2007 年硕士学位论文。
② 孙涛：《关于纺织贸易绿色壁垒的综合应对策略研究》，天津工业大学 2007 年学位论文。

长度、原产国和含量。[①]

6. 荷兰[②]

（1）《关于纺织品中甲醛含量的法案》（Health and Safty Standards Circular NO. 2），该法案于 2001 年 7 月 1 日生效，禁止一些纺织品和服装含有甲醛；法案禁止与人体皮肤接触的含有甲醛的纺织品和服装销售。关于甲醛含量问题，如果按相应洗涤说明洗涤之前，甲醛含量超过 120×10^{-6} 浓度，或未提供第一次穿之前洗涤说明，或一次洗涤后甲醛含量仍大于 120×10^{-6} 浓度，应将此项说明标识在产品上或准备给最终消费者的包装上。[②]

（2）关于纺织品、鞋类禁止使用可还原出致癌芳香胺的偶氮染料和使用这些染料的产品的法案（Health and Safety Standards Circular NO. 4/98）。法案强制禁止含偶氮染料的服装、鞋和床上用品在荷兰销售，如果其产品能产生引起癌症或可能引起癌症的芳香胺，也强制禁止在荷兰销售。[②]

（3）荷兰政府于 1996 年公布了一个法令（Waren – werlregeling Azo – klearstoffen），其基本内容与德国政府所公布的法令相似（但不涉及偶氮颜料）；再一次作了补充和完善。该法令对染色纺织品服装限定的致癌芳香胺的最大限定值为 30mg/kg，对染料原料的最大限定值为 150mg/kg。[②]

（4）荷兰政府 1999 年 7 月根据欧盟指令 98/34/EC 起草的一个法规规定：纺织品服装洗涤后的甲醛含量不得超过 120mg/kg。[②]

（5）荷兰的 PCP 法令（Act on PCP, 18.02.94）和奥地利的 PCP 禁令（BGBL Nr. 58/1991）都将 PCP（五氯苯酚）的限定值统一规定为 5mg/kg。[②]

（6）荷兰的商品法（Commodity Act）中对纺织品中的甲醛也

[①]　王新付、郭会清：《欧盟纺织品和服装标准法规的特点》，载《棉纺织技术》2003 年第 3 期。

[②]　王新付、郭会清：《欧盟纺织品和服装标准法规的特点》，载《棉纺织技术》2003 年第 3 期。

进行了立法规定，法规规定与人体皮肤长期接触的纺织品在洗涤一次后的甲醛含量应低于 120mg/kg。如果洗涤一次后甲醛含量超过 120mg/kg，则应该附有"首次使用前洗涤"的标志，该标志应附在产品上或提供给消费者的商品包装上，未按照本法规规定的使用说明进行标识的商品，将被禁止贸易。法规于 2000 年 7 月 1 日起实施。法规规定的测试方法包括 ISO/ENl4184 和 JL112。

7. 丹麦

纺织品和服装必须标记纤维成分，消费品必须用丹麦语或另一种语言（如挪威语或瑞典语）；禁止使用会误导消费者识别原产地国的图案、介绍或设计标记等。有的商品到丹麦后可由进口商加标记。重量和规格须用公制。标记和商标须正确描述包装内物品的内涵。①

8. 爱尔兰

《爱尔兰商品标记法》规定进口、出口或过境货物的标记不能让人产生爱尔兰制造或原产地的误解。②

9. 意大利

意大利对原产国标记无统一要求，但一些商品必须标记显示其成分和生产商的名称和地址，并且符合各项意大利法律和法规的要求。不符合这些标记要求的商品可能被拒绝进入或被没收。意大利要求所有纺织品用意大利语标记注册商标或生产商、制造商、进口商或零售商名称和纤维名称（按重量百分比顺序大小排列）。③

10. 西班牙

《皇家法令928/1987》（Royal Decree 928/1987）规定，海关和

---

① 张琦：《我国纺织品服装海外市场的准入规则分析及对策》，天津工业大学 2007 年硕士学位论文。

② 张琦：《我国纺织品服装海外市场的准入规则分析及对策》，天津工业大学 2007 年硕士学位论文。

③ 张琦：《我国纺织品服装海外市场的准入规则分析及对策》，天津工业大学 2007 年硕士学位论文。

销售法规要求所有纺织品和服装用西班牙语标记；服装标记必须显示原产国和洗涤说明。关于纺织品的成分、标签和包装的标记要求，见《皇家法令 928/1987》和《政府公报》（1987 年 7 月 17 日），法令要求针织品和服装产品必须清楚地标识生产商，提供进口商的注册税号，清楚说明纺织品原料含量，外语单词或句子必须伴有西班牙语（用同样字体或大小）。生产商可使用注册商标或印花税票证号代替生产商名称和地址。一般对进口商品的包装或标记无公制要求，除非公制是唯一使用时，代理商和消费者不使用另一计量体系。服装标记必须缝制或持久固定在服装上。①

11. 葡萄牙

进口产品必须标识原产国，英语术语 "Made in" 不被接收；直接销售给消费者的进口商品必须用葡萄牙语说明；禁止原产国的错误标记。一般直接销售给消费者的货物必须用葡萄牙语标记；一些使用说明和成分信息，必须显示产品的有效期和进口商地址；纺织品和服装必须显示洗涤说明。②

12. 瑞典

关于原产国标记在瑞典无统一要求，但禁止产品误导原产国，除非能清晰、准确、持久地标记外国产。要求所有进口商品要显示产地名称、特征、公司在瑞典的商标或任何说明，须采用瑞典语描述产品功能。如果到达前未标记，商品必须在到达后 30 天内正确标记；未正确标记的产品可重新出口（货主在海关监督下，货到后 30 天内）；如未正确标记也未重新出口，货物将被没收。③

13. 比利时—卢森堡

比利时对纺织品无特殊安全方面的立法，关键是使用产品的责

----

① 张琦：《我国纺织品服装海外市场的准入规则分析及对策》，天津工业大学 2007 年硕士学位论文。

② 张琦：《我国纺织品服装海外市场的准入规则分析及对策》，天津工业大学 2007 年硕士学位论文。

③ 张琦：《我国纺织品服装海外市场的准入规则分析及对策》，天津工业大学 2007 年硕士学位论文。

任问题，这意味着易燃合成纤维制成的睡衣裤可在比利时市场销售，但如果服装着火，制造商负有责任。因此，制造商要关心产品安全问题。①

14. 芬兰

食品和消费品必须在芬兰海关实验室检测，以保证产品的安全性。海关实验室提供关于纺织品和玩具的检测服务。关于产品安全法规，芬兰标记要求是基于产品的安全法规，按欧盟一般产品安全法规颁布。所有进口至芬兰的产品须显示生产商名称、进口商名称和原产国。单件销售的纺织品，原产地标志必须粘贴或印刷清晰，并单独出现在一个内部标记上。原产地标志必须用瑞典语、芬兰语、英语或国际商务中通用的语言。②另外，建议所有在芬兰销售的进口包装上标有"Tuoti"（进口）字样。包装上数字和商标应与相应的发票相同，除非包装内容可单独区别。零售商品应包含下列信息：商品名称、详细说明包装内产品，如商品名称或为哪家公司生产、公制重量或体积，也适当包括商品含量、保养说明、操作说明和使用相关的可能危险警告或产品控制等信息，强制性的信息必须用芬兰语和瑞典语标识。环保标志虽然是自愿的，但共同体法规820/92（关于共同体 ECO 标志）授权 ECO – Lable 支持对一些产品包括纺织品和服装建立 ECO 标准，以减少对环境的污染，并要求成员国政府指定有能力的组织实施 ECO 标志；纺织品和服装的纤维成分、纤维名称、一些术语（如100%、全、纯等）的要求，也通过法规来规定。②

---

① 王新付等：《欧盟纺织品和服装标准法规的特点》，载《棉纺织技术》2003 年第 31 期。

② 《出口商品技术指南：针织品》，载 http：//policy. mofcom. gov. cn/export/woodenfabric/index. action。

二、欧盟纺织品绿色贸易壁垒的立法理念[①]

欧盟为保持其在日趋复杂的纺织品国际市场上的竞争力，凭借其经济基础和环保技术的垄断优势，制定严格的纺织品绿色法规、绿色标准等，限制外国纺织品进口，以保护本国的纺织品产业和市场。这些依据国际条约和国内法律法规而制定和实施的、以保护人类健康或安全甚至生命、保护生态和环境为名的绿色法规、绿色标准成为国际纺织品贸易的合法壁垒。

可见，欧盟纺织品绿色贸易壁垒是欧盟贸易保护主义政策的一种新工具，它是顺应加强环境保护、实现国际贸易生态化的潮流而产生的。

三、欧盟纺织品绿色贸易壁垒的表现形式[②]

据不完全归纳，欧盟纺织品绿色贸易壁垒主要表现在以下几个方面：

其一，生态纺织品标签。欧盟生态纺织品标签（Eco – Textile）就要求生产者从原料、生产加工过程、产品使用及产品失去使用价值后的回收处理等全过程都要符合一定的生态标准，其中一项不达标，就不能挂牌。由于欧盟生态纺织品标签（Eco – Textile）是以法律形式推出的，在全欧盟范围内的法律地位是不容置疑的，而且其影响力也会进一步扩大。

其二，纺织品绿色技术法规与标准。1995 年 4 月，国际标准化组织开始实施《国际环境监察标准制度》，要求产品达到 ISO 9000 系列标准体系。欧盟也启动一项名为 ISO14000 的环境管理系统，要求进入欧盟国家的产品从生产前到制造、销售、使用以及最

[①] 参见李正红：《欧盟纺织品绿色贸易壁垒法律问题及应对研究》，湖南大学 2007 年硕士学位论文。

[②] 参见李正红：《欧盟纺织品绿色贸易壁垒法律问题及应对研究》，湖南大学 2007 年硕士学位论文。

后的处理阶段都要达到规定的技术标准，一般以消费品为主，不含服务业和已有严格环保标准的药品及食品，优先考虑的就有纺织品在内的 26 类产品。

其三，纺织品绿色环境标志。它是一种在产品或其包装上的图形，表明该产品不但质量符合标准，而且在生产、使用、处理过程中符合环保要求，对生态环境和人类健康均无损害。发展中国家产品为了进入欧盟市场，必须提出申请，经批准才能得到"绿色通行证"，即"绿色环境标志"。

其四，纺织品绿色包装制度。绿色包装指能节约资源，减少废弃物，用后易于回收再用或再生，易于自然分解，不污染环境的包装。

其五，纺织品绿色卫生检疫制度。欧盟对产品的安全卫生指标十分敏感，尤其对农药残留、放射性残留、重金属含量的要求日趋严格。例如，在纺织品的原料采用方面严格地规定农药残留量指标。

第二节　欧盟纺织品绿色技术法规的梳理及解读①

欧盟对华纺织品绿色技术法规主要有：

一、欧盟纺织品有害物质法规②

（一）欧盟关于纺织品中有害物质指令

欧盟理事会在 1976 年 7 月 27 日就颁布了《关于统一各成员国

---

①　本节转引和参考了商务部组织编写的《出口商品技术指南：针织品》，载 http：//policy. mofcom. gov. cn/export/woodenfabric/index. action；《出口商品技术指南：羊绒制品》，载 http：//images. mofcom. gov. cn/sms/table/e06. pdf，访问日期：2015 年 5 月 10 日。

②　参见李正红：《欧盟纺织品绿色贸易壁垒法律问题及应对研究》，湖南大学 2007 年硕士学位论文。

有关限制销售和使用某些有害物质和制品的法律法规和管理条例的理事会指令》（76/769/EEC 号指令，被称为"限制指令"，Limitations Directive）。该指令是一个关于有害物质限制方面的重要指令，几乎涉及所有行业，其中也包括了关于纺织服装的规定。随着对各类有害物质限制的不断增加，该指令的内容也不断变化。截至 2009 年 6 月，该指令已经经历了 33 次修订（amendment），另外还对原指令已限制物质的范畴进行了 18 次补充（adaptation to technical progress）。这样，指令经多次修订与补充形成了一个比较完善的有害物质的法规体系。指令限制的有害物质非常多，大多为无机或有机化学物质。2009 年 6 月 1 日，76/769/EEC 被废除，REACH 法规附件 XVII 中的限制条款开始生效。6 月底，附件 XVII 经历了第一次修订，在原有 52 类限制物质的基础上，再增加了 6 类限制物质。输欧产品若不符合限制条件，将面临被召回或撤出欧盟市场的风险。[1]

1. 指令内容

涉及纺织品服装领域的主要有偶氮染料、镍镉含量、重金属、多氯联苯（PCB）、多溴联苯（PBB）、二氯乙烯、三氯乙烯、四氯乙烯、氯仿和四氯化碳等。也就是说，纺织品服装在欧盟市场上的销售必须符合该指令及其修正案中关于这些有害物质的限量要求。因此 76/769/EEC 同样也是纺织服装有害物质方面的一个非常重要的指令。

76/769/EEC 指令在纺织服装方面的历次修订情况如下：

76/769/EEC：关于在流通及使用中对有毒有害物质及混合物（preparation）的限制，于 1976 年 7 月 27 日通过，1976 年 8 月 3 日实施，成员国于 1978 年 2 月 3 日实施。

79/663/EEC：关于纺织品阻燃剂的限制，三 - （2，3 - 二溴

---

[1] 2009 年 6 月 1 日起，REACH 法规的附录 VXII 取代了 76/769/EEC 的附录 I，但两者内容是一致的。因此，虽然 76/769/EEC 指令已经作废，但是其规定的内容还是有效的，只是转到了 REACH 法规的附录 VXII 中，载 http：//wto. cnnbzj. com/view. asp? id = 9956，访问日期：2011 年 5 月 12 日。

丙基）－磷酸盐—Tris（2，3－dibromopropyl）phosphate（TRIS），于1979年6月24日通过，1979年7月26日实施，成员国于1980年7月26日实施。

82/828/EEC：关于多氮联三苯（PCTS）的限制，于1982年11月22日通过，1982年12月10日实施。

83/264/EEC：关于纺织品阻燃剂的限制，三－（氮杂环丙烯基）－氧化膦多溴联苯（PBB），于1983年5月16日通过，1983年5月19日实施，成员国于1984年11月19日实施。

85/467/EEC：关于多氯联苯/多氯联三苯（PCBs/PCTs）的限制，于1985年10月1日通过，1985年10月4日实施，成员国于1986年6月30日实施。

91/173/EEC：关于五氯苯酚及其盐类、酯类的限制，于1991年3月21日通过，1992年12月31日实施。

91/338/EEC：关于镉及其化合物的限制，于1991年6月18日通过，1991年7月2日实施，成员国于1992年12月31日实施。

94/27/EC：关于镍及其化合物的限制，于1994年6月30日通过，1994年12月30日实施，成员国于1996年6月30日实施。

2002/61/EC：关于偶氮染料的限制，于2002年7月19日通过，2003年9月11日实施，成员国于2003年9月11日实施。

2003/11/EC：关于对纺织品阻燃剂的限制，于2003年2月6日通过，2004年2月15日实施，成员国于2004年8月15日实施。

由于技术进步对76/769/EEC指令的补充：

1999/51/EC：关于锡、五氯酚、镉的限制，于1999年5月26日通过，2000年2月29日成员国转化，于2000年9月1日应用。

2. 对我国的影响

欧盟关于纺织品中有害物质的指令是一把双刃剑。一方面，欧盟有害物质指令的颁布和逐步实施，给中国纺织品出口带来了限制。另一方面，这一指令的实施在一定程度上促使中国制定和实施符合有关要求的纺织品行业和国家相关法规，特别是促进国家尽快出台服装环保的强制性国家标准，客观上有益于国民的健康和安全。目前，中国对纺织品的环保缺少强制性的绿色法规和国家标准，只是中国环境标志认证委员会推出了一个对照欧盟标准制定的生态纺织品认证，全国5万多家服装企业（现在仅有18家）获得中国环境标志。因此，欧盟有害物质指令将提升中国主管部门对服装的环保检测力度，统一纺织服装生态标准，强化企业绿色生产的意识，也使制定纺织品安全通用国家标准成为紧迫的任务。

（二）关于禁用某些偶氮染料的指令

1. 立法背景

使用了某些偶氮染料的纺织品和皮革制品在裂解后可能会释放出有害芳香胺（一类致癌性化学物质），因此，部分欧盟成员国近年来陆续采取或计划采取措施管制含有偶氮染料纺织品及皮革制品的使用。德国在1996年制定的消费品法规中对该类偶氮染料的使用做出了限制，之后荷兰、奥地利、法国等国也采取了相应的措施。面对这一情况，欧盟委员会从前几年开始就一直在酝酿起草限制含有偶氮类染料产品使用和销售的指令。欧盟生态毒性和环境科学委员会作为欧盟危害物质风险分析的权威机构，应欧委会的咨询，通过充分的评估，也证实了含有偶氮类染料的纺织品和皮革制品存在致癌风险的事实。因此为了保护欧盟公民的身体健康，也为了统一欧盟各成员国关于限制偶氮类染料使用的法规，欧委会于1999年提出了《禁止使用偶氮类染料指令》的立法建议。但是由于各成员国在指令的某些细节上分歧较大，该立法建议在欧洲议会以及欧盟理事会中均经历了较长时间的讨论，直到2002年2月欧盟理事会才通过了该指令的"共识文件"，在最终通过该指令的立法程序上迈出了重要的一步。从2月底开始，欧洲议会开始对该指令的共识文件进行第二轮的审议，2002年9月该指令由欧盟理事会和欧洲议会通过。并于2002年9月11日在欧盟官方公报上颁布，指令号为2002/61/EC。该指令是对76/769/EEC的第19次修改。指令规定了在欧盟统一市场内对相关纺织品和皮革制品中禁止某些有害偶氮染料的使用限制。过渡期为一年，于2003年9月11

日正式实施。

2. 法规要求

（1）纺织品和皮革上禁止使用经还原可裂解释放出一种或多种致癌芳香胺的偶氮染料，而用这些纺织品和皮革或其染色部分制作的最终成品可能与人体皮肤或口腔黏膜直接和长期接触。涉及的产品包括：服装、被褥、毛巾、假发、假睫毛、帽子、尿布及其他卫生用品、睡袋；鞋子、手套、表带、手提包、钱包/皮夹、公文包、椅子包覆材料；纺织或皮革玩具和含有纺织或皮革服装的玩具；直接使用的纱线和织物。（2）新增加两种禁用的致癌芳香胺：邻氨基苯甲醚（2－甲氧基苯胺，CAS 号：90－04－0）和对氨基偶氮苯（CAS 号：60－09－3），使禁用致癌芳香胺的总数达到目前的 22 种。（3）欧洲标准化委员会（CEN）将根据需要协调制定测试方法的欧盟标准，并且要根据科学知识的发展和技术水平的提高，对现有的测试方法进行评估，包括对氨基偶氮苯的检测方法。（4）对禁用致癌芳香胺的规定也将随着科学知识的发展而进行评估和调整，包括是否增加本指令未涉及的其他材料、禁用致癌芳香胺数量的增删等，特别要关注对儿童的可能的危害。其中对禁用致癌芳香胺的规定于 2003 年 9 月 11 日已实施。（5）例外情况：对于由再生纤维制造的纺织品，如果芳香胺是由先前已染色的纤维释放的，且芳香胺的浓度低于 70mg/kg，卒指令的实施日期可放宽到 2005 年 1 月 1 日后执行法规实施。①

3. 法规实施

法令自公布之日起生效，2003 年 9 月 11 日起在欧盟所有成员国实施。指令规定在 2002 年 9 月 11 日后，没有相应法规的欧盟成员国必须在 18 个月以内将该指令转化为本国法规，已有相似法规的成员国也将根据该指令相应修改各国相关的法规以符合新指令的要求，从而对偶氮染料的使用进行统一的限制。也就是说，从限制

---

① 王建平：《欧盟生态纺织品"绿色禁令"的新发展》，载《纺织导报》2004 年第 2 期。

偶氮类染料的新法规开始生效后，各国的有关管理机构将对欧盟市场上纺织服装进行抽查，如果发现某种使用了偶氮类染料的纺织品释放出芳香胺超标，该种产品将被禁止在欧盟市场上销售，产品的出口商也将被禁止向欧盟出口该种产品。

4. 法规分析

欧盟指令 2002/61/EC 发布前后，部分欧盟成员对其部分内容存在较大异议，特别是德国。虽然德国政府颁布的法令只涉及 20 种芳香胺，而欧盟指令却涉及 22 种，但欧盟指令所涵盖的产品范围只有纺织品和皮革制品，远小于德国政府规定的涉及面相当广的各类纺织品和日用消费品。欧盟委员会认为，欧盟有关偶氮染料的指令是根据欧盟毒性、生态毒性和环境科学委员会在 1999 年和 2001 年提供的意见而设立的。从目前的情况看，虽然一些用偶氮染料染色的产品可能成为人体接触偶氮染料的来源，但却没有足够的证据支持德国政府扩大禁用范围的要求，而且德国政府亦未提供充分的依据显示除欧盟指令所指出的风险之外还存在哪些其他的风险。面对欧盟委员会的最终决定，德国政府颁布新的法令，宣布从 2004 年 1 月 7 日起执行新的欧盟指令，列入监控范围的产品门类与欧盟指令相同。但德国政府的消费者保护部表示，德国将继续进行更多的研究，收集和补充更多的证据，争取把禁用范围扩大至纺织品和皮革制品以外的其他材料，不过这可能需要 1～2 年的时间。除德国之外，英国、比利时和瑞典也未按时于 2003 年 9 月 11 日起执行新的欧盟指令。不过，这些国家都表示会在近期颁布各自的法令来贯彻欧盟 2002/61/EC 指令。

此外，新的欧盟指令与原先德国的法规要求还存在如下差异：将可能与口腔接触的物品也列入了控制范围；直接被消费者使用的诸如纱线、织物和手袋之类的辅助产品也被列入监控范围；偶氮颜料未被提及。①

----

① 王建平：《欧盟生态纺织品"绿色禁令"的新发展》，载《纺织导报》2004 年第 2 期。

5. 配套标准

为配合上述法令的正式实施，欧盟形成了一个盟内统一的检测方法，据悉欧委会于 2003 年 9 月 9 日发出的委员会通讯第 2003/C214/02 号公布了用于欧盟指令 2002/61/EC 种禁用偶氮染料的检测的标准名称及标准号，欧盟官方公报正式推出 3 项经批准的偶氮染料测试方法欧盟标准，这 3 项欧盟标准为：CEN ISO/TS 17234：2003　皮革—化学测试—染色皮革上某些偶氮染料的测定；EN 14362 - 1：2003　纺织品—源于偶氮染料的某些芳香胺的测定方法—第 1 部分：使用某些不经萃取即易得到的偶氮染料的检测；EN　14362 - 2：2003　纺织品—源于偶氮染料的某些芳香胺的测定方法—第 2 部分：使用某些须经萃取纤维而得到的偶氮染料的检测。

6. 对我国的影响

欧盟《关于禁止使用偶氮染料指令》对中国纺织服装业带来双重影响，一方面，由于我国立法的相对滞后和技术、经济发展水平的限制，我国在生态纺织品偶氮染料立法相对落后，在一个相当长的时期里，忽视了应从源头上抓染化料使用中偶氮染料的控制，到目前为止，我国在与生态纺织品有关的偶氮染料控制方面的立法基本属于空白，而更多的则是通过强制标准的形式加以监管。由于我国在染料生产、加工技术等方面与欧盟国家同行业的差距，继续使用偶氮染料加工制作，难免会被限制进口，丢失市场份额，而如果广泛使用进口染料，又会增加成本，降低我国产品的出口竞争能力，所以从总体情况来看，对出口的不利影响非常明显。欧盟凭借其经济技术的垄断优势，通过立法手段制定出严格的禁用某些偶氮染料的法规，限制我国纺织品的进口，由于这些法规都是根据欧盟生产和技术水平制定的，对我国来说是很难达到的，势必导致我国产品被排斥在欧盟市场之外。但另一方面，欧盟国家强行禁止在纺织服装的印染过程中使用偶氮染料，可以迫使我国加快与生态纺织品有关的偶氮染料的立法速度、加快科研开发，推动企业的技术进步，强化企业的环保意识，对促进纺织业的可持续发展、提升出口的后劲，具有积极影响。

（三）禁用蓝色染料的法规

1. 立法理念

欧盟委员会根据 67/548/EEC 指令人体健康和环境危害的评估原则，已完成了"蓝色染料"对人体健康和环境危害的评估。评估结果确定蓝色染料对水生物具有较高的毒性，且不容易降解，可通过废水污染环境。因此欧盟委员会认为用于纺织品和皮革制品的蓝色染料应加入 76/769/EEC 的附录中，禁止销售和使用，为此，欧盟于 2003 年 1 月 6 日通过并颁布了 2003/03/EC 指令，禁止在纺织皮革制品中使用一类名为 bluecolourant（蓝色染料）的偶氮染料，这是欧盟根据技术进展对指令 76/769/EEC 做出的第 12 次技术补充。

2. 法规要求

指令规定下列染料不能投入市场销售或在用于纺织品和皮革制品的印染加工中其重量百分比不能超过 0.1%。

2003/03/EC 指令禁用蓝色染料

CAS NO.	EC NO.	英文名称
Component1： CAS - NO.：118685 - 339 C39H23ClCrN2O12S.2Na Component2： C46H30CrN10O20S2.3Na	405 - 665 - 4	Amixture of：disodium6 - （4 - anisidino） - 3 - suifonato - 2 - （3，5 - dinitro - 2 - oxidopheny lazo） - 2naphtholatoChromate（1 - ）；trisodium bis［6 - （4 - anisidino） - 3 - sulfonato - 2 - （3，5 - dinitro - 2 - oxidopheny lazo） - 1 - naphtholato］chromate（1）

3. 法规实施

指令要求成员国最迟在 2003 年 12 月 31 日前必须发布满足本指令的法律、法规和行政条文，并将情况通知欧盟委员会。从 2004 年 6 月 30 日起实施这些法规。

4. 对我国的影响

我国无论是从法律的层面上，还是从技术的层面上，或是基于技术经济的发展程度和从可执行的程度上看，在蓝色染料的法规方面都与欧盟存在很大差距，这值得引起我们重视。

（四）关于全面禁用部分含溴阻燃剂的相关法规

1. 立法背景

欧盟鉴于对用在纺织品中的某些阻燃剂的毒性评估，认为在纺织品中使用的某些阻燃剂对人体的健康存在危害，曾多次对 76/769/EEC 进行修订，对这些被评估为有害的阻燃整理剂的使用进行限定，至今共有 5 种阻燃剂受到限制。

2. 法规要求

1979 年 7 月 24 日颁布的 79/663/EEC，是对 76/769/EEC 进行的第一次修正，该指令禁止使用三—（2，3—二溴丙基）磷酸盐作为纺织品的阻燃剂；1983 年 3 月 16 日颁布的 83/264/EEC，是对 76/769/EEC 进行的第 4 次修订，该指令禁止使用阻燃产品三—（氮杂环丙烯基）—氧化膦和多溴二苯；欧盟官方公报 2003 年 2 月 15 日公布欧洲议会和欧盟委员会指令 2003/11/EC，宣布全面禁用五溴二苯醚和八溴二苯醚两种阻燃剂。这两种阻燃剂常用于玩具家具布和各种床上及室内装饰织物。该指令规定，禁止使用和销售五溴二苯醚或八溴二苯醚含量超过 0.1% 的物质或制剂。同时，任何产品中若含有含量超过 0.1% 的上述两种物质也不得使用或在市场上销售。该指令表示，对另一种含溴阻燃剂——十溴联苯醚的风险评估正在进行之中，一旦评估完成，亦将给出明确结论，或禁用或不采取措施。该指令将限量定为 0.1% 并不意味着只要含量低于此限仍可使用这两种物质。

3. 法规实施

（1）79/663/EEC 和 83/264/EEC 指令，规定成员国须在通告期 18 个月内制定并实施符合本指令的法规，并将情况通知欧盟委员会；（2）2003/11/EC 指令，规定成员国须在 2004 年 2 月 15 日前制定并公布符合本指令的法规，并将情况通知欧盟委员会。于 2004 年 8 月 15 日起执行这些相关措施。

4. 对我国的影响

欧盟的这些关于全面禁用部分含溴阻燃剂的相关法规都直接或间接的对我国纺织品的出口设置了障碍。到目前为止，我国在与生态纺织品有关的含溴阻燃剂控制方面的立法基本属于空白，也缺乏配套的标准，公众的环境意识和绿色消费意识相对薄弱，社会诚信体系的建设还刚刚起步，加上技术、经济发展水平的相对落后，生态纺织品的理念尚未在公众层面上得到有效的确立，这在一定程度上会对中国的市场占有率带来负面的影响。

（五）关于五氯苯酚的指令

1. 立法背景

欧盟鉴于五氯苯酚 Pentachlorophenol（PCP）（CASNo 87—86—5）及其化合物对人体以及环境特别是对水土环境的危害，并考虑到一些成员国对五氯苯酚或包含这种物质的配制品已经采取的市场限制，因此对指令 76/769；EEC 附件 1 进行了第 9 次修正，于 1991 年 3 月 21 日，颁布了 91/173/EEC 指令，开始对五氯苯酚及其合成物 66 使用进行了限制，1999 年 5 月 26 日，颁布了指令 1999/51/EC，对指令进行了进一步的修订。

2. 法规要求

（1）指令规定在市场上销售的物质或配制品中，含五氯苯酚以及其盐和酯类化化合物的浓度达到或超过 0.1%，不能使用；（2）法规例外对用于下列情况中的 PCP 含量限制，法国、爱尔兰、葡萄牙、西班牙和英国这 5 个国家在 2008 年 12 月 31 日前可不实施本指令的限量规定：纤维和耐磨纺织品的处理：用 PCP 处理过的纤维和耐磨纺织品不能用于服装和装饰用纺织品。法规规定，在上述任一例外情况下，都必须满足以下要求：无论五氯苯酚是单独使用还是作为其配制品的组成成分，其六氯二苯并对二噁烷都不能超过 2 mg/kg（指令 91/173/EEC 规定为 4mg/kg）。

3. 法规实施

指令 1999/51/EC：指令要求各成员国应在 2000 年 2 月 29 日

前制定符合本法规要求的相关法规，并于 2000 年 9 月 1 日起实施这些法规。奥地利、芬兰和瑞典可从 1999 年 1 月 1 日起实施本法规。

4. 配套标准

标准名称为皮革检验、五氯苯酚含量的测定，标准号 DIN 53313 - 1996。

5. 对我国的影响

我国没有制定像欧盟这样的关于五氯苯酚的指令，而更多的是通过由中国国家质检总局颁布实施的中国纺织品强制性国家标准 GB 18401 - 2003（国家纺织产品基本安全技术规范）的强制标准的形式加以监管，我国强制标准的执行机制也并不完善，加上技术、经济发展水平的相对落后，在一定程度上相当于给我国设置了绿色贸易壁垒，阻碍了纺织品的出口。

（六）关于有机锡（TBT）化合物的指令（76/769/EEC 欧盟有害物质指令第 9 次技术修订 2002/62/EC）

1. 立法理念

一些有机锡（Organostannic Compounds）的化合物，尤其是其中的三丁基锡 Tributyltin（TBT）化合物，用于防污处理时仍然会对水生环境和人体健康造成危害包括可能造成人体的内分泌紊乱；为适应科学技术的进步，欧盟于 1999 年 5 月 26 日，对指令 76/769/EE 附件 1 进行第 5 次修正颁布了指令 1999/51/EC，禁止有机锡在防污方面的使用。之后，欧盟按照指令的要求对有机锡的危害性进行阶段性的评估，于 2002 年 7 月 9 日对指令进行了修订，颁布了有机锡指令 2002/62/EC。

2. 法规要求

指令规定有机锡混合物用作游离缔合的颜料（freeassociation-paint）中的生物杀灭剂的物质和配制品的成分时，不能在市场上销售。

3. 法规实施

各成员国须在 2002 年 10 月 30 日前采取和公布符合该指令的法规，并将相关内容立刻通知委员会。从 2003 年 1 月 1 日开始应用这些法规。

4. 配套标准

标准名称为水、废水、泥浆中可测物质的测试第 13 部分：有机锡（TBT）化合物气相色谱测试法。

5. 对我国的影响

欧盟以保护环境和人体安全健康之名，对纺织品中的有机锡（TBT）化合物制定较高的限制指标，从而限制了不达标商品的进口，我国对有机锡（TBT）化合物几乎没有统一的标准和检测方法，在这方面的立法也处于空白，特别是对原料的生产过程、纺织品的生产工艺、环境与人体健康的关系缺乏研究。欧盟的这些关于有机锡（TBT）化合物的指令，对于我国来说是很难达到的，势必导致我国纺织品因达不到要求而被排斥在欧盟市场之外。

（七）关于重金属的指令

1. 关于镍释放的法规

（1）立法理念：经研究表明，某些含镍（CASNo 7440 - 0 - 20）的物品与人体长时间直接接触后可能引起人的皮肤过敏，并可能导致过敏反应。欧盟一些成员国已经或计划在国内采取一系列消除镍过敏的控制措施，欧盟为了消除由此而产生的贸易壁垒，决定在欧盟市场采取统一的措施对镍的使用进行限制，于 1994 年对指令 76/769/EEC 进行的第 12 次修正，颁布了欧盟指令 94/27/EC。

（2）法规要求：在某几种长期与皮肤直接接触的产品中，当镍的释放量大于 0.5ug/cmweek 时，不允许使用；如果能保证在至少 2 年的常规使用环境下，镍的释放量不超过 0.5ug/cmweek，且上述产品中有一层保护涂层时，则可允许使用；不符合上述规定的指定产品不允许投入市场销售。

（3）法规实施：本法规在欧盟官方公报上的公报日期为 1994 年 6 月 30 日。

在欧洲标准委员会（CEN）制定的证明产品符合本指令要求的测试方法发布后 6 个月内（以在欧共体官方公报上颁布为准），或在本指令采纳 6 个月后（如果成员国采纳本指令的日期比 CEN 标准公布的日期晚），法规要求成员国必须制定与本指令相一致相关的法规、规章和管理规定；在上述任意一个时间段截止期 6 个月后，生产商和进口商不允许供应与本指令不符的产品；在上述任意一个时间段截止期 18 个月后，不允许销售或提供与本指令不符的产品给消费者，除非他们是在截止期前进入市场的。

（4）配套标准：EN 1811：1998：直接和长期与皮肤接触的产品镍释放量的参考测试方法；EN 12472：1998：测定涂层覆盖材料镍释放量的穿着和腐蚀模拟方法；EN 1811：1999：直接和长期与皮肤接触的日用品镍释放量的参考测试方法。

2. 关于镉释放的法规

（1）立法背景：欧盟经研究表明，镉（Cadmium CAS No. 7440 -43 -9）会对环境造成一定的污染。因此出于对消费者健康的保护，1991 年，欧共体发布了关于镉的限制令 91/338/EEC 指令，这是对 76/769/EEC 的第 10 次技术补充。指令还规定应该实施一项全面的措施，限制镉的使用，展开替代品的研究。

（2）法规要求：当产品中镉（以金属镉表示）的含量超过 0.01%，便不允许投放市场，但因安全需要而染色的产品例外；不论最终用途如何，产品中镉（以金属镉表示）的含量超过 0.01%，便不能投放市场销售，但由于安全原因采用镉稳定产品除外。

（3）法规实施：法规要求成员国应该在 1992 年 12 月 31 日之前制定并实施符合本指令的法律、法规及行政规定，并将情况通知委员会。

（4）配套标准：在欧洲标准 EN71 "玩具安全" 的第三部分。对下列玩具材料的元素转移进行了规定，其中包括用于玩具产品的纺织物，包括天然纤维和合成纤维。EN71 标准于 1995 年 6 月通过发表相同内容的文本或背书而具备国家标准的相同效力，同时与上述标准有悖的所有国家标准最迟于 1995 年 6 月废除。

3. 对我国的影响

欧盟关于重金属含量的法律规定，是近年来我国纺织品出口欧盟过程中遇到的新问题。这些以环境为由的绿色贸易壁垒，使我国对其纺织品出口受到了限制，客观上欧盟这样做保护了本国纺织品服装市场，使我国纺织品出口受到严重损失，削弱了我国纺织品竞争实力，使我国纺织品很难在该地区纺织品市场上立足。从而形成了在关税限制和配额限制放开之后的新贸易壁垒——"绿色贸易壁垒"。中国对纺织品出口所面临的形势，必然对我国外贸产生波及面广、冲击力大、十分深刻的影响。面对欧盟关于重金属的法规，为确保我国纺织品贸易的发展，促进我国外贸的可持续发展，我国应加速调整自身的纺织品绿色技术法规。

（八）关于多氯联苯（PCBs/PCTs）的法规

1. 立法背景：欧盟已证实多氯联二苯（PCBs）和多氯联三苯（PCTs）会对健康和环境造成严重威胁，特别是在燃烧时会释放出剧毒物质；在 1976 年 7 月 27 日欧洲理事会颁布的指令 76/769/EEC 中，就限制了多氯联苯的使用。在此基础上，1983 年颁布的指令 83/478/EEC 对此作出了修订，1985 年 10 月 1 日，欧盟对 76/769/EEC 进行的第 6 次修正颁布的 85/467/EC 指令，对 76/769/EEC 指令原先规定的制剂中多氯联二苯（PCBs）和多氯联三苯（PCTs）的限量 0.1% 的规定作了进一步的要求。

2. 法规要求：（1）以下物质不能使用：多氯联二苯（PCB），但一氯和二氯苯除外；多氯联三苯（PCT）；含 PCB 或 PCT 的重量含量超过 0.1% 的制剂。（2）与危险物质及其配制品的标识有关的指令中规定一样，成员国需要有能储存多氯联二苯（PCBs）和多氯化联三苯（PCTs）的设备和厂房，同时还必须有关于多氯联二苯（PCBs）和多氯联三苯（PCTs）的处理及这些设备和厂房的维护和使用的相关说明；如果储存多氯联二苯（PCBs）和多氯联三苯（PCTs）的设备以一般方式放置，则必须有关于背景情况的说明并且能清楚地阅读到。

3. 法规实施：指令要求成员国应该在不迟于 1986 年 7 月 31 日前采取必要的措施，并将执行情况立刻通知委员会。

4. 对我国的影响：欧盟利用其发达的技术水平制定关于多氯联苯（PCBs/PCTs）的严格的法规，在一定程度上构成了绿色贸易壁垒。从法律的角度来说，绿色壁垒是一个中性词，并不等于不合法。欧盟设置的绿色壁垒对我国出口影响很大，我国出口企业遭遇欧盟绿色壁垒而遭受巨大损失或开拓欧盟市场举步维艰。当然，欧盟在国际贸易中大量设置绿色贸易壁垒的做法，客观上对我国国内的生产制造与社会经济的可持续发展也起着参考借鉴和推动作用。我们不能以自己低标准来对欧盟的高标准怨天尤人，因为这样做根本无济于事。我国现行的国家标准与欧盟先进标准相比有很大的差距，严重影响了我国纺织品在欧盟市场上的占有率，我国纺织标准的换代升级已势在必行。

（九）REACH 法规

2006 年 12 月 18 日，在比利时首都布鲁塞尔，欧洲议会议长博雷利和代表欧盟理事会的芬兰总理万哈宁签署了长达 1000 多页的《化学品注册、评估、许可和限制法（1907/2006）》（以下简称 REACH 法规），替代了欧盟现有 40 多个法规法令，旨在改变在化学品管理问题上原来政府管理模式面窄量少的状况，转而通过由整个工业界承担的方式对欧盟市场上生产、销售与使用的化学品实行集中、统一的管理，以确保其始终处于可控制的状态。2007 年 6 月 1 日，REACH 法规正式生效。①其主要内容是通过建立一个全面的化学品生产、进口监管系统，对欧盟境内生产、使用中和在市场

---

① 《欧盟 REACH 法规对国内纺织品服装出口行业的影响及应对措施》，载 http：//wujiaying. blog. eastday. com/fengxian15/art/318815. html，访问日期：2011 年 5 月 12 日。

上销售的化学品进行监控管理，目的在于保护人类健康和自然环境不受到化学品的负面影响。它的实际的影响范围包括了化工产品和含有化学物质的下游产品。① REACH 法规实际上也是一种新的"绿色壁垒"形式。

1. 欧盟 REACH 法规出台的背景②

早在 20 世纪 70 年代及 80 年代初，世界发达国家与地区开始关注化学品生产与使用对人类健康安全及环境保护、生态平衡等方面产生负面影响的问题。经过调查，发现在日常生活中有毒有害化学物质几乎无处不在，如纺织品服装就含有芳香胺偶氮染料、超量甲醛、农药残留、增塑剂、重金属离子、含铬染料等有害物质。于是，不少发达国家和地区充分重视化学品有毒有害物质的危害问题，纷纷制定相应法规加以制约与控制。如美国于 1976 年通过了《有毒物质控制法令》，并于 1979 年首先要求相关行业递交有关新化学物质的毒性和生态毒理试验结果；欧盟成员国于 1982 年制定了工业用途的有害物质列表，并于 1994 年颁布了对存在高内在风险物质（杀虫剂）的注册方案，此后还颁布了植保产品指令 91/414/EEC 和生物杀灭剂产品指令 98/8/EC。所以，此次 REACH 法规出台绝不是一种随意、仓促的行为，而是长期以来欧洲地区对化学品有害性问题研究及控制的一种延伸与完善。

2. REACH 法规的主要内容和实施进度要求③

（1）控制对象

REACH 法规所要控制的对象是在欧洲生产、销售与使用的化学品。法规将其分为三个层次，即物质、配制品和商品。其中，物

---

① 王东兴：《YL 公司应对出口贸易中绿色壁垒研究》，西北大学 2008 年学位论文。又见王岩：《欧盟化学品新法规对我国产品出口的影响及对策研究》，河北师范大学 2008 年学位论文。

② 冯宪：《纺织服装行业应对欧盟 REACH 法规之策》，载《浙江纺织服装职业技术学院学报》2008 年第 3 期。

③ 冯宪：《纺织服装行业应对欧盟 REACH 法规之策》，载《浙江纺织服装职业技术学院学报》2008 年第 3 期。

质是 REACH 法规注册、评估、许可和限制的主要控制对象，数量限定级别为年产量达到 1 吨及 1 吨以上。对于纺织品服装行业而言，依据 REACH 法规给出的定义，属于物质性质的只有非混纺的纤维原料和未经改变原始形态和特性的填充材料如棉花、羽绒羽毛等，属于配制品性质的有染料、助剂、粘合剂、纱线、面料、衬辅料、配件等，而所有成品如床单、枕套、桌布、浴巾及各类服装均属于商品的范畴。

（2）控制方式

REACH 法规对化学品所采取的控制方式可分为：注册（包括登记、通报和信息传递）、数据共享、评估、许可和限制等方面。

（3）实施进程

REACH 法规自 2007 年 6 月 1 日正式生效后，整个实施进程将历时 11 年，其间分三个阶段进行。年产量为 1000 吨以上的化学品物质或符合欧盟 67/548/EEC 指令第一、二类的化学品物质（CMR），将在法规生效后 3 年内（至 2010 年 5 月底）完成注册；年产量介于 100～1000 吨的，将在 6 年内（至 2013 年 5 月底）完成注册；年产量介于 1～100 吨的，将在 11 年内（至 2018 年 5 月底）完成注册；对以研发为目的化学品物质可延缓 5 年注册。

2007 年 6 月 1 日至 2008 年 4 月 30 日是该法规实施的准备期。另外，在 2008 年 5 月 1 日至 11 月 1 日，有一个预注册期。2008 年 12 月 1 日是开始用附录（名册）方式评估注册化学品内含有毒、有害物质的时间起点，到 2010 年 1 月 1 日，则是相关技术标准及法规规定的受控对象不能进入欧洲市场的最后截止期。

自 2008 年 6 月 1 日起，欧洲化学品管理局将正式运行，承担 REACH 法规在欧盟运行的技术和管理工作。同时，1981 年以前投入欧洲市场的现有物质可以开始自愿注册（预注册），自该日起就可以提交注册文档。但 1981 年以后投入欧洲市场的化学品新物质，上市流通前必须进行强制性注册。2008 年 12 月 1 日，所有 1981 年以后投入欧洲市场的化学品新物质若未能如期注册、评估和得到许可、授权，将不能在欧盟市场上销售与使用。自 2011 年 6 月 1 日起，开始对输欧商品（物品）中含有高关注度危害性物质进行审核与通报。

3. REACH 法规对纺织品服装出口的影响①

REACH 法规是我国对欧贸易入世以来面临最大的贸易壁垒。昂贵的注册费用、严格的注册程序、复杂的评估手段以及对相关产品的入关限制，都会给输欧产品增添不少新麻烦。

纺织品服装并未被列入主要控制对象。绝大部分输欧服装甚至不需要履行注册手续。但是，在纺织用品与服装行业，由于在材料选用和制造过程中有与染料、助剂、整理定型剂、相关辅料附件等有较大的关联度，原辅材料在生产过程中，某些化学源头性物质和中间物质的使用会对环境和操作人员造成不良影响，所以，在应对 REACH 法规的问题上不能掉以轻心。特别是一些含有有意释放物质（如各类水洗、砂洗或磨毛类产品）以及出现高关注度危害性物质的纺织品服装，就必须重视 REACH 法规，需要弄清楚是否应当及时办理相关注册手续，谨慎应对。

REACH 法规在 2009 年 1 月公布一份有关高关注度的，必须严格控制的危害性物质列表（SVHC）。在这份列表中包括 200 多种纺织助剂、100 多种纺织染料，是纺织品服装面辅材料生产时须谨慎使用或尽量避免使用的对象。目前已知被列入其中的有：欧盟 76/769/EEC 系列法规所指定的对象（包括禁用致癌芳香胺偶氮染料）；超量甲醛；五氯苯酚；DEHP（邻苯二甲酸酯增塑剂）；Aps/APEOs；多溴联苯和多溴联苯脂（阻燃剂）；致癌、致突变遗传毒性和生殖毒性物质——CMR 及耐久性、生物积蓄性有毒有害物质——PBT；vPvB；干扰内分泌的激素物质、农药（包括有毒灭虫和除草剂）等。与此同时，REACH 法规还给出了一个判定标准：列表所列出的所有高关注度危害性物质，其含量不得超过其所在物品重量的 0.1%。也就是说，输欧纺织品服装仍必须保证安全、健

---

① 冯宪：《纺织服装行业应对欧盟 REACH 法规之策》，载《浙江纺织服装职业技术学院学报》2008 年第 3 期。

康和环保，相关纺织品服装生产企业对此应当加以重视。

4. 纺织品服装出口行业的应对之策[①]

应对的重点策略可从以下几个方面考虑：

（1）提高国内纺织品服装行业对 REACH 法规内容及其影响的认知和了解程度。通过专题培训活动，让更多的企业认识和熟悉欧盟 REACH 法规。同时高度关注 REACH 法规正式实施后的新动向，研究并制定具体应对措施。

（2）纺织品服装出口企业要增强"溯源意识"。虽然纺织品服装成品未被 REACH 法规列为直接注册对象，但随着 REACH 法规的实施，纺织品服装生产所关联的化学品物质仍然是被重点控制的对象。所以，输欧纺织品服装生产企业应该增强"溯源意识"，特别是针对一些日常使用的原辅材料，要严格"源头把关"措施。不要让未经 REACH 法规注册、评估和未获得贸易（进口）许可的含有有毒、有害化学品物质或配制品的原辅材料进厂生产，并掌握如何适应 REACH 法规不同的注册要求。

（3）尽快完善国内纺织品服装的安全、环保方面的标准监控体系。虽然我国已初步建立了基础性的安全性能控制体系。但面临欧盟 REACH 法规制定和生效所带来的新情况，还需要转变和更新观念，通过加大研究力度，制定出更加全面维护人类安全健康和保护环境及生态平衡的专业控制标准并加强监控，使相关产品更清洁化，更加绿色化。

（十）欧盟 PFOS 禁令[②]

2006 年 10 月 24 日，欧盟议会通过决议，颁布欧盟《关于限制 PFOS 销售及使用的指令》（2006/122/EC 号指令）。该指令规

---

① 冯宪：《纺织服装行业应对欧盟 REACH 法规之策》，载《浙江纺织服装职业技术学院学报》2008 年第 3 期。

② 载 http：//texquo. ec. com. cn/channel/print. shtml？/export/200612/89048_ 1，访问日期：2011 年 5 月 12 日。

定：2008 年 6 月 27 日起欧盟市场上制成品中 PFOS（全氟锌烷磺酰基化合物的简称）的含量不能超过质量的 0.005%，若等于或超过 0.005% 的将不得销售；等于或超过 0.1% 的半成品及零件也将被列入禁售范围。

欧盟认为，PFOS 是目前最难降解的有机污染物之一，不仅造成人体呼吸系统问题，还可能导致新生婴儿死亡。该指令的实施，受影响最大的是纺织服装、皮革制品、地毯和家具等行业。因为 PFOS 同时具备疏油、疏水等特性，广泛应用于纺织品的后整理环节。

PFOS 禁令将成为横亘在我国外贸出口企业面前的又一道技术壁垒，对于频遭壁垒的纺织企业来说，又是一场行业灾难。因此，应对欧盟的 PFOS 禁令，只有政府、行业和企业联动，才能未雨绸缪。

政府部门、行业协会应通过多种途径向纺织出口企业普及欧盟 PFOS 禁令知识。同时，政府有关部门和行业协会应尽快组织多方力量，认真研究 PFOS 禁令，提出有效对策，组织力量研究替代品，制定相关的生产技术标准。[1]

检验检疫部门应充分发挥信息优势和技术优势，利用检验检疫系统内强大的技术检测资源，深入研究 PFOS 检测技术和检测标准，为企业提供 PFOS 项目检测技术服务和信息咨询，帮助企业规避风险。[1]

企业应及时研究 PFOS 指令，结合自身产品缺陷进行"查漏补缺"；同时，在生产过程中，既要注重材料的选择，保证产品质量，更要增强环保和健康意识，适应市场的变化。同时要注意收集相关信息，根据最新信息调整生产模式。[1]

---

[1]　张卉：《欧盟绿色指令及其应对策略》，青岛大学 2008 年学位论文。

二、欧盟纺织服装纤维成分标签相关法规[①]

为保护消费者不受虚假标识的欺骗，欧盟于 1996 年制定了严格的关于纺织品名称的法规 96/74/EC，规定了各个纺织纤维的标准名称以及在服装中的标识方法等。

随着科学技术的不断进步，欧盟又与时俱进先后发布了 97/37/EC、2004/34/EC、2006/3/EC 和 2007/3/EC，对 96/74/EC 的附录 I 和 II 进行修改。2009 年 1 月，鉴于 96/74/EC 指令已进行多次修订，欧盟对其进行了改写，发布了 2008/121/EC，废弃 96/74/EC。2008/121/EC 指令的附录 VII 列出了这两个指令的条文对比。对纺织服装纤维成分的检测则采用 96/73/EC（以及因技术进步而作的补充 2006/2/EC 和 2007/4/EC）和 73/44/EEC。

（一）法规适用范围

（1）纺织产品：任何专门由纺织纤维构成的原料、半处理品、已处理品、半成品、成品、半制品或者制品，无论采用何种混纺方式或制作方式的纺织品。（2）纺织纤维。（3）其他产品，如纺织纤维的重量百分比达到 80% 及以上的产品。

（二）法规要求

（1）纤维名称的规范：可详见指令 2008/121/EC 的附录 I。
（2）纤维误差规定：仅含单一纤维的纺织品才能用"100%"、"纯"（pure）或"全"（all）的字样来描述；当纺织品由于技术的原因需要加入一定量的其他纤维时，添加的其他纤维的允许量为：一般纺织品（2%）、粗疏纺织品（5%）。
（3）关于羊毛产品的名称：当羊毛产品中的纤维在此之前没有被加入其他产品中，且除了在产品加工过程之外没有经过任何纺制

---

① 参见李正红：《湖南大学欧盟纺织品绿色贸易壁垒法律问题及应对研究》，湖南大学 2007 年硕士学位论文。

或毡化工艺，在处理和使用过程中没有被损坏时，该羊毛产品才可以描述为"fleece wool""virgin wool"或其他语言中相同的表达，表达方式详见指令附录Ⅱ。对于混纺产品，当其中的羊毛满足本条要求，羊毛的含量不少于25%，且羊毛仅与其中一种纤维进行混纺时，才可以用上述名称。

（4）对混纺产品的规定：混纺产品中一种纤维的含量达85%以上时，应在其名称后面写明其重量百分率，或者标上"最少85%"，或者标明产品各成分的重量百分率。

混纺中没有一种纤维的含量达到85%时，应至少标明其中两种主要纤维的名称和重量百分率，之后按重量顺序写上其他纤维的名称。但是当各种纤维均小于10%时，就用"其他纤维"统一标明，或者给出每种纤维成分的百分率。

混纺产品的误差：纺织产品中可以允许2%的外来纤维，但必须证明该外来纤维是由于技术的原因造成的，如果经过一道粗疏工艺，则可以放宽到5%；标识含量和实际检测的结果可以允许有3%的加工误差。

（5）产品信息：指令中所涉及的纺织产品投放市场时，需要加贴标签或标注，标明纺织纤维的名称、描述和细节等内容，并使用欧盟成员国的本地语言。

（6）特殊产品的标识：对于含有两种或以上不同纤维成分的产品，应给出每一部分纺织品的纤维含量。但对于含量低于30%的纤维，该要求不是强制性的（主要的衬里除外）。对两种或多种有相同纤维含量的纺织品组成的单元组，只需要贴一个标签。

（7）其他可不标识成分的特殊规定

对于产品中可见且独立的、仅起装饰作用的部分，当纤维含量不超过7%时，则不需要标识；对于加有抗静电纤维（例如金属纤维）的产品，如果含量不超过2%，则同样不需要标识；纺织制品中的非纺织部分，包括不构成产品的完整部分的镶边、标记、边饰以及装饰带，表面带有纺织原料的纽扣和带扣、附属物、装饰品、没有弹性的丝带、有弹性的线和带子等，都不需要进行标识。①

三、欧盟纺织品燃烧性能法规

欧盟层面没有统一的纺织品燃烧性能法规。由各国自由立法规定。"延迟燃烧"是欧盟国家对睡衣提出的要求，产品出口时必须贴有"延迟燃烧"或"远离火源"等字样的标签。

以英国为例，英国对晚装的阻燃安全性要求比较严格，于1985年颁布了《晚装（安全性）条例》，取代了以前的《女睡衣（安全）规定》，又于1987年颁布了《晚装（安全性）（修订本）条例》，该条例适用于所有穿作晚装的衣服。条例要求儿童晚装（3个月至13岁之间儿童的衣服）的燃烧性能必须要满足英国标准BS 5722中的要求，并且按照BS 5438的规定进行测试。婴儿衣服（3个月以下）和成人晚装上必须有永久性的标签说明其是否满足燃烧标准。如果晚装用阻燃剂整理过，那么它必须带有合适的警告标签，说明其洗涤性或适用的洗涤剂。测试燃烧性前必须按照BS 5651中的清洗程序进行洗涤。这项规定是在1978年消费者安全法令总则下制定的，如果提供违反此安全性法规的货物，将被认为是违法的。②

第三节　欧盟纺织品绿色标准与
合格评定程序（认证）③

欧盟发布的指令是对成员国有约束力的法律，欧盟各国须制定

---

① 载 http：//www. huanqiuw. com/read – 3719. html，访问日期：2011 年 5 月 12 日。

② 《国内外纺织品服装燃烧性能技术法规与标准》，载 http：//www. e - dyer. com/tech/9486＿4. html，访问日期：2011 年 5 月 12 日。

③ 本节转引和参考了商务部组织编写的《出口商品技术指南：针织品》，载 http：//policy. mofcom. gov. cn/export/woodenfabric/index. action；《出口商品技术指南：羊绒制品》，载 http：//images. mofcom. gov. cn/sms/table/e06. pdf，访问日期：2015 年 5 月 10 日。

相应的实施法规。指令只规定基本要求，具体内容由技术标准规定。这些技术标准被称为"协调标准"，协调标准由欧洲标准化委员全制定。各成员的国家标准必须与协调标准一致，或修订或废止。

合格评定程序是指任何直接或间接用以确定是否满足技术规定或技术标准中有关要求和程序。它包括抽样、检验和检查；评估、验证和合格保证；注册和批准以及各项组合。合格评定程序一般由认证、认可和相互承认组成，影响较大的是第三方认证。

欧盟纺织品绿色标准与认证分为两个层面，一是欧洲标准，即包括欧洲标准化委员会在内的欧洲区域标准化组织制定、发布的标准；二是各国标准，包括各成员的国定标准以及各国行业协会、专业团体制定的标准。

一、欧洲层面：以欧盟的纺织品生态标准 Eco – Label 为例[①]

（一）立法背景及过程

20 世纪八九十年代，在欧洲，通行的纺织品生态标准、标志达十余个之多，推出这些标准、标志的主体除了政府机构之外，更多的则来自一些民间团体，如国际性的学术团体、消费者组织、环境保护机构、生产商、采购或零售商组织等。故此，它们的科学性、权威性、影响力以及被接受的程度等都会受到一定的局限。另外，由于这些标准和标志的种类繁多，给消费者的选择带来了混乱。为了改变这种状况，欧盟委员会做出立法的决定。[②]

Eco – Label（生态标签）是由欧盟执法委员会根据 880/92 法令建立的。1993 年颁布了首批关于洗衣机和洗碗机的标准，1994

---

① 参见李正红：《湖南大学欧盟纺织品绿色贸易壁垒法律问题及应对研究》，湖南大学 2007 年硕士学位论文。

② 赵京霞：《欧盟新贸易保护措施对我纺织品服装出口的影响与对策》，载《纺织导报》2004 年第 2 期。

年制定了纺织品生态标准，并于 1996 年通过了床单和 T 恤标准。申请该标签纯属自愿行为。

最早的纺织产品标准 Eco – Label 是根据 1999 年 2 月 17 日欧盟委员会 1999/178/EC 法令而建立的。2000 年 7 月 17 日欧盟决定修改 1999/178/EC，也就是修改生态纺织品 Eco – Label 的老标准。2002 年 5 月 15 日做出了决定（（2002/371/EC），公布了欧共体判定纺织品生态标志的新标准。老标准的有效期至 2003 年 5 月 31 日止，新标准自 2002 年 6 月 1 日生效，新老标准有 12 个月的过渡期，到 2007 年 5 月 31 日止，它分为 3 个主要类目，即纺织纤维标准、纺织加工和化学品标准、使用标准的适用性。新标准明确规定禁用和限制使用的纺织化学品，即纺织染料和纺织助剂，其禁止使用与限制使用的面比过去的标准宽，要求也比 Oeko – Tex Standard 100 更严。[1]

（二）立法目的

欧盟的立法初衷是倡导全生态概念，希望从纺织产品中筛选出对生态环境保护有益的产品，予以肯定和鼓励，从而逐渐推动欧盟纺织品生产厂家进一步提高生态保护意识，使产品从设计、生产、销售、使用，直至最后处理的整个生命周期内都不会对生态环境带来危害。如要求纺织产品从纤维种植或生产、纺纱织造、前处理、印染、后整理、成衣制作、穿着使用乃至废弃处理的整个生命过程中不能对环境、生态和人类健康造成危害。纺织品生态标签同时提示消费者，该产品符合欧盟规定的纺织品生态标准，是欧盟认可的并鼓励消费者购买的绿色纺织品产品。[2]

---

① 《欧洲生态纺织品法规及技术标准发展动态》，载 http：//club. china. alibaba. com/forum/thread/view/239_ 23008505_ html？tracelog = chinagas_ help，访问日期：2011 年 5 月 12 日。

② 张琦：《我国纺织品服装海外市场的准入规则分析及对策》，天津工业大学 2007 年硕士学位论文。

（三）主要内容

Eco - Label 标准降低了水污染，限制了危害性物质，覆盖了产品全部生产链。Eco - Label 规范明确指出："规范的实施旨在减少整个纺织生产链（包括纤维生产、纺纱、织造、印染前处理、印染、后整理、成衣制作）中关键加工工序对水环境的污染。"除考虑限制产品及其生产中危害性物质之外，重点考虑的是降低环境负荷，尤其是限制水污染。

1. 甲醛量

Eco - Label 标准规定：对直接与皮肤接触的产品，最终织物上的游离和部分水解的甲醛量不得超过 30×10^{-6}，其他均为 300×10^{-6}。

2. 重金属量

Eco - Label 标准没有限定最终产品上的可萃取重金属量，只是限定所使用的染料或颜料中作为杂质存在的重金属量。Eco - Label 禁止使用媒染染料，鉴于排放的铬，特别是六价铬离子对人体和水生物的危害很大，而且不容易生物降解，因此，明确禁用。

3. 农药和杀虫剂

Eco - Label 将杀虫剂细分为棉用和毛用一类，每种棉用杀虫剂用量不超过 0.05ug/g，毛用杀虫剂不超过 0.5 ug/g 和 1.0 ug/g。由于有机棉或转基因棉不是生态棉，不施用杀虫剂，不考核杀虫剂用量。Eco - Label 规定的棉用杀虫剂和毛用杀虫剂分别有 20 种和 21 种。

4. 杀虫或生物抑制产品

有些纺织产品在加工、运输和储存过程中为避免虫害和霉变，或者为赋予其在使用中具有某些抗微生物的性能，会施加一些杀虫剂或抗微生物制剂，而这些化学品会对人体和环境产生不利的影响。因此，Eco - Label 规定，在产品上和在成品或半成品的运输或储存过程中不得使用含氯酚（包括其盐或酯）、多氯联苯和有机锡化合物。还规定在弹性纤维和由聚氨酯的涂层织物不能使用有机锡化合物。

5. 有害染料

在法定检测条件下裂解并释放出致癌芳香胺的禁用染料，Eco – Label 标准中被列入的致癌芳香胺共 22 种，检测方法为 §35L MB-GB82.02 – 1998（纺织日用品）。Eco – Label 有 9 种不得使用的致癌染料。关于潜在的致敏性分散染料，Eco – Label 为 17 种。

6. 危险品物质

对于卫生、阻燃整理中不允许含有超过 0.1% 的危险品物质（即欧盟 67/548/EC 指令及其修订版）。

7. 色牢度

Eco – Label 将色牢度与织物尺寸稳定性列入适用性标准内，考虑纺织品的服用价值。耐洗色牢度的变色和沾色均至少 3～4 级；耐汗液（酸性、碱性）为 3～4 级，干摩擦牢度为 4 级，Eco – Label 考核湿摩擦牢度和耐晒牢度，耐湿摩擦牢度至少 2～3 级，但对用靛蓝染牛仔布允许为 2 级，同样对干摩擦牢度也可降低 0.5 级。耐光牢度有几个档次，对用于家具、门窗和窗帘的织物，至少 5 级，其他所有产品至少为 4 级；若是浅色（标准深度 ≤1/12），且由超过 20% 羊毛、丝、亚麻等纤维材料制成的织物，允许为 4 级。

8. 可挥发物的挥发量和气味

Eco – Label 标准对化纤和印花工艺中的可挥发物的挥发限定值有具体指标，但 Eco – Label 不测织物的气味。

9. Eco – Label 重视纺织加工中化学品的废水排放

10. 关于申请程序的规定

如果生产商希望获得欧盟生态标签，必须向欧盟各成员国指定管理机构提出申请，完成规定的测试程序并提交规定的测试数据，证明产品达到了生态标签的授予标准。欧盟对于每一种产品都规定了相应的生态性能标准。这些标准主要是关于自然资源与能源节约情况、废气（液、固体）排放情况及废物和噪声排放情况。申请的具体步骤如下：

（1）向欧盟成员国生态标签管理机构递交申请；

（2）管理机构审核申请材料；

（3）签订使用合同并获得生态标签的使用权；

（4）生态标签的申请费用；

（5）生态标签的使用费；

（6）生态标签的使用及监督。

（四）对我国的影响

从 Eco – Label 标准，可以发现欧盟针对生态纺织品的技术要求是迄今为止最严格的纺织品生态标准。同时，由于该标准是以法律形式推出的，在全欧盟具有法律地位，而且其影响力还将进一步扩大。在颁布的欧盟纺织品 Eco – Label 标准中，有许多条款的审核是以申请人的自我声明或自己提供相关证明文件为基础的。例如：纤维中是否应用过禁用的助剂，染料，或者是否在限用量范围以内等。这就要求申请人严格遵循诚信的原则，告诫我们所习惯的不讲信誉，甚至欺诈蒙骗、假冒伪劣等行为必须改正，才能进入欧洲市场。[①]

具体而言，欧盟绿色技术标准对我国既有积极影响也有消极影响。

积极影响：欧盟制定的绿色技术标准越来越多，要求越来越苛刻，更新越来越快。我国对绿色标准的研究和应用还处在被动应付的水平，政府有关部门尚未建立起统一协调的工作机制，不能适应欧盟的要求，这就迫使我国加快建立我国绿色贸易措施法律体系。其次，欧盟绿色技术标准通常是以先进的环保技术为基础，因而科技促进了我国提高技术水平和产品质量，加快纺织品的生产发展，对全社会的可持续发展具有积极意义。

消极影响：欧盟制定的纺织品绿色技术标准如 Eco – Label，在保护环境的同时，又成为变相的贸易保护主义措施，给中国等发展

[①]　陈荣圻：《欧洲生态纺织品法规及技术标准发展动态》，载《印染助剂》2004 年第 4 期。

中国家的出口纺织品进入欧盟市场设置了重重障碍。欧盟认为，为实现全球可持续发展，各国不仅有责任保证主权管辖或控制下的活动不至于损害本国环境，而且有责任保护不致损害他国的环境和或属于国家管辖以外地区的环境，进而任何国家有权采取相应些措施，控制、禁止污染环境或不符合环境标准的纺织品进入欧盟市场，从而减少或消除破坏环境的纺织品的生产和销售。欧盟根据其生产和技术水平，通过国际组织，制定严格的纺织品绿色技术标准，以限制国外商品进入本国市场。欧盟成员国要达到这些标准并无困难，但对我国来说则具有很大困难，可能导致我国纺织品被排斥在欧盟市场之外。

二、欧洲各国层面[①]

欧盟有些成员国不使用欧盟统一规定的生态标签，而是使用其本国的生态标签，如德国使用"蓝天使"标志，北欧诸国使用"天鹅"标志。2000 年，欧盟在生态标签补充条例中规定，各成员国可以制定本国生态标签制度，但产品的选择标准、生态准则应与欧盟生态标签制度保持一致。欧盟的生态标签在这些国家内同样适用，但像德国等国家为了标榜自己在生态方面的先锋地位，其"蓝天使"标签所涵盖的产品种类要远远多于欧盟生态标签所涵盖的产品。从某一个角度说，德国已经成为欧盟生态标准制定的先锋和试点。一种产品的生态标准一旦在德国制定并执行，今后极有可能被欧盟采纳并推广。[②]

欧盟国家关于生态纺织品服装的绿色标签主要有：

一是 Milieukeur 标志。Milieukeur 标志是 1992 年由荷兰的环境评论基金会创立的自愿环境标志计划。该组织是一个独立机构，由

---

① 参见李正红：《欧盟纺织品绿色贸易壁垒法律问题及应对研究》，湖南大学 2007 年硕士学位论文。

② 朱其太等：《关注欧盟生态标签新规则力促我国食品出口》，载《家禽科学》2011 年第 5 期。

政府、消费者、环境组织、制造商和零售商等各方代表组成。对纺织品的生态要求主要强调生产过程。

二是 White Swan 标志。White Swan（白天鹅）标志是由北欧的丹麦、芬兰、冰岛、挪威、瑞典于 1989 年实施的统一北欧标志。

三是 Toxproof Seal。Toxproof Seal 是 TUVRheinland（莱茵河）建立的，是针对最终产品而设计的生态纺织品标志，其规定的有害物质限量值比 Oeko – Tex Standard 100 更严格。把纺织品细分为内衣、外衣、婴儿服装三大类。

四是 Eco – Tex。Eco – Tex 为 Scotdie 纺织染料有限公司的生态纺织品标签。

五是 Gut。Gut 为环保安全地毯组织的标签。

六是 Clean Fashion。由世界上最大的 10 家纺织品销售商制定的最终产品的生态标志。

七是 Comitextil。Comitextil 是 EEC（欧洲经济共同体）纺织工业委员会建立的一种针对最终产品的标志。该标志与 Clean Fashion 相似，是一个公司的规范，适用于公司范围内的某些产品。供货商必须满足标准，并要求在交货协议上标明标准极限量。它是内部标志，主要用于鉴别产品是否满足生态要求。

以上这些欧洲主要生态纺织品环境标志的认证机构除了 Eco – Label 是欧盟官方的，其余的都是民间组织。所以除 Eco – Label 外，其他环境标志都不是走向国际市场的通行证，其影响力有限。[1]

第四节　欧盟相关经典案例的法理分析

欧盟市场是我国重要的纺织品服装出口市场，入世后国内纺织品服装业面临欧盟的技术性与绿色贸易壁垒的挑战，我们只有对相关案例进行深入研究，加强对欧盟纺织品技术法规和标准的研究，

---

[1]　陈荣圻：《欧洲生态纺织品法规及技术标准发展动态》，载《印染助剂》2004 年第 4 期。

提高对纺织品"绿色贸易壁垒"的认识，加快与国际贸易接轨的步伐，才能规避"绿色贸易壁垒"，在激烈的国际竞争中，再创纺织行业的辉煌。

一、欧盟禁止在纺织品使用偶氮染料案分析[①]

（一）案情介绍

1994 年 7 月 15 日，德国联邦政府颁布了《食品及日用消费品法》第二修正案，明确规定禁止生产和进口使用偶氮染料的纺织品及其他日用消费品。接着，日本、法国、捷克、奥地利、荷兰等国也要求进口的纺织品和服装不使用偶氮染料，迫使中国的纺织品市场大大缩小。上海某服装集团对德国出口的单装内衣，因含偶氮染料而被迫终止出口，减少外销额 500 万美元。

1999 年，欧洲委员会为了保护欧盟公民的身体健康，同时也为了统一欧盟各成员国关于限制偶氮类染料使用的法规，提出了《关于禁止使用偶氮类染料指令》的立法建议。此后，由于各成员国在指令某些细节问题上分歧大，该立法建议在欧洲议会以及欧盟理事会中均经历了较长时间的讨论。2002 年 2 月，欧盟理事会终于通过了该指令的"共识文件"，在最终通过该指令的立法程序上迈出了重要的一步。从 2002 年 2 月底开始，欧洲议会开始对该指令的共识文件进行第二轮审议，最终该指令将由欧盟理事会和欧洲议会共同通过。2002 年 9 月 11 日，欧盟在其《官方公报》上正式公布了这一指令。该指令主要禁止纺织品，服装和皮革制品生产使用偶氮染料，禁止使用偶氮染料且直接接触人体的纺织品，服装和皮革制品在欧盟市场销售，禁止这类商品从第三国进口。[②]

---

① 参见李正红：《欧盟纺织品绿色贸易壁垒法律问题及应对研究》，湖南大学 2007 年硕士学位论文。

② 转引自《我国服装因德国及欧盟禁止在纺织品使用偶氮染料被终止出口案》，载 http://www.wtosz.org/exportalert/webpages/SingleCase.aspx？ID = 1213，访问日期：2011 年 5 月 12 日。

中国是世界上最大的纺织品贸易大国，2001 年纺织品出口金额高达 541.8 亿元，占中国同期外贸出口总额 2661.6 亿元的 20.4%，其中，欧盟所占比例为 10% 左右，约为 54 亿元。但是，中国印染业整体水平普遍比较低，据技术监督检验检疫机构对出口纺织品服装中的内衣，婴幼儿类的抽查结果表明，有 10% ~ 15% 的服装含有偶氮染料。在某种程度上，染料的质量已经成为制约我国纺织进出口的一个重要因素。《关于禁止使用偶氮类染料指令》的颁布对我国纺织品出口产生重大影响。①

（二）法理分析

1. 绿色技术措施与 WTO

绿色技术措施即发达国家通过国际组织或国内立法手段制定的以环境保护为目的的技术标准，采用某一环境技术标准的国家有权对未达到该标准的产品禁止或限制进口。发达国家要达到这些标准，在技术上并不存在困难，但对于发展中国家的大多数企业来说，则具有很大困难。这样势必导致发展中国家产品被排斥在发达国家市场之外，形成新的贸易壁垒。

GATT 第 20 条"一般例外"条款（b）项、（g）项对背离 WTO 基本原则的与环境保护有关的例外情况作了规定。除此之外，WTO 对环境技术标准的规定更集中地体现在《技术性贸易壁垒协议》中。《技术性贸易壁垒协议》在序言中规定："认识到不应妨碍任何国家采取必要措施保证其出口产品的质量，或保护人、动物及植物的生命与健康和环境，或防治欺骗行为等，只要这些措施不致成为情况相同的国家之间进行任意或无理的歧视或变相限制国际贸易的手段。"《技术性贸易壁垒协议》第 2 条第 2 款规定：参加国应保证技术法规的制定、通过、执行目的和效果不应给国际贸易制造不必要的障碍。为此，技术规章对贸易的限制不应超过为实现

---

①　国家质检总局网 http://www.aqsiq.gov.cn/，访问日期：2011 年 5 月 12 日。

以正当目标所必需的程度，并考虑不实现这些正当目标所带来的风险。此类合法的目的特别是包括国家安全需要、防治欺骗行为、保护人身健康或安全、动物或植物的生命、健康或保护环境。该协议第 5 条第 4 款规定：在需要明确保证产品符合技术法规或标准，及已由国际标准化组织公布的有关指令或建议或其指定工作即将完成时，缔约方应保证中央政府机构采用它们或它们的有关部门作为评审程序的基础。除非提出申请并及时解释这些指令或建议或有关部分不适和有关缔约方，如特别是国防要求之类的原因、避免欺骗行为、保障人类健康或安全、动物或植物的生命或健康、环境、基本气候或其他地理因素、基本技术或基础问题。《技术性贸易壁垒协议》是对东京回合谈判时制定的《贸易技术性贸易壁垒守则》修正和深化。该协议涉及一切产品的技术管理条例、测试、认证以及技术标准、包装、标签等，承认各缔约方为了保护人们、动植物的生命、健康和环境，有权采取适当的措施，但以保护所需的程度为限，不应成为多边贸易的障碍，这与 WTO 其他协议的基本精神是一致的。该协议鼓励各缔约方采用国际标准，但不要求因而改变其保护水平。此外，协议规定了通报制度、建立咨询点制度，各成员国就各自的技术法规、标准和合格评定程序的拟定、采纳事先通报，大大提高了有关标准及认证程序的透明度。①

2. 对欧盟《关于禁止使用偶氮染料指令》和德国《食品及日用消费品法》的应对

欧盟《关于禁止使用偶氮染料指令》和德国联邦政府颁布的《食品及日用消费品法》对中国纺织服装业带来了双重影响，一方面，由于中国在染料生产、加工技术等方面与欧盟国家同行业的差距，继续使用偶氮染料加工制作，难免会被限制进口，丢失市场份额，而如果广泛使用进口染料，又会增加成本，降低中国产品的出口竞争能力，所以从总体情况来看，对出口的不利影响非常明显。

---

① See Richard H. Steinberg, The Greening of Trade Law. Roman and Little-field Publishes Inc, 2001, p. 217.

但另一方面，欧盟国家强行禁止在纺织服装的印染过程中使用偶氮染料，可以迫使中国企业加快科研开发，推动企业的技术进步，强化企业的环保意识，对促进纺织业的可持续发展、提升出口的后劲，具有积极作用。

本案中，欧盟及部分发达国家禁止纺织物中使用偶氮染料的做法是一种典型的以绿色技术法规和标准构筑的绿色贸易壁垒，为此，我国采取了相应的应对措施。2001 年 8 月 8 日，国家环保总局和国家经济贸易委员会联合发布了《印染行业废水污染防治技术政策》，该文件第 1 条第 4 款规定：鼓励印染企业采用清洁生产工艺和技术……积极推行 ISO14000 环境管理系列标准，采用现代管理方法，提高环境管理水平。第 2 条第 4 款 "禁用染化料的替代技术" 规定：逐步淘汰和禁用织物染色后在还原剂作用下，产生 22 类对人体有害芳香胺的 118 种偶氮型染料。① 鉴于我国的经济水平和染料工业生产技术水平，在国内还没有提出对偶氮染料全面禁用和含量限制的技术要求，但是我国环境标志产品中的生态纺织品已提出上述要求，而且，这也是我国生产的各类印染产品发展的方向。因此，该技术政策将淘汰部分有害的偶氮染料作为鼓励方向加以提出，这对我国纺织业防治类似的绿色贸易壁垒有积极作用。

通过此案例分析，我国应研究欧盟纺织品绿色贸易壁垒，吸收其经验，认真分析我国存在之不足而提出我国应对欧盟纺织品绿色贸易壁垒的法律对策，以改变我国的不利地位。我们认为，我国政府应设立专门机构；应加强与国际组织和其他国家认证机构的合作；针对我国的标准制定周期太长，标准水平偏低，采用国际标准的比例低，有关部门要积极参与国际标准化制定、推动工作，为企业提供最新国际技术信息、认证动态以及全面的认证服务。

---

① 国家质检总局网 http://www.aqsiq.gov.cn/，访问日期：2011 年 5 月 12 日。

二、浙江应对纺织品服装技术性贸易壁垒案分析①

(一) 案情简述

"入世"后，作为纺织大县的绍兴出现了空前的出口好势头，但不少绍兴纺织品在欧洲国家屡屡受挫，多数问题出在染料上。要解决这个问题，光印染企业、服装厂急还不行，而是要从为印染提供染料的化工行业抓起。中国化工网总裁孙德良说，虽然国内有数百家生产染料的企业，但环保型的活性染料市场有 6 成以上被德国巴斯夫等国外大公司所控制，其价格相当于国内企业的 2 倍。由于国内同类染料的性能不够稳定，纺织品出口企业还是忍痛花高价买进口染料。而一用进口染料，我国纺织品的原有价格优势就岌岌可危。绍兴县委宣传部长章长胜认为，虽然我们通过千辛万苦的谈判加入了世贸组织，纺织品的配额问题开始得到解决，但如果在绿色贸易壁垒上不突破的话，我们仍然继续会受制于人，与巨大的商机擦肩而过。②

1998 年，绍兴钱清镇的永通染织集团有一批价值 100 万元的纺织品出口到欧洲。在检测中发现布料里有一种化学成分对人体有害，要求退货。退货中转的各种费用差不多超过布料本身的价格了。企业上下都感到不可思议：布料是好的，颜色也是对路的，怎么会在染料上出问题？经过调查，永通人发现，绿色环保、对人体无害是一种世界潮流。如果这一关过不了，最后肯定会被世界市场尤其是欧美高档市场淘汰。要抢占国际市场的制高点，必须强化产品的"绿色"意识。因而，永通集团积极寻求破解绿色贸易壁垒之法。当初，国内化工行业还没有环保染料，永通就用国外的，尽

---

① 陈芳萍：《欧美中国生态纺织品技术法规与标准比较研究》，湖南大学 2008 年学位论文。

② 载 http：//www. eco. sdu. edu. cn/gjmyx/ReadNews. asp? NewsID = 1568，访问日期：2011 年 5 月 12 日。

管在大力开源节流之后，成本还是高了 30%，出口几乎无利可图，但是永通人下定决心，要在世界市场上打响这张"绿色"牌。集团不仅将染料全部改为环保型产品，还投资 200 多万元在企业内部建立了检测中心。破解了绿色贸易壁垒后的永通集团打开了欧洲市场，并牢牢占据了世界市场中的份额。很快在全国印染行业中创下了产量、销售、出口三项全国冠军，外贸出口超过 1 亿美元，产品行销 75 个国家，其中，欧美国家占了 40%。让业内人士连连称奇。如今，随着国内环保染料价格的总体走低，永通集团的效益显著提高。总经理李传海深有感触地说："绿色贸易壁垒不可怕，关键是要图'破壁'。"[1]

（二）法理分析

在这些案例中，我们认识到，一个企业产品的质量不仅仅取决于该企业自身的生产技术水平，还取决于与其相关的其他企业的技术水平。如本案中，要提高服装业的产品质量则必须要同时提高纺织、印染和为印染提供染料的化工行业的质量。所以，破壁仅靠一两个企业的力量是不够的，它需要各相关企业的配合、共同发展，而这种配合需要政府、行业组织的引导、协调。在当今的国际贸易战中，发达国家的行业协会、企业已经处于新的利益共同体中，建立政府领导下的行业协会、企业为主体的多层次产业预警机制，是 WTO 自由贸易目标及其规则的客观要求。目前，我国尚未建立起这一机制，尤其是行业协会没有发挥其应有的作用，难以赋予本国企业相对的团体竞争优势，缺乏与国外贸易伙伴的民间性沟通与对话，这不利于我国企业参与国际竞争并加大了贸易摩擦的可能。在上面永通集团的例子中，我们看到，该集团为了提高产品质量在企业内部建立了检测中心。作为一个企业，永通集团是有前瞻意识的。但我们从一个社会、一个国家的角度来看，如果每个企业都自

---

[1]　载 http：//www. eco. sdu. edu. cn/gjmyx/ReadNews. asp？ NewsID = 1568，访问日期：2011 年 5 月 12 日。

已建立一个检测中心，这是极其不经济的。这也从一个侧面反映出，我国检测技术的滞后性以及加快改革的迫切性。对于中国大多数的纺织企业来讲，其环保意识还停留在污染的末端治理上，有些企业甚至对末端治理也不重视。而现在，在一些发达国家，治理已经从末端治理、生产过程污染预防这两个阶段，进入从产品设计到废弃回收利用再生的第三阶段。如果在绿色贸易壁垒面前，停步不前或者等待观望，结局也许只能是死路一条。① 绍兴永通丝织集团"吃亏"之后醒悟过来，走上了成功的道路。政府、行业协会要加大宣传的力度，使企业建立清洁生产的观念，将环保贯彻到生产的每一个环节，并鼓励企业申请 ISO14001 认证，从而取得进入国际市场的"绿色通行证"。

第五节 跨越欧盟纺织品绿色贸易壁垒的法律对策

一、对欧盟纺织品绿色贸易壁垒的法律评析

欧盟纺织品绿色技术法规注重把技术问题和消费者健康和利益的保护联系在一起，比如指令 2002/61/EC 对纺织服装的偶氮染料使用作出了规定，不得使用能分解出致癌芳香胺的染料。通常情况下指令只规定基本要求，具体要求由技术标准规定。欧盟尽量采用国际标准作为欧洲标准以及加速制定保障人体健康、人身安全、环境和消费者利益的欧洲标准等，在欧盟各成员国制定有关法令条例时，要优先引用这些标准，并要求欧盟各国制定的国家标准和技术法规要有高度的透明度，以便相互了解、及时协调、检查、修改。目前欧盟已形成了双层结构的绿色贸易措施管理体系，其上层是具有法律效力的欧盟指令，下层是绿色标准。

---

① 载 http：//www. eco. sdu. edu. cn/gjmyx/Read News. asp？ NewsID = 1568，访问日期：2011 年 5 月 12 日。

此外，欧盟成员国同时还制定各国自己的绿色技术法规，按照其与欧盟指令的关系分为两大类。第一类是各国自己制定的绿色技术法规，这种绿色法规的数量还相当可观。第二类是由欧盟指令转化而来的绿色技术法规。欧盟指令的效力是以成员国的执行为条件，在欧盟指令公布后，成员国必须在指令规定的期限内以指令规定的内容为基础，将指令转化为国内法律。另外，它是以欧盟指令为共同基础，在各成员国具有统一的协调一致性，并且对进入欧盟市场的产品具有直接的约束力。

欧盟各国由于经济发展水平和环保水平的差异，所制定的法规及要求参差不齐，极易在不同贸易国之间形成绿色壁垒。特别会给中国等发展中国家纺织品出口带来限制。因为，中国纺织产业的国内发展环境远没有达到欧盟国家的水平，难以达标。但是，这一标准的实施在一定程度上将促使中国制定和实施符合有关要求的纺织品行业和国家相关标准，特别是促进国家尽快出台服装环保的强制性国家标准，客观上有益于国民的健康和安全。欧盟纺织品生态标准的出台，会使制定纺织品的国家标准成为更加紧迫的任务。①

二、关于跨越欧盟纺织品绿色贸易壁垒的法律思考②

（一）追踪与研究规则

我们应认真研究欧盟绿色贸易壁垒的具体内容，对欧盟纺织品绿色技术法规从立法背景、立法理念、法规内容、配套标准及对我国的影响等方面进行全面分析，对欧盟纺织品绿色标准、纺织品合格评定程序等方面进行系统梳理与深入解读，并结合我国纺织产业、企业的具体情况，寻找跨越壁垒之策。同时要认识到，欧盟纺

① 参见李正红：《欧盟纺织品绿色贸易壁垒法律问题及应对研究》，湖南大学 2007 年硕士学位论文。

② 参见李正红：《欧盟纺织品绿色贸易壁垒法律问题及应对研究》，湖南大学 2007 年硕士学位论文。

织品绿色贸易壁垒是符合 WTO 规则的，我们只能以积极的态度应对，未雨绸缪，主动思考对策，任何消极、彷徨、不作为的态度都是不可取的。

（二）构建中国纺织品绿色贸易壁垒的路径

第一，加强绿色立法。目前，我国在与生态纺织品有关的偶氮染料、阻燃剂、多氯联苯、有机锡化合物、重金属等有害物质控制方面的立法基本属于空白，应制定纺织品中偶氮染料、阻燃剂等有害物质的控制的技术法规与标准。此外，还应积极签订双边或多边贸易协定，以充实我国的纺织品绿色法律体系。

第二，在立法技术方面要移植和借鉴欧盟等发达国家的先进经验、方法。首先，借鉴欧盟发达国家的经验，明确纺织品绿色技术法规的形式、制定和批准的权限。其次，在立法中，将涉及安全健康、生命和环境等保护消费者利益的重要问题，作为纺织品绿色技术法规建设的重点。再次，在纺织品绿色技术法规中引入有关配套标准，使其具有强制性的法律地位。最后，强化执行纺织品绿色技术法规的力度。

第三，参照 Eco – Label 标准，结合我国国情，制定系列的生态纺织品强制性标准，对涉及纺织品上的有毒有害物质实施限制。Eco – Label 标准是欧盟针对生态纺织品的技术要求，是迄今为止最严格的纺织品生态标准，该标准是以法律形式推出的，使欧盟各国必须执行而且形成本国的法令，在全欧盟具有法律地位，而且其影响力还将进一步扩大，因此，必须重视，及时制定自己的生态标准体系。

第四，广签纺织品国际多边互认协议，完善纺织品质量认证制度，加强对纺织品认证机构的管理。

第五，加强政府、行业协会与企业之间的协调与合作，共同应对出现的问题。首先，应充分通过政府间的磋商与谈判机制，加强与贸易伙伴的沟通与理解，申明贸易限制对双方贸易带来的不利影响；其次，产业部门应通过行业协会对涉及的企业进行协调与组织，及时组织企业应诉，并规范出口秩序；最后，作为企业，除了积极与行业协会联系，参加应诉之外，还应通过与进口商的联络，争取国外企业的支持。[①]

[①]　赵京霞：《欧盟新贸易保护措施对我纺织品服装出口的影响与对策》，载《纺织导报》2004 年第 2 期。

第五章　日本纺织品技术性和绿色
贸易壁垒法律问题研究

据中国纺织品进出口商会统计数据显示，纺织行业出口市场首位是美国，其次为日本。日本纺织品与服装市场潜力很大，且没有配额限制。在日本纺织品与服装进口市场上，中国产品占70%左右，并具有较强的价格竞争力。中国已成为日本成衣和各类纺织品进口的主要来源地。[①] 日本技术性贸易壁垒（TBT）的实施阻碍了我国出口贸易的扩大。因而，加强对日本TBT的研究具有重要的现实意义。

第一节　日本纺织品技术性和绿色
贸易壁垒法律问题概述

一、日本技术性和绿色贸易壁垒现状

日本作为WTO的重要成员，必须遵守WTO的规则，遵循《贸易技术壁垒（TBT）协定》。

日本技术性贸易壁垒体系的特点是门槛多而且高。日本在发展国际贸易的过程中，制定了许多具有强烈贸易保护色彩的技术保护措施，形成了以技术法规和标准、产品质量认证制度与合格评定程序、商品检疫和检验规定、绿色技术性贸易壁垒为主要内容的技术

---

① 《中国纺织品进出口商会》，载 http://info.texnet.com.cn，访问日期：2015年5月1日。

性贸易壁垒体系。

(一) 技术法规和标准

日本的技术法规名目繁多，涉及纺织业等各个行业，而且在每个行业中，又有数项法规从不同方面同时规范。其基本要求是：不论出自何地的产品，均要在满足一定的品质、规格和安全性能的要求之后，才能进行生产、销售或使用。①

日本的技术标准数量也很多，而且很多技术标准不同于国际通行的标准。在规格方面，除了强制性规格标准外，还有一种任意型规格，即在日本消费者心目中自然形成的产品成分、规格、形状等，如 JIS 标志（工业品）、JAC 标志（农产品）、农林标准（JAS）、G 标志（产品设计认证）、SG 标志（日用消费品安全认证），等等。由于这些标准在日本消费者心目中有明显地位，如果外国商品不能满足这些标准的要求，将很难得到日本消费者的信赖，难以打开日本市场。②

在日本纺织品领域中，涉及技术性贸易壁垒的技术法规和技术标准主要是：JIS L 法规（日本工业标准）。如 JIS L 法规规定了纺织品品质检测的各种标准及方法，有详细的安全性和机能性标准。JIS L0217 条例中关于纤维制品的处理说明表示记号以及其他表示方法当中，关于洗标图标、警告用语、规格尺码、组成表示和原产地等规定的内容要求都有明确说明。③

(二) 合格评定程序

日本利用复杂的进口手续、苛刻的检验标注，对商品进口设置

---

① 《出口商品技术指南》，载 http：//policy. mofcom. gov. cn/export/print/c3. action，访问日期：2015 年 5 月 1 日。

② 《积极应对日本的技术性贸易壁垒》，载 http：//www. jlrtvu. jl. cn/wlkc/course/180001497 - 1/205 - 10. htm，访问日期：2015 年 5 月 1 日。

③ 《日本对进口纺织品的质量审核标准》，载 http：//www. texindex. com. cn/，访问日期：2015 年 5 月 1 日。

壁垒。某些产品在进口之前，不仅要经过日本进口商对该产品国内生产、消费及需求等进行动态调查，经过商品流通业界做出定性定量分析，确定其所具有对比性、代表性、适用性、流通性，还要通过质量认证，或者生产工艺和生产方法的合格评定等，以确保日本进口该产品的实际效益。日本质量认证管理体制是由政府部门实施，各部门分别对其管辖的产品实行质量认证制度，并使用各自设计和发布的认证标志。①

日本的质量认证制度分为强制性和自愿性两类。强制性认证制度以法律的形式颁布执行，其认证的产品主要有消费品、电器产品、液化石油器具和煤气用具等；自愿性认证由企业自愿申请，通过认证的产品使用 JIS 标志。日本适应性认定协会（JAB）是负责全日本合格评定工作的机构。其中，JQA、JSA 是由 JAB 认可注册的最有影响的认证机构。JQA（日本品质机构）主要从事 ISO9000、ISO14000 和 QS9000 认证，JSA（日本规格协会）则负责制定日本的工业标准（JIS），作为 JIS 认证的指定认证机构。②

（三）商品检疫和检验规定

日本凭借本国先进的技术水平和较高的生活标准，对进口产品，在有关安全、卫生方面提出严格的要求和审核程序。这些要求表面上对本国产品、进口产品一视同仁，但由于执行过程中往往手续繁杂，并在做法上具有歧视性，因而对国外进口商品形成了贸易障碍。随着国际贸易的发展，日本法规中有关安全与健康标准所适用的范围越来越广，内容越来越细。如对入境的农产品，不仅要通过农林水产省的动植物检疫，而且还要由厚生省进行卫生防疫检查。在产品检验方面，日本规定对不同时间进口的同种商品，每一

---

① 赵淑琪等：《日本技术贸易壁垒及其影响》，载《合作经济与科技》2006 年第 15 期。

② 张严心：《吉林省出口贸易遭遇技术性贸易壁垒的状况分析》，东北师范大学 2007 年学位论文。

次都要有一个检验过程，而对本国同类商品，只需一次性对生产厂家作检验就可以了，这对国外进口产品显然具有歧视性。①

（四）绿色技术壁垒

日本对绿色产品格外重视，通过立法手段，制定了严格的强制性绿色技术标准，并利用环境标志对进口商品进行严格限制。进口商品不仅要求质量符合标准，而且其生产、运输、消费及废弃物处理过程也要无损于生态环境和人体健康。在包装制度方面，要求产品包装必须利于回收处理，且不能对环境产生污染。在绿色卫生检疫制度方面，日本对食品、药品的安全卫生标准十分敏感，尤其对农药残留、放射性残留、重金属含量的要求严格。②

二、日本实施技术性贸易壁垒的原因

（一）贸易保护主义抬头

20 世纪 90 年代后，日本陷入经济发展停滞、财政危机、失业增加的困境。为此，日本政府在积极扩大出口以吸收国内剩余产品的同时，还希望国内需求成为拉动日本经济增长的又一动力，从而引发了日本国内贸易保护主义抬头，它们试图通过建筑贸易壁垒以限制国外产品进入日本市场，保护国内生产者的利益，刺激国内产业发展。由于技术性贸易壁垒具有名义上的合法性和手段上的巧妙性，因而被日本政府广泛使用以限制进口。正是在这种背景下，中国出口产品频繁地遭受到日本技术贸易壁垒的阻碍。③

---

① 张严心：《吉林省出口贸易遭遇技术性贸易壁垒的状况分析》，东北师范大学 2007 年学位论文。

② 《日本技术贸易壁垒简介》，载 www. zgny. com. cn/ConsHtml/5/5/7/57729. html，访问日期：2014 年 5 月 1 日。

③ 赵淑琪等：《日本技术贸易壁垒及其影响》，载《合作经济与科技》2006 年第 15 期。

（二）保护日本消费者安全

在贸易自由化时代，国际社会对保护消费者的安全越来越重视，日本也不例外，其不断提高和修改进口产品和国内产品的相关技术标准和法规。识别与产品有关的认证标志、了解产品相关信息，成为了日本国民放心购买产品的条件。①

（三）技术性贸易壁垒的表面合法性

技术性贸易壁垒具有名义上的合法性。目前，发达国家积极制定技术标准和技术法规，并努力促进本国的技术标准被国际接受，以取得技术主导优势；WTO 也在制定国际性的技术标准和技术法规。技术贸易壁垒原本是为了保护国家经济安全，保护人类、动植物的生命或健康，保护环境，防止经济欺诈行为。但是，技术性贸易壁垒又可以同时具有针对性、歧视性、隐蔽性、灵活性、有效性、随意性强的特点。因此，其自然也成为日本保护贸易主义所利用的工具。②

三、日本技术性贸易壁垒的特点

第一，带有国际扩散性。发达国家之间，如欧盟、日本和美国对中国纺织品出口实施限制，容易扩散到其他出口市场，形成连锁反应。

第二，部分措施具有明显的歧视性。日本采取的措施往往高出国际标准，有些以设备能检测出的最低值为限，有些则是专门针对中国产品而实施。

第三，日本技术性贸易壁垒呈现不断扩大的趋势。③

---

① 赵淑琪等：《日本技术贸易壁垒及其影响》，载《合作经济与科技》2006 年第 15 期。

② 赵淑琪等：《日本技术贸易壁垒及其影响》，载《合作经济与科技》2006 年第 15 期。

③ 载 http：//www.jjykj.com/wenzhang/viewnews.asp？id=3713，访问时间：2011 年 5 月 1 日。

第二节　日本纺织品技术法规与标准研究[①]

一、日本纺织品技术法规体系

(一) 纺织品技术法规体系概述

在日本，纺织与服装属于消费类产品，没有专门针对纺织服装产品的技术法规。对其主要从质量标签、纺织品燃烧性能和有害物质等方面进行控制和管理。适用的法规主要有：《华盛顿公约》(Washington Convention)、《野生动植物保护和狩猎法》(Wildlife Protection and Hunting Law)、《家畜传染病控制法》(Domestic Animal Infectious Diseases Control Law)、《濒于灭绝的野生动植物物种保护法》(Law for the Conservation of Endangered Species of Wild Fauna and Flora)、《家居用品质量标签法》(Household Goods Quality Labeling Law)、《反不正当补贴与误导表述法》(Act against Unjustifiable Premiums and Misleading Representation)、《家居用品中有害物质管制法》(Law for the Control of Household Products Containing Harmful Substances)、《关于家居用品中有害物质管制法的实施规则》《消防法令》《道路车辆安全标准法规第 16 部》《纤维产品质量表示规程》《纤维产品质量表示者号码承认规程》《进口贸易管制令》(Import Trade Control Order)、《工业标准法》(Industrial Standards Law)。其中，前四个法规主要管辖使用特殊皮毛或皮革的纺织服装产品。《家居用品质量标签法》和《反不正当补贴与误导表述法》规定了纺织服装产品的标签和标识要求。《家居用品中有害物质管制法》和《关于家居用品中有害物质管制法的实施规则》规定纺织服装产品不得含有损于人体健康、超过规定量的有

[①]　本节转引和参考了商务部组织编写的《出口商品技术指南：针织品》，载 http://policy.mofcom.gov.cn/export/woodenfabric/index.action，访问日期：2015 年 5 月 10 日。

害物质，并规定了有害物质的限量指标。《消防法令》对纺织品燃烧性能进行了规定；《道路车辆安全标准法规第 16 部》规定了汽车内饰材料的燃烧特性。其他相关的法规如《纤维产品质量表示规程》《纤维产品质量表示者号码承认规程》等，均对相应用途纺织品的质量作出了严格的规定。[1] 任何不符合法规要求的家用产品禁止在市场上流通。[2] 纺织与服装作为与消费者日常生活关系极为密切的日用消费品，在日本外贸组织（JETRO）的消费品进口法规指南（Handbook for Consumer Products Import Regulation）中，对纺织服装主要按照以下类别进行分类：Ⅰ—毛皮和毛皮产品（Fur and Fur Product），Ⅱ—服装（Apparel），Ⅲ—丝绸服装，Ⅳ—袜子。[3]

表 5 – 1　毛皮和毛皮产品相关技术法规[4]

HS 编码	商品名称	相关法规
4301	生皮	1. 华盛顿条约（Washington Convention）
		2. 野生动物保护与打猎法
4302	皮革	3. 家畜传染病控制法
		4. 野生动植物保护法
4303	皮革产品	5. 反不正当交易法（The Act against Unjustifiable Premiums and Misleading Representation）

---

[1] 载 http://www.tbtmap.cn/portal/Contents/Channel_ 2125/2008/0715/24258/content_ 24258.jsf，访问时间：2011 年 5 月 1 日。

[2] 深圳出入境检验检疫局编著：《国际纺织服装市场遵循的技术法规与标准解析》，中国标准出版社 2005 年版，第 98 页。

[3] 深圳出入境检验检疫局编著：《国际纺织服装市场遵循的技术法规与标准解析》，中国标准出版社 2005 年版，第 98 页。

[4] 深圳出入境检验检疫局编著：《国际纺织服装市场遵循的技术法规与标准解析》，中国标准出版社 2005 年版，第 99 页。

表5-2　服装相关技术法规①

HS 编码	商品名称	相关法规
6101～6114	针织服装	1.《家用产品质量标签法》 2. 反不正当交易和误导性声明法（The Act against Unjustifiable Premiums and Misleading Representation）
6201～6211	服装及织物布料	3. 家用产品有害物质控制法

表5-3　丝绸服装相关技术法规②

HS 编码	商品名称	相关法规
6106	女式衬衫、汗衫、男式衬衫	1.《家用产品质量标签法》 2. 反不正当交易和误导性声明法（The Act against Unjustifiable Premiums and Misleading Representation）
6101～6114 6201	其他丝绸服装	3. 家用产品有害物质控制法 4. 进口贸易控制令 5. 华盛顿条约（Washington Convention）

---

① 深圳出入境检验检疫局编著：《国际纺织服装市场遵循的技术法规与标准解析》，中国标准出版社2005年版，第99页。

② 深圳出入境检验检疫局编著：《国际纺织服装市场遵循的技术法规与标准解析》，中国标准出版社2005年版，第99页。

表 5 - 4　袜子类产品相关技术法规①

HS 编码	商品名称	相关法规
6111 6115	婴儿连裤袜 紧身衣裤 长袜 短袜 其他类袜	1. 《家用产品质量标签法》 2. 反不正当交易和误导性声明法（The Act against Unjustifiable Premiums and Misleading Representation） 3. 家用产品有害物质控制法 4. 工业标准化法

（毛皮和毛皮产品、服装、丝绸服装、袜子相关技术法规见表 5 - 1—5 - 4）②

（二）纺织品技术法规评析

1. 《家用产品质量标签法》（又称《家用用品品质标签法》、《家庭用品品质表示法》，1962 年，法规编号：Law No. 104）

（1）历史演进

1963 年 5 月 4 日，日本通产省颁布的《家用产品质量标签法》对纤维成分标签作了具体规定，该法规适用于大多数纺织产品，包括绒面地毯、窗帘、毯子和床单（床罩）等，法规要求在这些产品上必须附有纤维成分标签和护理标签。纤维成分标签上要标明织物的纤维组成和含量。如果公司代表、雇员或公司的其他工作人员违反了该法规，视情况对违法者和相关公司给予罚款。为了保护消费者权益，2006 年 5 月 22 日，日本通产省部分修订《家居用品标签法》，涉及的产品包括纺织品、塑料制品、电器等。其中，第一个方面的内容就是"关于纺织品质量标签规则的标签和通用事务的修订：一是修订合成纤维的定义以便在分类中添加上衣和外套的填料；二是修订指定条款以便添加"聚乳酸纤维"；三是修订标注

---

① 深圳出入境检验检疫局编著：《国际纺织服装市场遵循的技术法规与标准解析》，中国标准出版社 2005 年版，第 99 页。

② 深圳出入境检验检疫局编著：《国际纺织服装市场遵循的技术法规与标准解析》，中国标准出版社 2005 年版，第 98 页。

成分比例的特定方法以便在"名称及纤维成分"内标注内容。[1]
2009 年 6 月 24 日，为了反映消费者和行业的要求、技术进步和产品周围环境的变化，日本经济产业省发布根据家庭用品质量标签法，部分修订省颁通告（布 G/TBT/N/JPN/303）。拟生效日期为 2010 年 8 月。产品覆盖为根据家庭用品质量标签法规定的纺织品；"女用内衣""蕾丝"、由废纤维、落棉和再生纤维制成的气流纺线，以及"气流纺线制成的织物等""反面有毛绒的针织织物等"、各种各样的制成品；"热水瓶""全部或部分由皮革或合成皮革制成的手套""由皮革或合成皮革制成的服装""炊事用具""水壶"。修订了关于塑料、纺织品，以及各种各样的商品质量标签规则的符合性条款。[2]

（2）目的

制定《家庭用品质量标签法》的目的在于促进以公平、合适的方式标示家庭用品的质量相关方面，保护普通消费者的权益（第 1 条）。

（3）内容

法规共分 23 条，规定了与家用产品质量有关的标签内容、形式，相关标准的制定及法律责任等内容。

①定义和范围

A. 家用产品质量标签法里面所指的家用产品包括：纺织品类产品，塑料制成品，家用电器和其他日用品，消费者在购买上述产品过程中，很难确认对于他们而言十分必要的质量状况。

B. 法规中，"生产商"是指从事生产或加工家用商品业务者。"销售商"是指从事销售家用商品业务者。"标签代理商"是指家用商品的生产商、销售商委托制作标签者，所作标签须符合相关法

---

①　日本《部分修订家居用品标签法》，载 http：//www. clii. com. cn/policy/show. asp? showid＝6609，访问日期：2014 年 5 月 1 日。

②　日本《修订家庭用纺织品质量标签法》，载 http：//www. 39test. com/html/news/fzfz_ 477_ 1036. html，访问日期：2011 年 5 月 1 日。

规规定，并且按所述的规定使标签为大众所知。

②法规要求

对消费者来说，了解或识别商品的质量是很难的，但却很有必要，因此规定需对某些商品贴上标签。为了制作准确而恰当的家用商品质量商标，经济、贸易和工业部应该对每一项家用商品作详细规定，作为关于以下内容的商标标准，并且公布于众。

A. 成分、性能、用法、储存方法和其他应该标注的质量问题；

B. 制作标签的方法和其他生产商、销售商或商标代理商，关于上述条目所述的标注应该遵守的内容。目前，有此要求的纺织品共有 33 项：

纺织品：

a）纱线（仅限于棉、毛、丝、韧皮纤维仅限于苎麻或亚麻、粘人造丝、铜铵人造丝、醋酸纤维、普罗米克斯纤维、锦纶、维纶、聚偏乙烯纤维、聚氯乙烯纤维、聚丙烯腈纤维、聚酯纤维、聚乙烯纤维、丙烯纤维、聚氨基甲酸酯纤维、波莱克勒尔聚氯乙烯纯纤维和玻璃纤维）。

b）机织物、针织物和花边。

c）服装、被褥、地毯和服饰用品：

1 上装；

2 裤子；

3 裙子；

4 女装、家居服；

5 套衫、开襟绒线衫和各种毛线衫；

6 衬衫、翻领衬衣、开领短袖衬衫和其他各种衬衫；

7 罩衫；

8 围裙、商务服和工作服；

9 外套大衣、夹大衣、三季的外套、雨衣和其他各种外套；

10 背心连裤童装外衣、儿童外套；

11 内衣裤；

12 睡衣；

13 短袜和长袜；

14（大拇趾单独分开的）日本式厚底短袜；

15 手套；

16 手帕；

17 毛毯；

18 被单；

19 毛巾、日本小手巾；

20 羽织（和服的短上衣）、和服（日本服装）；

21 围巾、领带、披肩；

22 旅行毛毯；

23 窗帘；

24 地毯（仅限于起绒地毯）；

25 被单（仅限于毛巾被）；

26 蒲团（日本床垫或被子）；

27 毛毯罩、蒲团罩、枕头罩床罩；

28 桌布；

29 领带；

30 游泳衣；

31 包裹布；

32 宽腰带（日本妇女和服用的）；

33 腰带扣件和羽织带。

家用产品质量标签法中的纺织品质量标签条例给出了标签的详细要求。除少数标签以外，一般标签都应该用日文表达。①

---

① 日本《家用产品质量标签法》，载 http：// www. chinaqf. net/？ action - model - name - textile - itemid - 36，访问日期：2011 年 5 月 1 日。

表5-6 纺织品需贴标签的项目①

类 型		组成	使用图形的护理标签	防水性能	贴标签人的姓名	地址、电话号码
1. 纱线（仅限于棉、毛、丝、苎麻或亚麻、粘胶人造丝、铜铵人造丝、醋酸纤维、普罗米克斯纤维、锦纶、维纶、聚偏氯乙烯纤维、聚氯乙烯纤维、聚丙烯腈纤维、聚酯纤维、聚乙烯纤维、聚丙烯纤维、聚氨酯纤维、波莱克勒尔聚氯乙烯纯纤维和玻璃纤维等纯纺或混纺产品）		○			○	○
2. 机织物、针织物和花边（全部或部分由1提到的纱线生产）		○			○	○
类 型		组成	使用图形的护理标签	防水性能	贴标签人的姓名	地址、电话号码
3. 服装等（仅限于全部或部分由1提到的纱线生产或由2提到的机织物	（1）上衣	○	○		○	○
	（2）裤子	○	○		○	○
	（3）裙子	○	○		○	○
	（4）女装、家居服	○	○		○	○
	（5）套衫、开襟绒线衫和各种毛线衫	○	○		○	○
	（6）衬衫、翻领衬衣、开领短袖衬衫和其他各种衬衫	○	○		○	○
	（7）罩衫	○	○		○	○
	（8）围裙、商务服和工作服	○	○		○	○
	（9）外套、大衣、夹大衣、三季的外套、雨衣和其他各种外套 / 使用特定织物作为服装面料的和服	○		○	○	○
	其他	○	○	○	○	○
	（10）背心连裤童装外衣、儿童外套	○	○		○	○

① 日本《家用产品质量标签法》，载 http://www. chinaqf. net/？ action - model - name - textile - itemid - 36，访问时日期：2011年5月1日。

244

③技术要求

根据《家用产品质量标签法》的有关规定，技术要求可以概述如下：

A. 服装类（6101~6114、6201~6211）

a. 法规规定的强制性标签要求

通产省根据《家用产品质量标签法》制定了相应的执行性法规，在纺织品方面有《纺织品质量标签法》（Quality Labeling Rules for TextileGoods）对纺织品的标识内容及方法进行了强制性的要求，法规规定在日本销售的服装的标签上必须标识以下项目：

a）纤维成分

服装面料所用的纤维必须按规定的标称进行标识，纤维含量须以重量百分比进行标识。

b）家庭洗涤及其他处理方法

服装标签须加贴的另一项内容是服装的护理方式，按照法规规定必须按照 JIS L 0217《纺织品护理标识符号及其他标识方法》所描述的标准符号及方法，标示出服装适合的家庭洗涤方式及其他护理方式。

c）防水性能

有特殊涂层的服装必须标识其防水性能。但是，雨衣或类似产品不需标识该项目，除非雨衣的涂层不是所要求的涂层。

d）局部有皮革的服装须标识出皮革的类型

局部使用皮革或合成革的服装必须按照《家用产品质量标签法》中对其他工业产品标签的规定进行标识。

e）标识者

按照法规的要求服装标签上还应标明对标识内容负责的单位：包括生产者、经销商或标签代理商的名称和地址。1997 年法规修订时取消了经贸工业部认可的质量标签者的编码系统。

f）产地

《反不正当交易和误导性声明法》（The Act against Unjustifiable Premiums and Misleading Representation）规定，服装的标识应符合原产地标识的规定，该规定的执行部门是公平贸易委员会。该法规建立了明确的产地标识准则，以保证不会给消费者造成对产品来源的误导性信息。

"原产国"是指使产品性能发生实质性改变的产地国。写有被确认为原产地的国家的标签，按要求缝合在服装上或编织在针织类服装上。

b. 法规规定的自愿性标签要求

日本工业标准化法（JIS Law）对服装的规格型号标识进行了规定。我们注意到日本的服装规格标识采纳了 ISO 服装规格标识标准作为日本国家标准，以利于同类标准的一致性。

c. 自愿性标签要求

关于自愿性标签要求日本没有特别的规定。

B. 丝绸服装类（6106、6101～6114、6201）

a. 法规规定的强制性标签要求

a）《家用产品质量标签法》规定的标签要求

《家用产品质量标签法》规定丝绸服装须标识的项目包括：纤维成分、适合的洗涤和护理指示、标识人、联系地址（地址或电话号码）。有特殊涂层的服装必须标识其防水性能。

b）《反不正当交易和误导性声明法》规定的标签要求

根据《反不正当交易和误导性声明法》规定，丝绸服装标签同样应符合原产地标识的规定。

b. 法规规定的自愿性标签要求

日本工业标准化法（JIS Law）建立了女式丝绸服装的自愿性规格标签标准。详细信息可与经贸工业部工业科技政策环境局标准发展和计划部门联系。

自愿性标签要求——丝绸标志

丝绸标志是国际丝绸协会制定的国际标准标识符，该标志表明该产品为 100% 丝绸织造。日本丝绸协会在国内采用了该标志。

C. 袜子（6111、6115）

a. 法规规定的强制性标签要求

《家用产品质量标签法》规定丝绸服装须标识的项目包括：纤维成分、标识人（公司或实体）。当消费者可能对国内产品或是进口产品产生混淆时，或对进口产品的国别可能发生混淆时，应该按照《反不正当交易和误导性声明法》规定加贴产地标识。袜子标签示例如下：

```
Socks&Stocking
Cotton,acrylic,nylon,polyurethane
XYZ Inc.
Tel:03-1234-5678
```

袜子标签示例

```
Hips:85-98
Height:150-165
```

连裤袜标识示例

b. 法规规定的自愿性标签要求

日本工业标准化法（JIS Law）对短袜和长袜规格的标识方法进行了规定（JIS L4007）。连裤袜标识示例见图。

c. 自愿性标签要求

本纺织品功能评定协会以保证产品安全性能为目的。符合该组织规定的下列安全特性的产品经过授权可加贴 SEK 标志。a）防菌防臭性能；b）上述功能的耐洗涤性；c）加工工艺的安全性。

SEK 标志①

2.《阻燃法规》（又称《消防法规》）

日本，预防火灾为目的的《阻燃法规》是 1968 年 6 日修订

---

① 日本《家用产品质量标签法》，载 http：//www.chinaqf.net/？action－model－name－textile－itemid－131，访问日期：2011 年 5 月 1 日。

《消防法令》后开始的。规定高层建筑物、地下街道、医院、旅馆、餐厅、剧场、幼儿园等公共设施必须使用具有阻燃性的装饰制品，如窗帘、帷幕等。之后，又进行过多次补充，如 1972 年 6 月规定了阻燃性能标志的使用；1973 年 1 月规定布制屏风列入阻燃用品行列，1974 年 6 月增加了对毛毯、被褥等寝具的阻燃性能要求，1979 年 7 月地毯等列入了阻燃用品行列。①

日本的消防法规包括《消防法令》《消防法实行令》《消防法实行规则》《关于规制有害物质政令》《关于规制有害物质的实施规则》以及消防法告示等。

（1）《消防法令》只是在第 2 条简单提到在高层建筑物、地下街道、剧院、旅馆等区域需要使用阻燃产品（窗帘、地毯等），至于具体的阻燃产品的标准在政令中有规定。主要有以下内容：

①高层建筑物、地下街道、医院、旅馆、餐厅、剧场、幼儿园等公共场所必须使用具有阻燃性的装饰制品，如窗帘、帷幕、地毯等。所有 $2m^2$ 或以上的防火性场所使用的地毯，必须经过日本防火协会测试认证。

②1972 年 6 月，规定了防火性能标签的使用。防火产品必须加贴如图所示的防火标签，该标签只能由日本防火协会领导授权的团体进行缝制，可通过标签上的号码识别贴标签的机关。

③1973 年 1 月，布制屏风被列入阻燃用品行列；1974 年 6 月，增加了毛毯、被褥等寝具的阻燃性能要求；1979 年 7 月，地毯列入阻燃用品行列。各种家用纺织品的防火性能要求如表 5－7 所示。

① 日本《阻燃法》，载 http://www.chinaqf.net/? action－model－name－textile－itemid－38，访问日期：2011 年 5 月 1 日。

表 5 - 7　各种家用纺织品的防火性能要求

产品	要求
窗帘 （薄料/厚料）、幕布	续燃时间 3s/5s 以下；阻燃时间 5s/20s 以下；损毁面积 $30cm^2/40cm^2$ 以下
地毯	续燃时间 20s 以下；损毁长度 10cm 以下
床上用品	非熔融面料的损毁长度最大不超过 70mm；熔融面料的接焰次数平均 3 次以上；填充絮料的损毁长度最大为 120mm，平均为 100mm
服装	损毁长度最大为 254mm，平均为 178mm
家具覆盖物	损毁长度最大为 70mm，平均为 50mm

④不符合相应标签要求的产品不允许作为防火产品销售，同时不允许陈列在店面内作为防火产品展示。①

（2）法规的实施机构

阻燃产品认可委员会，作为行政性指导机关，负责对阻燃产品所需性能规格和燃烧性测试方法的研究，以及扩大认可阻燃产品的生产业务等；另外，在自治省长官同意下，组织了具有法人资格的"日本阻燃协会"，它由阻燃产品生产和研究人员、消防机关人员以及使用阻燃产品的单位组成，是实施阻燃法规的执行机构。"日本阻燃协会"的主要任务是：阻燃产品及阻燃剂的试验与质量管理，阻燃标志管理、监督和发放，阻燃产品及阻燃剂生产厂商的登记和指导，组织有关阻燃常识的宣传教育，举办阻燃生产技术讲习班和进行社会的调研以开拓阻燃视野发展进程，能给予阻燃法规的行政管理部门很大影响。

A. 窗帘

日本将窗帘的耐洗性分为四个标记。即甲标记应耐 5 次干洗和

---

① 何秀玲等：《国内外家用纺织品燃烧性技术法规的比较》，载《印染》2006 年第 22 期。

5 次洗涤，乙标记为能耐 5 次洗涤，丙标记为能耐 5 次干洗，丁标记为不耐干洗和洗涤。

甲标记窗帘酌原料以含氯的阻燃纤维为最多，如改性腈纶、腈氯纶、氯纶等。其次是阻燃涤纶和阻燃整理涤纶，特别在网眼窗帘中占 95% 以上；在其他类型窗帘中（悬挂式、染色、薄型窗帘等）涤纶的比例也在逐年增加中。再次是阻燃整理的羊毛和玻璃纤维。乙标记窗帘是以阻燃涤纶和阻燃整理涤纶以及氯纶为多，还有是阻燃整理尼龙。丙和丁标记窗帘，大部分是粘胶，铜氨或棉（包括与涤纶和腈纶混纺）。

B. 寝具类

阻燃产品认可委员会对包覆面料、床单和床罩类的阻燃性能的测试方法是相同的，只是对洗涤方法中的洗涤次数的要求不同。

日本的《消防法令》针对公共场所必须使用防火物质指定有关规定，其中与纺织品有关的内容如下：

产品要求窗帘（薄料/厚料）、幕布续燃时间 3～5s 以下；阴燃时间 5～20s 以下；损毁面积 $30cm^2/40cm^2$ 以下地毯续燃时间 20s 以下；损毁长度 10cm 以下床上用品非熔融面料的损毁长度最大不超过 70mm；熔融面料的接燃次数平均 3 次以上；填充絮料的损毁长度最大为 120mm，平均为 100mm 服装损毁长度最大为 254mm，平均为 178mm 家具覆盖物损毁长度最大为 70mm，平均为 50mm。

3.《家用产品有害物质控制法》

日本向来比较重视纺织品的安全性能考核。早在 1973 年日本就颁布并实施《家用产品有害物质控制法》（厚生省 112 号令，简称 112 法），目的是防止家用产品的化学物质对人体健康的危害。后经过多次修订。该法律列出了包括纺织品在内的家用产品中可能存在的危害人体健康的"有害物质"，并规定了允许含量的最大值。例如进口婴幼儿纺织品甲醛含量不得超过 0.002%，进口成人内衣、睡衣、袜子的甲醛含量不得超过 0.0075%，进口成人外衣甲醛含量不得超 0.003% 。① 对不符合标准的产品禁止销售。包括对睡衣、窗帘、地毯、床上用品、尿布、手套、袜子、婴儿用品等纺织品的甲醛、有机汞化合物、三丁或三苯锡化合物含量有明确规定。另外，该法还要求家用产品的生产、进口和销售者能很好地理解化学物质对人体健康的潜在影响，并在此基础上，消除其危害。1974 年，日本还颁布了《于家用产品中有害物质含量法规的实施规则》（厚生省 34 号令），确定了 112 法所规定的有害物质的实施规则，尤其是关于甲醛含量的限定。② 1995 年日本的《产品责任法》又规定，对皮肤伤害、异物混入、燃烧事故、染色不良造成的特殊事故等服装成品缺陷，受害者可申请赔偿。

（1）定义和范围

家用产品主要是指在一般消费者生活中使用的任何产品。有害物质是指含汞化合物和政府法令规定的可能造成人类健康隐患的其他物质。每一种纺织品对应的有关有害物质的规定不完全一样，见法规要求。③

（2）法规要求

从事家用产品生产或进口业务者，应该清楚他所经营的产品中某物质对人类健康的影响，避免该物质所产生的健康伤害。

健康和公共安全部可以从公众健康的角度，对家用产品中有害物质的含量、可溶物质量或蒸发量设置限值并颁布健康和公共安全部法令。

健康和公共安全部可以从公众健康的角度，对家用产品的容器或包装制定"有毒有害物质控制法"。

---

① See Yu Jianying, Guo Huiqing, Technical Barriers of Textile Industry After Entering WTO and Its Countermeasures, Cotton Textile Technology, 2002 (2).

② 载 http://www.wtowx.net/webpages/ReferenceDatum.aspx? m = Content Read&ID = 1218，访问时间：2015 年 5 月 1 日。

③ 日本《家用产品中有害物质控制法》，载 http://www.chinaqf.net/? action - model - name - textile - itemid - 39，访问日期：2011 年 5 月 1 日。

如果按照上述两条款的规定，健康和公共安全部要制定标准，需听取由政府法规规定的委员会的意见，并预先与家用产品相关的部门进行协商。

从事生产、进口或销售家用产品的任何人不得销售、赠送或为了销售、赠送而展览不符合标准的家用产品。

如果健康和公共安全部，或辖区长官（或市长和/或健康中心特派专员），断定健康隐患是由于出售或捐赠不符合标准的家用产品而引发的，那么他有权命令相关生产商、进口商或销售商回收该产品，或为了避免扩大伤害，采取其他相应措施；断定涉嫌含有健康隐患物质的家用产品造成了严重的健康伤害，可以命令生产、进口或出售该产品的相关人员进行收回，或采取其他必要的紧急措施，以免扩大伤害；根据执法的需要，命令从事家用产品生产、进口或销售业务者递交报告，要求官员（从食品安全监督员、药物监督员或健康公共安全部门法规指派的官员之中预先指派的）提前对办事处、工厂、商业设施、商店或仓库进行调查，提问相关人员或进行必要的测试采样。按照前面条款的要求所指派的官员称为家用产品卫生监督员。当指派的官员进行现场调查、提问或采样时，他需要随身携带身份证明，并向相关人员出示。这种调查、提问和采样的权利不应该被理解为犯罪调查。

当按照法律规定制定、修改或废除法令时，同时应该合理地制定必要的临时措施（包括刑事法令的临时措施）。

食品、添加剂、器具、包裹容器、玩具和清洗剂规定见《食品安全法》（1947 年第 233 条法律）；药品、准药品、化妆品、医疗器械规定见《药物法》（1960 年第 145 条法律）；除了上述产品，生产、进口和销售的产品需要服从技术要求或标准（按照政府法令所要求的法律的规定）的控制，保证不含有易引起健康隐患的有害物质（政府法令规定的）。

有害物质限值见表 5 - 8。

表5-8 有害物质限值

名 称	适用的家用产品范围	要 求
4，6－二氯－7－（2，4，5－三氯苯酚）－2－三氟甲基－苯并咪唑（DTTB）	尿布封面、内衣裤、睡衣、手套、短袜、马甲、外衣、帽子、床上用品以及地毯、家用毛纺线	不得超过30mg/kg
二－（2，3－二溴丙基）－磷酸脂	睡衣、床上用品、窗帘以及地毯	不被检出
甲醛（50－00－0）	1）0－24个月的婴儿用的尿布，尿布封面、围兜、内衣裤、睡衣、手套、短袜、马甲、外衣、帽子和婴儿床上用品 2）内衣裤、睡衣、手套、短袜和日本式厚底短袜；使用在假发、假睫毛、假胡须或吊袜带中的粘接剂	1）不被检出；2）小于75mg/kg
Hexachloro－epoxy－octahydro－endo，exo－dimethanonaph－thalene（60－57－1）	尿布封面、内衣裤、睡衣、手套、短袜、马甲、外衣、帽子和床上用品以及地毯、家用毛纺线	不得超过30mg/kg
有机汞化合物	尿布、尿布封面、围兜、内衣裤、卫生带、卫生裤、手套和短袜；家用粘接剂；家用涂料；家用蜡；鞋亮光剂和鞋油	不被检出
三丁基－锡化合物	尿布、尿布封面、围兜、内衣裤、卫生带、卫生裤、手套和短袜；家用粘接剂；家用涂料；家用蜡；鞋亮光剂和鞋油	不被检出
三苯基－锡化合物	尿布、尿布封面、围兜、内衣裤、卫生带、卫生裤、手套和短袜；家用粘接剂；家用涂料；家用蜡；鞋亮光剂和鞋油	不被检出
三－（氮丙啶基）－膦化氧	睡衣、床上用品、窗帘和地毯	不被检出
三－（2，3－二溴丙基）－磷酸脂 TD-BPP	睡衣、床上用品、窗帘和地毯	不被检出

同时，家用纺织品（衣服、地毯、床上用品等）以及羊毛编织物中狄氏剂的含量不得超过 30mg/kg。①

（3）处罚

属于以下情况者，判不超过一年的监禁或不超过 300000 日元的罚款。

①销售、赠送或为了销售、赠送而展示不符合标准的家用产品的生产商、进口商或销售商；

②违抗回收或其他命令者。

拒不递交报告或作假报告者，拒绝、妨碍、逃避调查或取样者，对提问拒不回答或提供假答案者，宜判不超过 50000 日元的罚款。当法人或自然人雇用的法人代表、代理商、雇员或其他工作人员，在法人或自然人的业务工作中违反了上述两种规定，该法人或自然人同为犯法者，按照条例的规定，均判罚款。②

4. 非正当赠品或非正当标示货品的法规

日本的《非正当赠品或非正当标示货品流通防止法》及关税第 6 条规定，货品在日本市场流通销售时，必须标示实际产地的名称，禁止进口标示非实际产地名称或标示不易辨认产地的货品。

5. 包装质量的要求

日本对包装质量的要求不亚于服装本身。在日本，包装是商品质量的重要组成部分，包装上的质量问题像商品的缺陷一样令人无法接受。日本颁布并强调推行《回收条例》《废弃物清除条件修正案》等，日本市场上的所有商品（包括从国外进口的纺织品），其包装容器（如纸箱等）上必须清楚标明该包装容器是否可以回收再利用。

6.《产品责任法》（又称 P/L 法，Product Liability）

《产品责任法》的目的是通过对产品制造商等施加生产责任的

---

① 日本《家用产品中有害物质控制法》，载 http：//www. chinaqf. net/？action - model - name - textile - itemid - 39，访问日期：2011 年 5 月 1 日。

② 日本《家用产品中有害物质控制法》，载 http：//www. chinaqf. net/？action - model - name - textile - itemid - 39，访问日期：2011 年 5 月 1 日。

压力来减轻消费者因为产品缺陷而受到伤害，或者生活中，身体、身心上造成伤害，或者因为产品的缺陷而导致的责任归属问题。因此该法规会对社会的稳定，人们生活的改善，以及对国际经济的健康充分地发展做出巨大的贡献。

（1）定义与范围

①"生产"被定义为产品的加工与制造。

②"产品缺陷"被定义为那些在产品的常规供给，对产品特性的考虑，顾客可预知的使用方式，生产时间以及产品交货期和其他关于产品的详细情况缺少仔细的描述从而不能给顾客带来安全感的产品。

"产品制造商"等的定义如下：在经营过程中对产品进行了制造，加工或进口的人（下文中统称制造商）。在产品上以制造商的名义注署了名字，商业名称，商标或者其他特征的人（下文统称为名称表述等）或者在对商品的名称表述中用了容易与该产品名称混淆的方式的人。除了一些在描述产品生产细节过程中提到的人之外，那些在产品上使用了该产品名称表述的人，根据有关商品制造的方法，加工、进口、销售或其他情况来说可以被认作事实上的产品制造商。

（2）法规要求

①生产责任

当产品制造商等提交的生产，制造，进口或在产品上作了其名称表述的产品因为其缺陷危及了消费者的生活，身心健康或是所有权的问题，产品制造商等应该对那些由于产品对消费者引起的危害负责。产品制造商等通常不对有缺陷产品的本身损坏负责。

②豁免权

如果①所提到的内容得以实施，产品制造商等能够验证以下情况的话，可以不必对此负责：制造商在交付产品的时候，通常科学上的或是工艺技术上的知识来说明产品有不能够被发现的缺陷存在，或者由于其产品知识其他产品的一个部件或原料，那么这个缺陷可以大部分归因于另一个产品的制造商提供的关于产品规格、规范的产品说明书，但是对于产品缺陷可能带来的危害事故，产品制造商等依然不能疏忽大意。

③时间限制

A. 如果受到损害的消费者或者它的合法代理人在他意识到了损害或对其当事人造成了损害之日起 3 年内并未行使其权力，那么关于①中所提供的权利因为时效性而无效。同样，当产品制造商提交商品之日起 10 年或 10 年以上，那么①同样无效。

B. 上述的后一种情况需要将以下时间计算在内：这种损害发生的时间，有些损害是由于一些当它们残留或积累在人体中时会危害人体健康的物质，或者有一些实在损害发生之前有一定的潜伏期。

④民法的运用

关于这项法案没有提到或涉及的产品，而又因为这些产品缺陷而导致消费者受到损害的产品制造商等所负的责任应该参照民法的规定。

这项法案将在颁布的一年后开始实施，对那些产品制造商等来说，到法案实施后堆砌再适用。①

7.《反不公正补偿和误导性表述法》

（1）定义和范围

补偿指在商品交易或服务中，企业主通过抽奖或给奖品等竞争手段，给消费者商品、钱或其他经济利益，来诱导消费者。

表述指企业主通过做广告或其他描述形式来介绍商品和服务。

补偿的限制或禁止是指当公平贸易委员会认为有必要去阻止不正确的诱导消费者行为时，它可以限制奖赏的最大值或奖金的最大数额，奖赏的方式，也可以禁止奖赏。

本法规适用于所有国内和进口的纺织和服装产品。

（2）法规要求

在商品的交易和服务当中，企业主不应该做如下形式的表述：

---

① 《产品责任法》（1994 年第 85 条），载 http：//www. chinaqf. net/？ ac-tion－model－name－textile－itemid－40，访问日期：2011 年 5 月 1 日。

对商品或服务的质量、标准或其他相关的问题的表述让消费者误解，产品或服务的实际质量远不如这些表述所说的，因此不正确地引导消费者，阻碍了公平竞争。

任何对在商品交易或服务中，商品价格或交易条件的描述比事实上好得多，从而误导了消费者。除上面两段之外，关于商品交易和服务的误导性描述也是不允许的。

所有国内和进口的纺织和服装产品需标明原产地。原产地标签标准由日本公平贸易委员会制定，它是根据《反不公正补偿和误导性表述法》制定。这样消费者就不会将日本产的商品误认为是外国制造的产品，他们可以清楚辨认出原产地。如果产品有关原产地的标签含混不清，使人迷惑，或具有误导性，它们就不能进入日本。

原产地是指产品的性质发生重大变化时所在的国家。对缝纫产品来说，是指缝纫行为发生的国家，对编织产品来说，是指产品编织时所在的国家。

非原产地国家的名称、地区以及标记和/或非原产地国家的生产商或设计商的名称不允许显示在产品标签上，当原产地的标识相互矛盾并且被发现时，海关会通知进口商，进口商必须取消或更正原产地的标识或退货，否则，货物将被没收。①

8.《消费品安全法》

日本的《消费品安全法》强调危险产品对消费者的生命要保证绝对安全，如不准销售没有安全标记的登山用绳。为了保证绝对安全，日本现有几十种商品打上 SG 标记，登山用绳也属此列。打有 SG 标记的产品由于质量问题而造成人身伤亡，有关方面要付赔偿费，最多达到 2000 万日元。打有 Q 标记的商品如果发生质量问题，可以直接向 Q 标记管理委员会反映，Q 标记的背面写明 Q 标记管理委员会的详细地址和电话号码。打有 JIS 标记的产品，其加

---

① 日本《反不公正补偿和误导性表述法》，载 http：//www.chinaqf.net/？action – model – name – textile – itemid – 37，访问日期：2011 年 5 月 1 日。

工质量则受到政府保证。在日本，标准和标记是衡量产品质量的一把尺子，其法令、法规和标准不是一成不变的，它随着新产品的开发及科学知识的更新，不断地补充、完善和修改，以保证其 JIS 标准的先进性、科学性和权威性。[①]

二、日本纺织品技术标准体系

日本的纺织标准体系与欧美略有不同，其主要的标准基本都以国家标准（JIS）的形式出现。除此之外，还有不少以法规的形式对某些特定用途的产品或与产品使用的安全性能有关的项目提出质量要求。参与日本 JIS 标准制定的机构可以是政府下属的质检机构、民间的行业检验机构以及生产、流通领域的行业组织。日本纺织标准按其性质划分，可分为三个大类：产品质量标准、安全性标准和质量标签标准。[②]

（一）产品质量标准

日本产品质量标准较注重产品的使用性能，如色牢度（耐光、耐洗、耐磨、耐汗等）、织物强力、尺寸稳定性、抗起毛起球、防水等，而这些项目的考核，在指标掌控的尺度上有一定灵活性，可根据产品的最终用途进行调整。此外，对纺织品的外观质量检验标准也是侧重于产品的实用性能，要求从整体效应考核。如由日本生活协同组合联合会制定的家用纺织品质量标准，对外观质量标准规定为"无异常情况"而无各种疵点的具体规定条文。因此实际考核时只对明显影响外观的色渍、黄斑、油污、严重色差和折皱等方面进行考核与评分。[③]

---

① 靳颖等：《日本纺织品质量检测管理及有关法规》，载《印染》2003年第 11 期。

② 施用海：《各具特色的欧美日纺织品标准》，载《对外经贸实务》2010 年第 5 期。

③ 施用海：《各具特色的欧美日纺织品标准》，载《对外经贸实务》2010 年第 5 期。

（二）安全性标准

日本的纺织产品安全性能标准通常以法规的形式出现，内容包括《消费品安全法》《纺织品中有害物质的限量》《消防法令》《有害物质管制法》《残断针检验规定》等，如《产品质量法》《家用物品有毒有害物质控制法规》《制造物责任法》等。[①]

（三）质量标签标准

1. 质量标志标准

（1）"Q"标记认证检验标准

"Q"（Quality）标记是日本的优质产品标志。由对纤维制品检查具有丰富经验的、公正的第三者代替消费者对制品进行综合检查，对品质达到一定标准以上的产品加施"Q"标记。该标记的管理按"Q"标记管理委员会的有关规则进行，对产品的检查由有关纤维制品的检验机构进行。其检查内容主要有：一是布料有无疵点、裁剪、缝制、辅料及整理是否良好；二是尺寸检查，按 JIS 规格检查，JIS 规格没有的产品按标记检查；三是性能检查，检查布料的色牢度和水洗尺寸变化；四是加工处理剂检查，检查有无有害化学物质；五是标记检查，根据家庭用品品质标记法检查有无标记及其内容是否合适。[②]

（2）"麻标记"认证检验标准

"麻标记"是按日本麻纺织协会规定的协会标准，其目的是推荐使消费者放心的麻制品而施加的品质保证标记，用"麻100%"或"麻混纺"等字样标记。麻的品种很多，目前在服装上施加标记的仅有"苎麻"和"亚麻"两种，该标记的认证检验也规定了混用比

---

① 施用海：《各具特色的欧美日纺织品标准》，载《对外经贸实务》2010 年第 5 期。

② 《纺织服装关注国际标志认证检验》，载 http：//enjoy. eastday. com/epublish/gb/paper409/2/class040900020/hwz1140931. htm，访问日期：2015 年 5 月 10 日。

例的标准。①

（3）SIF 标记认证检验标准

SIF 标记是由经日本通商产业省认可的负责服装测试和检查的综合性检查机构——缝制品检查协会对符合协会标准的产品予以认可的标记。SIF 标记是取自"财团法人缝制品检查协会"的英文名称 Japan Sewing Goods Inspection Foun – dation 的字头 S. I. F 设计的。该标记制定于 1972 年 1 月。SIF 派遣拥有专业知识的检验人员定期赴工厂综合检查成品的裁剪、缝制、整理、质量及按家庭用品品质标记法检查标记，并根据检查结果，继而对缝制各工序等有关品质管理各项进行各种巡回指导后，仅对优秀制品予以认可和推荐的标记。SIF 有自己的品质标准和检验标准。品质标准主要内容有：外观检验——包括标记、外观；耐洗涤性——包括实用洗涤性能、洗涤后的外观、起皱、洗涤缩水率；耐干洗性；染色牢度试验；物理性能试验——包括断裂强力、撕裂强度、胀破强度、缩水率、起球性、勾丝、脱绒、甲醛残留量、缝纫强力、缝纫抗滑脱试验等附属品的性能。② 检验标准主要是针对成衣用缝制各工序的检验，检验内容有外观、性能、材料、缝线、裁剪、对格对花、锁眼、钉制、加固、拉链、缝头、拆边、肩衬、滴针与攻针、褶裥加工、衲缝、抽褶、装饰、缝线密度、缝制、整理、尺寸及标识等。③

从总体上看，日本的纺织品质量标准与欧美标准相似，甚至略高。日本消费者十分注重服装在洗涤后是否会变形、起皱、褪色、沾色和起球等质量问题。在日本市场销售的服装产品必须全部经过

---

① 《纺织服装关注国际标志认证检验》，载 http：//enjoy. eastday. com/epublish/gb/paper409/2/class040900020/hwz1140931. htm，访问日期：2015 年 5 月 10 日。

② 《纺织服装关注国际标志认证检验》，载 http：//enjoy. eastday. com/epublish/gb/paper409/2/class040900020/hwz1140931. htm，访问日期：2015 年 5 月 10 日。

③ 靳颖等：《日本纺织品质量检测管理及有关法规》，载《印染》2003 年第 11 期。

检针，其组分标签、使用标签、尺寸标签和产地标签必须齐全。值得注意的是，日本对包装质量的要求也相当高，对包装材料的回收利用也有明确的规定。

2. 质量审核标准

日本的消费者对于服装品质已经到了专注完美的苛求标准。外国纺织品在进入日本时，日本贸易商会有一套严格的产品质量标准作为审核的依据，一般可分为日本工业标准（JIS L）、产品责任法（P/L）与产品品质标准判定等三种规范：

（1）JIS L 法规（日本工业标准）

此法规规定了纺织品品质检测的各种标准及方法，有详细的安全性和功能性标准。例如，JIS L0217 条例中就对关于洗涤图标、警告用语、规格尺码、组成表示和原产地等规定的内容要求都有明确说明（见表 5 - 9）。护理标识：

表 5 - 9

国家	限定护理标识的相关技术法规和标准	图形符号	限定指标及主要内容
日本	JIS L0217 纺织品护理标签	例1： 没经特殊整理的 65% 涤 35% 棉衬衫标签 例2： 纯毛毛绒衫标签 例3： 雨衣和其他具有防水性能的纺织品标签	1. 表达含义（从左向右）： 1.1 最高水温 40℃，可机洗； 1.2 可氧漂； 1.3 熨斗底板最高温度 160℃，中等温度熨斗（140—160℃）； 1.4 可以用手轻柔拧干或短时间离心脱水； 1.5 阴干。 2. 表达含义（从左向右）： 2.1 最高水温 30℃，中性洗涤剂轻柔手洗衣（不可机洗）； 2.2 熨斗底板最高温度 160℃，垫布温度熨烫（140—160℃）； 2.3 可使用四氯化烯或石油溶剂干洗； 2.4 可以用手轻柔拧干或短时间离心脱水； 2.5 平摊。 3. 表达含义： 3.1 注明防水性能； 3.2 如果洗涤后防水效果下降，且需要标防水性，则应说明。

（2）P/L 法（Product Liability），即产品责任法：

①因产品的制造不良而对消费者造成生命或财产损失时，该制造商应对此负责。

②当产品自身损坏时，对他人或物品未造成损害，则不予追究。

③因产品的制造或生产不良而引发的事故对消费者产生损害时，在得到证实后，制造业者应予以赔偿。

④在产品质量不良方面：设计上的问题，如材料、规格、加工等问题；制造过程中的问题，如因残留物造成伤害或甲醛的残留对皮肤造成的损伤等；标示不清问题，如因尚未注明注意事项及警告用语提醒消费者而造成消费者对此产品不了解所造成的伤害。

（3）产品质量标准判定：

由于日本消费者对纺织品服装的质量要求较高，日本建立了事前质量标准 100% 合格保证制度。中国企业对日出口纺织品服装时必须遵守这一制度。这种制度规定，产品进入零售店之前必须保证产品 100% 合格，即商品一旦由消费者购买就必须合格。这种事前质量保证体系由以日本质量检验机构 QTEc 为首的第三方检验机构配合进口商、零售店、百货商店、邮购商组成全方位的立体检验系统，保障商品从质量性能实验、样品检验、工艺检验、出货检验及其他组合检验，包括由制作商或工厂进行自主检验合格单作为交货条件甚至当作信用证的条款也屡见不鲜。①

在质量标准方面，一般会针对各类纺织品或服饰品，分别从物理性质、染色坚牢度、产品规格、安全性（药剂残留是否会经过误服造成伤害等）、产品外观、缝制等几个方面对其进行检测。内容主要有：

①染色牢度：耐光色牢度、耐水洗、耐摩擦、干洗、升华、耐氯等。

---

① See Manager Reference 2002 （12）.

②物理性质：尺寸变化、缩水率、拉伸强力、破裂强度、杨氏系数（弹性、膨胀系数）、抗起毛球、绒毛保持、防水、亲水性、防皱等。

③特殊功能性质：吸湿快干、抗菌防臭、抗紫外线、远红外保暖性、形态安定等。

④产品规格指针：成分、密度、支数等。

⑤产品安全性指针：甲醛含量、药剂残留量、pH 值、燃烧性等。

⑥缝制及外观、吊牌、洗涤标识内容等。

在这些商社或公司从中国进口纺织服饰品时，都会订立一整套的质量检测标准，而且要求生产商在指定的质量检测机构（如检品公司）取得合格认证或授权后才允许在日本境内上市销售。

另外，日本对断针的检验要求很严，因为日本政府以立法形式颁布的《消费者权益保护法》规定，对纺织品服装上检出有残断针的生产者、销售者实行重罚。基于这些要求，除了应该在生产上顺应世界的潮流、加强产品优质化之外，在市场认证推出新的布种或新的加工技术（如负离子加工）等方面，也应该尽快提出相应的市场认可的检验标准和检验规范，以提高产品的等级（见表 5-10、表 5-11）。

检针：

表 5-10

项目	限定检针的相关技术法规	限定要求及主要内容
检针	《有害物质管制法》	衣服内不得夹入缝针、大头针等异物

表 5 – 11　日本市场针织物主要质量基准

	产品要求\项目	针织内衣	裤子	连衣裙	裙子	袜子手套	泳衣	线衣	针织衫	睡衣
必要	外观缝制	符合	符合	符合	符合	符合	符合	符合	符合	符合
	耐洗涤性									
	外观缝制	无异常	无异常	无异常	无异常	无异常	无异常	无异常	无异常	无异常
	变色	>4	>4	>4	>4	>4	4	>4	>4	>4
	自沾色	>4－5	>4－5	>4－5	>4－5	>4－5	4－5	>4－5	>4－5	>4－5
	抗皱性	－	>3	>3	>3	－	－	－	－	－
	歪斜（扭）	7%	4%（有裤线）	<6%	4%（有裙线）	－	－	－	<7%	<7%（上衣）
			5%（无裤线）		5%（无裙线）					<6%（下衣）
	尺寸变化率（直、横）									
	水洗	－8～+5%	－5～+3%	－6～+5%	－5～+3%		－	－6～+5%	－6～+5%	－6～+5%
	干洗		－3～+1%		－3～+1%		－	－	－5～+1%	－5～+1%
	染色牢度									
	耐光	>3（可选）	>3	>3	>3	>3（可选）	>4	>4	>3	>3
	耐洗									
	变色	4	>4	4	>4	>4	>4	>4	>4	>4
	沾色	3	>3	>3	>3	>3	>3	>3	>3	>3
	自沾色	4－5	>4－5	4－5	>4－5	>4－5	>4－5	>4－5	>4－5	>4－5
	耐汗									
	变色	4	>4	4	>4	>4	>4	>4	>4	>4
	沾色	3	>3	>3	>3	>3	>3	>3	>3	>3
	自沾色	4－5	>4－5	4－5	>4－5	>4－5	>4－5	>4－5	>4－5	>4－5
	摩擦									
	干	3－4	>3－4	>3－4	>3－4	3－4	3－4	3－4	3－4	3－4
	湿	2	>2	>2	>2	2	2	2	2	2
	干洗									

（续表）

	产品要求 项目	针织内衣	裤子	连衣裙	裙子	袜子手套	泳衣	线衣	针织衫	睡衣
	变色	-	4	-	4	4	-	-	-	-
	沾色	-	>3	-	>3	3	-	-	-	-
	自沾色	-	4-5	-	4-5	4-5	-	-	-	-
	耐光汗	-	-	-	-	-	-	-	>3-4	-
	耐海水牢度	-	>2 -	>2（可选）	>2（可选）	2	-	>2	-	>2
	变色	-		-	-		>4（可选）		-	-
	沾色	-	-				>3			-
	自沾色	-	-		-	-	>4-5		-	-
	耐氯色牢度	-	-	-	-	-	>4（必测）	-	-	-
	游离甲醛	<75 kg/mg				<75 kg/mg			-	<75 kg/mg
选择项目	物理性能									
	胀破强度	>300 kPa	>500 kPa	>300 kPa	>300 kPa	>300 kPa	>500 kPa	>300 kPa	>300 kPa	
							>300 kPa			
							（多方向性）			

　　总之，日本市场的纺织品质量标准与欧美相似，但多数指标甚至稍高于欧美。日本几乎不允许商品有缺陷，不接受质量低劣或有缺陷的商品。因此，出口日本的商品由于质量不符合要求，而退货及索赔的情况时有发生。

第三节　日本纺织品合格评定程序（认证）

一、日本纺织品的认证及相关制度[1]

如前所述，日本的认证制度分为强制性和自愿性两类。日本进口商在进口前，不仅对国内市场进行调查，做出分析；还要对产品进行质量认证，或对其生产工艺和生产方法进行合格评定。日本的质量认证按产品分类，由各有关的政府部门管理，并使用各自设计和发布的认证标志。日本最大的质量认证部门是通产省，所管理认证的产品占全国认证产品总数的90%左右。根据日本《工业标准化法》的规定，日本自1949年7月开始实行质量标志制度。截至1998年3月底，JIS标志指定产品有1000多个品种，指定加工项目有10余种；已有1.2万多个国内外厂家获得了1.6万多个JIS标志许可证。

日本消费者以对纺织品（包括服装）品质要求苛求而著称于世，日本贸易商及零售商对纺织品品质要求也异常苛刻，日本的贸易商会有一套严格的产品质量认证制度，消费者偏爱通过认证的纺织品，特别是中高档类纺织品。在日本纺织品领域中涉及技术性贸易壁垒的认证主要是：[2]

（一）纺织品功能性标志认证

日本纺织业界长期不遗余力地宣传推广功能性纺织品，使本国大多数消费者只愿购买有功能性标志的商品。日本纺织品功能评价协会就是负责制定功能性测试方法、标准和认证的日本权威机构。

---

[1]　转引和参考了商务部组织编写的《出口商品技术指南：针织品》，载 http://policy.mofcom.gov.cn/export/woodenfabric/index.action。访问日期：2015年5月10日。

[2]　姚宇飞、孙长庆：《请关注日本的纺织产品标志认证》，载《中国检验检疫》2005年第3期。

对经过严格认证的纺织产品加上功能性标志。舒适性、保健、视觉效果、防护等方面具有优良功能的纺织品最受消费者青睐。目前，日本市场上功能性纺织品种类繁多。主要有抗菌、护肤、防紫外线、新型保温吸湿、免烫抗皱、防电磁波、阻燃、远红外、抗静电等功能性纺织品。除此之外，还有特种功能性纺织品广泛应用于工农业、医疗、环保、消防、运动、高空降落伞、军事、防身和体育馆篷布等。

（二）"Q" 标记认证

"Q"标记是日本的优质产品标志。由具有一定权威性的公正机构对纺织品进行综合检验，对品质达到一定标准以上的产品加施"Q"标记。该标记的管理按"Q"标记管理委员会的有关规则进行。其检验内容主要有：布料有无疵点；裁剪、缝制、辅料及整理是否良好；尺寸检验按 JIS（日本工业规格）检验 JIS 规格上没有的产品按标记进行检验；性能检验即布料的色牢度和水洗尺寸变化；加工处理剂检验有无有害化学物质；标记检查即根据家庭用品品质标记法检查有无标记及其内容是否合适。

（三）"HEMP" 标记认证

"HEMP"标记（麻标记）。认证依据的是日本麻纺织协会规定的协会标准，对符合标准要求的麻制品施加的品质保证标记。用"麻100%"或"麻混纺"等字样的标记表示。麻的品种很多，目前在服装上施加标记的仅有（苎麻）和（亚麻）两种，该标记的认证检验也规定了混用比例的标准。

（四）检针标志认证

服装生产企业由于对缝针管理不严，制成品中往往会有残断针存在，极易造成伤害消费者事件的发生。日本政府以立法形式颁布《消费者权益保护法》，以加强对残断针的控制。根据法规，生产、经销的产品如有残断针存在，其生产者和销售者都将受到重罚；如给消费者造成伤害，还要进行赔偿。日本服装进口商为避免因残断针造成经济损失，不仅要求生产商在产品出厂前进行检针，还专门设立检验机构从事检针工作，对经检针合格的产品悬挂或加贴检针标志。

（五）SIF 标记认证

SIF 标记是由经日本通商产业省认可的负责服装检验测试的综合性检验机构——缝制品检验协会对符合协会标准的产品予以认证的标记。SIF 派遣拥有专业知识的检验人员定期赴工厂综合检验成品的裁剪、缝制、整理、质量及按家庭用品品质标记法检查标记，并根据检查结果对缝制各工序等有关品质管理的各项进行巡回指导后，仅对优秀制品予以认可和推荐的标记。

（六）Oeko – Tex Standard 100 标签认证

国际纺织品生态学研究与检测协会简称 Oeko – Tex Association 或国际环保纺织协会。目前使用新版的 Oeko – Tex Standard 100 认证检验涉及的检测项目有 pH 值、甲醛、杀虫剂、含氯酚、有害染料、含氯有机载体、染色牢度、挥发性物质、可感觉气味等。由于日本的一部分企业认为 Oeko – Tex Standard 100 中的生产过程的环保与安全同 ISO1400 有重复，因此，此项认证在日本还未得到普及。但该项认证会在日本会得到进一步的重视。

（七）ISO9000 认证

ISO9000 系列标准作为质量体系的代表已被世界各国广泛采用，成为纺织企业进入国际市场的准入条件之一。欧共体在 20 世纪 90 年代初就规定没有取得欧共体成员国认可的 ISO 9000 质量体系认证的厂商，其产品不得进入欧共体市场；美国也宣布，进入以美、加为主的北美自由贸易区的生产厂家，必须具有 ISO 9000 合格证书，否则不得进口；澳大利亚、日本等国也作出了相应的规定，限制未经认证的产品进口。

（八）ISO14000（GB/T 24000）认证

ISO14000 环境系列标准是由国际标准化组织制定的环保型生产标准化规范文件，由世界环境技术委员会于 1996 年 9 月颁布。目前它已得到包括日本在内很多发达国家政府和跨国公司的响应，逐步在世界范围内推广。

二、日本有关纺织品的认证机构、质检机构[①]

（一）认证机构

日本纺织标准的执行除了部分产品的出口由政府部门所属的检验机构承担检测任务之外，其他的一般性产品检验和进出口检验都由以专业或产品划分的第三方检验机构接受委托检验为主。此外，日本的生产企业一般都设立相应的质检部门，而流通领域的企业也会设立质检机构以维护消费者的利益。

（二）质检机构[②]

日本纺织品的质量检测工作由各级检测机构质监部门按有关法令、法规、标准、标记监督控制执行。日本纺织品通过设置不同的质检机构，构成纵横交错的纺织品质量监督网络和比较完整的质量保证系统。日本纺织品检验实行工贸一体，主要由日本经济产业省检查所和近 20 个纺织行业检查协会分别承担。

1. 经济产业省检查所

经济产业省（原通商产业省）检查所是政府办的综合性质检机构，它主要承担真丝、粘胶长丝、醋酸纤维、铜氨纤维和刺绣品五种纺织品的出口检验。同时还承担消费者投诉、市场商品质量监

---

① 转引和参考了商务部组织编写的《出口商品技术指南：针织品》，载 http：//policy. mofcom. gov. cn/export/woodenfabric/index. action，访问日期：2015 年 5 月 10 日。

② 靳颖等：《日本纺织品质量检测管理及有关法规》，载《印染》2003 年第 11 期。

督检验及纺织品标准起草、制（修）订工作，并对财团法人的检查协会在业务技术上进行指导。

2. 财团法人的检查协会

日本目前有近 20 个纺织品财团法人的检查协会，分别是化纤、染色、针织、毛织品、缝纫、麻织品、铺垫织物、毛巾和缝纫线等。财团法人的检查协会经济独立，自负盈亏，是不追求利润的民间组织，由经济产业省认证并监督指导。这些检测机构承担纺织品的生产厂和进出口商的委托检验，同时也参加纺织品标准的起草、制（修）订，以及试验方法和部分试验仪器的开发研究工作。财团法人检查协会主要按专业划分，但非常注重在竞争中树立信誉，技术取胜。

3. 工业企业质检部门

工业企业（公司、生产厂）质检部门的主要任务是新产品的开发和评价，设立较完备的试验室，对纺织原料一直到面料、服装和装饰用品进行检验评价。日本有些公司还专门建立了考核化纤产品服用性能的试验室，可模拟人穿服装在风、雨、雪的条件下纺织品服用性能的检验。日本纺织行业各生产厂都有自己的质检部门和检验人员，检查员由厂长推荐，检查协会认可。质量控制指标一般都高于 JIS 标准要求。

4. 销售部门质检机构

销售部门质检机构的宗旨和任务是保证消费者利益；监督经销商品的质量；提高和树立自身的信誉和形象。起到消费者对纺织品质量要求的信息反馈作用，促进纺织品质量不断提高。销售部门的质量标准要求也高于 JIS 标准。

（三）日本纺织品的检验模式[1]

1. 流通领域质量抽查

日本非常重视流通领域的产品质量，如日本经济产业省经常定

---

[1] 靳颖等：《日本纺织品质量检测管理及有关法规》，载《印染》2003 年第 11 期。

期对企业、流通领域进行质量抽查，然后公布检查结果。日本纺织品的高质量除了得益于严格和系统的质量保证体系外，其相关的法令、法规、标准、标记要求也很完善，对产品质量也起到重要的监督和保证作用。

2. 内在质量检验

日本纺织品的内在质量检验项目通常有：染色牢度（如耐日光、耐洗、耐摩擦、耐汗渍等）；织物强力、尺寸变化率；抗起球性；防水性及纺织品游离甲醛含量等。日本比较重视纺织品的安全性能考核。如"日本生活协同组织联合会"（以下简称生协联）制定的家用纺织品质量标准及日本有关的质量检测中心对方巾、茶巾检测，不允许检出荧光增白剂；毛巾、浴巾、方巾、茶巾、毛巾被、床单、被套、枕套等对游离甲醛要求控制在 300mg/kg 以下，台布类控制在 500mg/kg 内；凡是经常接触皮肤的制品，以及婴幼儿制品不得进行狄氏防虫剂整理加工。对服用性能的考核，日本标准有一定灵活性，即视产品加工工艺不同分别制定。日本对织物强力指标的考核则根据产品的使用要求而定。例如，对旅馆用每天换洗的床单等产品，只规定了经得起若干次机械洗涤。

3. 外观质量检验

日本纺织品的外观质量检验标准比较侧重于产品的实用性能，要求从整体效应考核。如生协联制定的家用纺织品质量标准，对外观质量标准的规定为"无异常情况"而没有各种疵点的规定条文。所谓"异常情况"，就是当观察检验产品时，对不明显的色点和花位差异等疵点不作考核，只对明显影响外观的色渍、黄斑、油污、严重色差和折皱等方面进行考核与评分。

4. 残断针检验

20 世纪 80 年代，由于服装中残断针等造成消费者伤害的事件使得日本政府以立法形式颁布《消费者权益保护法》，对被检出残断针的生产者、销售者实行重罚，造成消费者伤害的也需赔偿。服装等纡缝制品中存在的残断针包括缝针、大头针等，是生产过程中管理不善造成的，日本服装进口商为避免残断针造成经济损失，不仅要求生产厂在产品出厂前进行检针，而且还专门设立检品工厂进行检针。检针由检针机进行，其原理为金属（残断针）的电磁感应。[1]

第四节　跨越日本纺织品技术性
贸易壁垒的法律思考

一、利用 WTO 成员国所拥有的权力

（一）合法、合理利用规则

收集整理日本设立的涉及纺织品技术性贸易壁垒信息；建立我国国家技术性贸易壁垒数据库和咨询中心，建立 TBT 预警和快速反应机制，及时为纺织品出口企业提供日本技术性贸易壁垒信息，分析其对出口产品现实和潜在的影响，对可能出现的技术性贸易壁垒预先采取防范措施。面对日本越来越多的技术壁垒，我们要尽快加强研究 WTO/TBT 中有限干预原则、非歧视原则、透明度原则、采用国际标准和国际准则的原则等 7 项原则的主要内容。研究国际贸易中各国设置技术壁垒的种种手段、克服技术壁垒的国际惯例、实际案例以及应对措施。充分利用 WTO/TBT 协定中实现正当目标的规定（这里所说的正当目标包括国家安全要求、防止欺诈行为、保护人身健康或安全、保护动物植物的生命或健康、保护环境等），尽快在技术法规、标准及合格评定等方面制定有利于我国纺织产品发展、保护纺织工业的合理要求。检验检疫部门应根据 TBT协定规定，要求日本通产省履行其涉及日本国内有关纺织品 TBT的通报义务。同时，关注通报，积极参与评议，根据 TBT 协定的有关规定，从科学性、合理性出发，据理力争，以维护贸易的正常运行。[2] 从而争取我方利益。

---

[1]　靳颖等：《日本纺织品质量检测管理及有关法规》，载《印染》2003年第 11 期。

[2]　徐战菊：《技术性贸易措施浅析》，载《中国标准化》2005 年第 1 期。

（二）加强与国际纺织标准接轨

积极研究和制定与国际惯例相一致的技术法规，以改变我国纺织安全、健康和环保方面的强制性标准、法规较少，明显落后于发达国家的状况。在目前质量技术监督部门已着手制定《纺织品安全通用技术要求》《生态纺织品通用技术条件》《生态纺织品标志》等标准基础上，加强与有关部门协作，加快纺织品农药（杀虫剂）、氯苯酚防腐剂、有机氯载体、有机气味等项目检测技术及标准研究步伐，对现有纺织检测方法进行补充完善，提高检测技术方法准确性和可靠性。尽快推出具有关键限量指标的强制性标准，完善我国纺织品安全标准体系。日本非常重视标准化手段在技术壁垒的作用，重视推广和采用国际标准。日本制定的国内标准中有90%采用了国际标准①。现纺织检验所使用的标准虽参照国际标准ISO进行了大量的修正和补充，基础标准和方法标准已经基本等同于国际标准。但由于我国的纺织品与服装标准不能适应国际市场对产品品质的要求。亟须对现有纺织标准体系进行改进与完善，使纺织标准水平与国际接轨。建议保留原有纺织标准同时，按照国际标准化组织纺织品技术委员会 ISO/TC38 的发展战略思路，将产品标准按纺织品最终用途分类，但大类结构如机织物、针织物仍可分开，建立起一套商业标准，使考核的项目更接近实际应用，质量指标更为严格，以提高纺织产品国际市场竞争力。② 同时积极组织我国纺织检验专家参与国际标准的制定工作，把我国一些意见和要求充分反映到国际标准中去，为我国纺织产品顺利进入国际市场创造条件。

---

① 周建安：《国外纺织贸易技术壁垒及其检验检疫对策》，载《检验检疫科学》2002 年第 12 期。

② 杨斌：《我国纺织行业发展的绿色战略与进展》，苏州大学 2006 年学位论文。

二、利用 WTO 争端解决机制和国际法有关国际责任的规定维护自身权益

根据 TBT 协定规定，要求日本通产省履行其涉及日本国内有关纺织品 TBT 的通报义务，这项义务是日方作为《技术性贸易壁垒协定》的成员国所必须承当的国际义务。

对日方通报中有违 WTO 自由贸易精神构成非关税壁垒的技术及绿色贸易壁垒及时提出异议。必须关注 WTO/TBT 通报，技术法规强制性的特点决定了一旦输日纺织品不能满足日本国的技术要求，则将出现禁止通关放行，甚至退货等问题，会给进出口商，尤其是出口商带来极为严重的亏损。如果出口商未能及时关注到日本对其技术法规进行的制订、修订工作，未能及时调整其出口产品，则会产生严重后果。加入世界贸易组织后，根据国办发〔2002〕50 号文的精神及有关规定，在国家质检总局设立了中国 WTO/TBT 国家通报咨询中心，负责 WTO/TBT 通报咨询的国内协调，受理、答复有关咨询，业务上接受商务部的指导。要求日方依据《技术性贸易壁垒协定》规定的在纺织品法规、标准、认证和检疫制度方面实行非歧视的原则和国民待遇，防止日方对我国纺织品实行双重标准。这既是行使作为 WTO 成员国的权力也是应尽的义务。日方如果坚持实施对我国纺织品规定高于其本国产品的技术标准而设置的技术贸易壁垒构成违反非歧视原则，我国可根据依据国际公约——WTO 宪章和《技术性贸易壁垒协定》所确定的原则向 WTO 争端解决机构提出抗辩。

三、推行 ISO9000 质量管理体系认证和 ISO14000 环境管理体系认证

目前，我国的认证制度落后于发达国家，而且国内尚未形成统一的认证体系，通过 ISO9000 和 ISO14000 认证的企业仍为少数，严重阻碍了我国产品进入国际市场。在各国加大环保力度、倡导绿色消费的趋势下，ISO14000 系列认证，已成为企业进入国

际市场的绿色通行证。在日本，推行 ISO9000 质量管理体系认证和 ISO14000 环境管理体系认证，尤为突出，因此促使企业达到以上两项国际通用标准，不仅可以提高企业的技术水平，也会为中国产品进入日本市场打开大门。①

---

① 载 http：//www. jjykj. com/wenzhang/viewnews. asp？id = 3713，访问日期：2011 年 5 月 1 日。

第六章 欧盟、美、日与中国纺织品技术性法规与标准比较研究^①

一、立法目的与适用范围的比较

（一）立法目的的比较

各国的立法目的，尤其美国、欧盟、日本等发达国家，不外乎是多个层面的政治博弈而触发的贸易保护主义和行业利益集团的诉求，而广泛地利用各种限制进口的措施保护本国的产品在本国的市场上免受外国的商品和服务的竞争和政治集团的利益。

欧美日的立法目的主要表现在：

第一，欧美日等发达国家过去主要是通过征收和提高关税来实现贸易保护。随着关税的大幅度降低和关税壁垒的逐渐取消和无配额时代的到来，贸易政策目标开始指向了非关税壁垒，以避免贸易纠纷。

第二，欧美日等发达国家援引 WTO 及其相关条约对"环保例外权"的规定，利用自身经济技术的优势，制定各种环境标准、安全法规限制和阻止外国商品进入本国市场、保护本国纺织品在市场上的竞争力，催生了绿色贸易壁垒的产生。

第三，美国纺织业对政治有着巨大的影响力，使美国政府在制定贸易政策时会为了国内纺织业的利益而背离自由贸易的原则。就欧盟而言，纺织业提供了 200 多万个就业机会，纺织品贸易占进出

---

① 参见陈芳萍：《欧美中国生态纺织品技术法规与标准比较研究》，湖南大学 2008 年学位论文。

口很大比例，发展中国家低价位纺织品的进口严重冲击着国内市场，使得欧盟为了自身行业利益对纺织品贸易实施限制。

第四，对消费者利益的保护。欧美日对提供给消费者个人使用的产品的安全性都给予了高度的重视。中国与欧美日在经济实力、纺织品技术标准和法规上都相差悬殊，中国的纺织业又是依赖国外市场的外向型行业，并占国内经济很重要的地位，加入世界贸易组织后纺织品贸易的快速崛起又成了欧美等进口国实施限制的主要目标，并且还是欧美纺织品特殊保障措施的针对国。因此，中国在制定自己的贸易政策时，要更多地考虑国际纺织贸易的大环境，制定与国际接轨的技术标准和符合 WTO 规则的政策法规，以指导企业生产符合国际销售使用标准的产品，有利扩大纺织品的出口，尽量减少国际绿色贸易壁垒造成的影响。鉴于我国的纺织品贸易政策主要还是被动性的应对措施。因此，结合环境和资源保护，人体健康和可持续发展等国际要求，利用 WTO/TBT 的合理原则制定一些有针对性的自我贸易保护措施。

（二）适用范围的比较

欧美日的纺织服装技术法规适用范围和控制内容主要表现在四大类：

首先，纺织服装的安全性能要求。欧盟的指令对产品安全、工业安全、人体健康、消费者权益保护等方面做出的产品通用安全要求，美国的易燃法、儿童睡衣法规对纺织品阻燃性能都有严格规定。日本对纺织品与服装的安全性能也要求很高。

其次，纺织服装有害物质的限制。欧美日对纺织品的生产加工环节中使用的各类化学物质所残留的有害成分作了限量控制。并从纺织原料的生产源头到整个加工过程对化学物质的禁用和限制已达13 类约 300 多个。

再次，纺织服装成分标签及使用护理标签的要求。欧美日基于对消费者利益的保护也为了营造一个公平透明的消费环境，防止欺诈行为的发生，对纤维含量、产地国和制造商身份的标识，以及护理标签做了明确的规定。如欧盟的 96/74/EC 指令和美国的三个标签法案，16CFR Part423 对纺织品在使用过程中的常规维护方法都作了具体的规定。

最后，环境标签的要求。对纺织品生态方面的要求有的虽属于自愿性的要求，但其权威性不容忽视。欧盟的 Eco – label 法令标签和 Oeke – Tex Standard 100 标签要求都已成为进入欧盟市场的准入条件。

中国的纺织服装技术法规和标准在适用范围上、标准内容上都不同程度地采用了国际标准和国外先进国家的标准，尤其是欧美的通用标准，因此，在基础控制内容上基本上与国际接轨。在强制性标准上，主要对人身安全和健康、保护消费者利益、国家经济利益、环境保护方面等进行了技术控制。与欧美日三大法规对应的有：《生态纺织品技术要求》、GB19601 染料产品中 23 种有害芳香胺限量及测定、GB8695 和 GB17951 以及一系列燃烧性能试验方法、GB 5296.4 – 1998《消费品使用说明　纺织品和服装使用说明》及其引用的行业标准《纺织品　纤维含量的标识》等技术标准和法规。其指标和方法与国际上相差不大。但我国目前的技术法规对有害物质的控制涵盖面还不够全面，有的需要完善，有的尚属空白；对有毒化学品的源头控制也尚无法规规制；对包装和废弃物的回收及环境标准的认定都尚无明确的统一规定；技术法规和标准的不全面和指标偏低等，都与欧美日等发达国家存在不少的差距。

二、纤维成分标签技术法规对比

（一）纤维名称

美国联邦贸易委员会规定了一整套纺织品的名称，但它也承认 ISO 2076：1999《纺织品　化学纤维　属名》和 ISO6938：1984《纺织品　天然纤维　属名和定义》标准，可以选用两种命名体系中的任意一种。如果某生产制造商开发了一种新的纤维，该纤维的名称只有得到委员会的认可后才能使用。生产制造商可以向 ISO 或者委员会申请，如果 ISO 首先承认了这种纤维名称，委员会也会承认这种名称。

欧盟对纤维名称的规定和描述列于指令 96/74EC 附件中。纤维的名称分别对应于描述为相关特征的纤维；纤维的名称不应该用错。对纤维的命名大多是一致的，但也有一些叫法不同，例如：人造（黏胶）纤维在美国法规中用的是"rayon"，而在 ISO 标准、欧盟指令以及其他一些发达国家中用的是"viscose"；弹性纤维在美国的法规中用的是"spandex"，而在 ISO 标准和欧盟指令中用的是"elastane"。

日本对纺织品标识的要求一般有两类内容：纤维含量和使用维护图形符号。若在纺织品上配挂某些特定的标志，则是对产品性能的认可和推荐。

我国规定，纤维名称应符合有关国家标准的规定，即化学纤维名称符合 GB/T 4146《纺织名词术语（化纤部分)》中的规定，天然纤维采用 GB/T 11951《纺织品　天然纤维　术语》中规定的名称。

（二）含量不足 5% 的纤维

美国的法规中规定，纺织品中含量低于 5% 的纤维可用"其他纤维"表示，但如果是羊毛或其他功能性纤维（弹性或增强纤维），即使含量低于 5%，也要标明纤维名称及质量百分比。

欧盟指令中规定含有两种或两种以上纤维的产品，质量含量低于 10% 的纤维可以用"其他纤维"表示，如需特别说明，则要给出该种纤维的质量百分比。

我国规定，如果纺织品中某种或几种纤维的含量低于 5%，则可以选择以下任一表达方式：a）列出该纤维名称和含量；b）用"其他纤维"表示；c）或者不提及。

（三）标签上规定的语言

美国要求标签上的所用信息用英语来表达。

欧盟指令中声明，各成员国应该要求进口到本国的纺织品的标签使用本国的官方语言。

我国规定产品标签上使用的说明文字应为国家规定的规范汉字，可同时使用相应的汉语拼音、外文或少数民族文字，但字体不得大于相应的汉字。

（四）允许的偏差

美国规定标签上标明的纤维成分含量可以有3%的偏差，例如，标签上标明一个产品含有40%的棉，那么实际棉的含量可以使37%～43%。但这并不意味着可以故意误标纤维含量。如果标签中标明产品只含有一种纤维，则不能有3%的偏差，例如某件上衣含有97%的丝和3%的聚酯纤维，就不能标为"100%丝"。对于羊毛产品，法规中没有说明所允许的误差，但是该法规中声明只要标签上表明了"在生产中不可避免产生误差，无法做出准确的表述"，则不被认为是错误的标签。实际上，联邦贸易委员会对于羊毛制品还是运用了3%的误差标准。

欧盟规定标签上标注的纤维含量和测试到的纤维含量允许的误差为3%。

我国的FZ/T 01053对棉、毛、丝、麻、化纤标注时对各种纤维含量百分比的允许偏差都作了相应的规定，最高为−5%，最低为1.5%。

（五）法规的适用范围

美国的《纺织纤维制品鉴别法》和《毛皮制品标签法》适用于在美国国内进行商业销售、广告宣传、未提供商业销售的介入或进口到美国的任何纺织纤维制品。而《羊毛制品标签法》只适用于进口到美国的所有羊毛制品。

欧盟的指令96/74/EC适用于进口或在其区域内销售的纺织纤维织品，但不适用于以下四种情况：

（1）为了出口到第三国的纺织纤维织品；

（2）在海关的监管下，为了运输的目的而进入成员国的纺织纤维制品；

（3）从第三国进口的纺织纤维织品，目的只是对其进行加工；

（4）在双方有合同协议的条件下，交由家庭作坊或独立的公司负责缝制的纺织纤维制品。

我国的标签法适用于进口和在其国内销售的所有纺织品和服装。

三、纺织品燃烧性技术法规的比较

各方纺织品燃烧性法规体系区别主要如下：

第一，美国不仅制订了所有织物通用的燃烧性法规《易燃性织物法案》，还针对地毯、小地毯、床垫以及床具等不同类别的家用纺织品分别建立了相应的燃烧性法规。

第二，欧盟没有统一的易燃性标签法规，各国自由规定。欧盟对纺织品阻燃整理剂的使用限制包含在《危险物质及相关修正案》中，对家具布、床上用品、室内装饰物这三种家用纺织品作出了使用的阻燃整理剂含量不得超过 0.1% 的限制。

第三，日本对纺织品燃烧性能的要求是以法规的形式出现的，且产品具体指标和试验方法也非常详细。如，《消防法》《消防法实行令》《消防法实行规则》《关于规制有害物质政令》《关于规制有害物质的实施规则》以及消防法告示等都有对纺织品燃烧性能要求的规定。

第四，迄今为止，我国的纺织品燃烧性法规仅有 GB 17591 – 1998《阻燃机织物》和 GB 50222 – 1995《建筑内部装修设计防火规范》两个。前者对所有阻燃织物通用，其中包括室内装饰布，规定了其燃烧性性能等级要求和测试方法；后者则是专门针对窗帘、帷幕、床罩、家具包布等家用内装饰织物的燃烧性法规，规定了其燃烧性要求和测试方法。此外，还有行业标准（针织品标准）一项《阻燃针织涤纶面料》。

概括而言，目前，美国、欧盟和日本都建立了相对完善的纺织品燃烧性法规体系，除了所有纺织产品通用的燃烧性法规外，还有专门针对各种家用纺织品如地毯、床垫、窗帘、帐篷等的燃烧性法规。与欧美日相比，我国的纺织品燃烧性法规体系内容过于单一，目前还没有出台专门针对某类产品的燃烧性法规，即便是已出台的两个燃烧性法规均是20世纪90年代制定发布的，已严重滞后，不能适应纺织行业的迅速发展和对产品防火性能不断提高的要求，纺织品法规的制订、修订速度明显滞后于产品的开发速度，现行的燃烧性法规已经无法满足纺织品消费市场的需要。为此，应对现有纺织品燃烧性法规进行修订，并根据实际需要制订新的法规，尽快与国际纺织品燃烧性法规体系接轨。[①]

四、有关纺织品和服装中有毒有害物质的法规之比较

欧盟及其成员国有关纺织品和服装中有毒有害物质的法规体系是比较完善的。值得注意的是，2003年5月欧盟出台了REACH化学品注册、评估和许可制度征询稿，REACH制度完全废除欧盟委员会关于限制某些危险物质和制剂的销售和使用的法律、规定和治理规章的评估指令76/769/EEC及其所有的修订指令（上述提及的欧盟指令均在范围之内），并将其中的内容全部加入REACH制度中。欧盟委员会在2003年7月最终形成REACH法规议案提交部长理事会讨论。欧盟于2006年12月13日通过，2007年6月1日正式实施。REACH制度完全取代欧盟关于禁止在纺织品和服装中含有毒有害物质的指令。该法案的实施将使中国70%出口欧盟的纺织品受到影响，更为严峻的是整个中欧盟贸易格局乃至其上下游产业格局也将面临一次重大洗牌。有人称，中国出口企业正在面临中国加入世界贸易组织以来最大的技术贸易壁垒，也是影响面最大的贸易壁垒。[②]

---

① 何秀玲、吴雄英、袁志磊、丁雪梅、赵霞：《国内外家用纺织品燃烧性技术法规的比较》，载《印染》2006年第22期。

② 蔡岩红：《欧盟REACH法案6月1日实施，中欧贸易格局面临重新洗牌》，载《法制日报》2007年6月7日。

美国没有专门的关于在纺织品和服装中限制含有对人体有毒有害的物质的法规和标准。相关和类似的规定散见于其他的法与法规。

日本对纺织品中有害物质的限量是以法规的形式颁布的，涉及某些重金属化合物、甲醛、防虫蛀剂、农药等。日本涉及人类生命健康安全以及环境保护的纺织品的检测项目也越来越多。

我国在 2001 年之前尚没有有关纺织品和服装中有毒有害物质的强制性标准。随着人们对健康要求的提高，近年来陆续出台了有关甲醛的强制性标准《纺织品甲醛含量的限定》和《纺织产品基本安全技术规范》。在《纺织产品基本安全技术规范》中，考核指标的内容仅包括"生态纺织品"中的部分指标：甲醛、pH 值、偶氮染料、异味、染色牢度五项。这一方面反映了我国在这方面立法力度正在加强，同时也说明我国在纺织品和服装安全性方面的意识还不够，这方面需要做的工作还很多。①

此外，欧盟除了用立法的形式对纺织品和服装中有毒有害物质作出规定外，还出台了一系列有关纺织品和服装的非强制性的认证要求，或"绿色"标签标准。其中较为有名的是欧盟制定的生态纺织品标签（Eco-Label）和国际纺织品生态研究检测协会制定的生态纺织品标准（Oeko-Tex Standard 100）。前者的评价标准及检测方法是欧盟以决定的形式出现，因此其影响力较大。由于这两者的要求或标准本身高于欧盟对纺织品和服装中所含有害物质限量的强制性要求，也就是说，获得加贴这两类绿色标签的产品完全满足欧盟关于纺织品所含有害物质的限量要求，而且拥有更广阔的客户群体。欧盟的进口商受消费者的影响，越来越青睐于加贴了这些绿色标签的纺织品，因此不管是政府强制性的技术法规，还是民间组织的技术标准，都将是我国纺织品和服装出口所要面对的技术性贸

---

① 吴雄英、杨娟、袁志磊：《纺织品服装中关于有害物质的法规及其新进展》，载《印染》2004 年第 15 期。

易壁垒。国内出口商必须认清形势，熟悉了解国外的技术法规要求。①

五、关于残断针检验规定之比较

日本按《消费者权益保护法》规定，对检出残断针的生产者、销售者实行重罚，造成消费者伤害的也需赔偿。因此，日本规定凡进口到日本的服装必须经过残断针检验。

美国与欧盟无类似的规定。

原国家商检局对我国出口日本的服装曾专门下发过关于残断针检验的文件。但目前我国的《消费者权益保护法》中尚未提到关于服装中出现残断针问题的专项条款。②

---

① 蔡岩红：《欧盟 REACH 法案 6 月 1 日实施，中欧贸易格局面临重新洗牌》，载《法制日报》2007 年 6 月 7 日。

② 靳颖等：《日本纺织品质量检测管理及有关法规》，载《印染》2003 年第 11 期。

第三编

国际纺织品标准和认证法律问题研究

第七章 国际生态纺织品标准 （Oeko – Tex Standard 100） 研究

国际生态纺织品标准 Oeko – Tex Standard 100 是全球影响最大和最为权威的有关生态纺织品的技术标准。① 它由国际纺织生态学研究测试协会 （Oeko – Tex） 负责制定和修订。该标准自 1992 年问世以来，每年修订，影响日广，已经成为全世界生态纺织品生产的基本要求。Oeko – Tex 认证也已经成为国际市场上生态纺织品的绿色通行证。因而，在这样的背景下，研究跨越生态纺织品标准这样一种"绿色贸易壁垒"之策，其意义自不待言。

一、国际生态纺织品标准制定的背景分析

20 世纪 70 年代以后，随着人们环保意识的不断增强，在欧洲

---

① 目前，国际生态纺织品认证的依据主要是国际纺织品生态学研究和检测协会制定和颁布的三个认证标准：Oeko – Tex Standard 100、Oeko – Tex Standard 200 和 Oeko – Tex Standard 1000。Oeko – Tex Standard 100 规定了针对纺织产品中的生态安全要求和认证程序，通过对样品的检测，确定是否允许使用其 Oeko – Tex Standard 100 认证标签，它侧重于考核纺织品与人接触时对穿着者造成的影响，即产品生态的问题；Oeko – Tex Standard 200 是与 Oeko – Tex Standard 100 配套的有关测试的程序性文件，但该文件并未给出相关测试的具体程序和技术条件，缺乏实际指导意义，权威性不是太高；Oeko – Tex Standard 1000 是生态纺织品生产实地认证，侧重于工厂审核，关注于产品生产过程中的环境生态安全性。

出现了一种倡导健康生活的全新的绿色消费潮流，受其影响，消费者在购买纺织品时，不仅关注纺织品的使用性能，也对它的安全性、健康性提出了很高的要求。当时，"纺织品中的毒物"和其他耸人听闻的负面报道很普遍，并不加区分地将在纺织品生产中采用化学品视为危害健康的做法。但是，如果不采用某些化学物质，就无法使纺织品满足消费者的要求。如流行的颜色、容易的护理、长久的使用寿命和其他功能特征，某些功能特征视用途的不同（如工作服）甚至是不可缺少的。① 但在当时，不但消费者没有可以用来对纺织品进行人类生态学质量评估的可靠的产品标签，而且纺织工业和服装工业的企业也没有对纺织品中可能存在的有害物质进行针对实际评估的统一安全标准。为此，1989 年，奥地利纺织研究院（Austrian Textile Research Institute, OTI）颁布了世界上第一个关于纺织品生态学的标准（OTN - 100），首次规定了纺织品有害物质的测试规范和极限值。与此同时，德国的赫恩斯坦研究院也开始了类似的研究。之后欧洲有 14 个发展鉴定机构共同创立国际纺织生态研究及检测协会（International Association for Research and Testing in the Field of Textile Ecology, 缩写 Oko - Tex, 或 Oeko - Tex），并于 1992 年制定了第一部生态纺织品标准（专为测试有害物质的化学方法和检验标准），名为 Oeko - Tex Standard 100，用于测试纺织品和成衣影响身体的性质及生态影响。

该标准从生态学角度，以不伤害使用者的健康为前提，规定了纺织品生态性能的最低要求。即化验对人体健康构成不良影响的已知有害物质，并对这些有害物质定出能用科学方法测量的用量限值。除了相应的纺织品需要通过必要的有害物质的测试外，生产厂商也必须按规定遵守相应的品质管理与监控措施。对符合该标准所列的所有条件的产品，颁发"根据 Oeko - Tex standard 100 对有害物质的测定，对此纺织品表示信任"的标志。这样不仅对认证企

---

① 载 http：//www. tbtmap. cn/portal/Contents/Channel_ 2125/2008/1023/45227/content_ 45227. jsf。

业的努力加以表彰，同时也有助于消费者的选购。因此，受到认证厂商和零售商以及消费者的极大欢迎。此项标准问世以来，已经遍布欧洲和以外的地区。现在，Oeko – Tex Standard 100 已经成为从人类生态学角度判别纺织品生态性能的基准，成为世界上最权威的、影响力最广的生态纺织品标签。Oeko – Tex 证书在全世界超过82 个国家颁发，计上百万种纺织产品获得 Oeko – Tex Standard 100 认证标签标示的权利。Oeko – Tex Standard 100 现在共有 17 种文字的标签。认证企业在出口产品时，可按照买家的要求选择与产品售卖地的语言相一致的标签文字。

二、国际生态纺织品标准 Oeko – Tex Standard 100 研究

Oeko – Tex Standard 100 自 1992 年公布第一版以后，历经 1995 年、1997 年、1999 年和 2002 年版本，框架已定型，2003 年以后几乎每年都要作修订。它以限制纺织品最终产品的有害化学物质为目的，强调的是产品本身的生态安全性。标准涉及有害物质限量或项目考核主要是：pH 值、甲醛、禁用偶氮染料、致敏染料、致癌染料、重金属、杀虫剂、邻苯二甲酸酯、有机锡化合物、染料、阻燃剂、色牢度、挥发性、气味测试等。如果纺织品经测试，符合了标准中所规定的条件，生产厂家可获得授权在产品上悬挂 Oeko – Tex Standard 100 注册标签。悬挂有 Oeko – Tex Standard 100 标签的产品，即表明通过了分布在全世界十五个国家的知名纺织检定机构（都隶属于国际环保纺织协会）的测试和认证。证书的有效期为一年，期满后可以申请续期。

（一）实体法规定与解读

1. 分类

Oeko – Tex Standard 100 将产品划分为四个类别。对于申请者而言，这种纺织品类别更加容易和简单。该标准是根据纺织品用途来划分的产品等级，这些产品不仅包括待出售的商品，还包括未加工的原材料及辅料。产品的不同用途及检测方法构成以下不同

等级：

婴儿用品（一类产品）：除皮制衣物外，一切用来制作婴儿及两岁以下儿童服装的织物、原材料和附件。

直接接触皮肤的产品（二类产品）：穿着时，大部分材料直接接触皮肤的织物（如上衣、衬衣、内衣等）。

不接触皮肤的产品（三类产品）：穿着时，只有小部分直接接触皮肤，大部分没有接触到皮肤的织物（如填充物、衬里等）。

装饰材料（四类产品）：用来缝制室内装饰品的一切产品及原料，如桌布、墙面遮盖物、家具用织物、窗帘、室内装潢用织物、地面遮盖物、窗垫等。

该标准还规定了相应的有害物质的限量和测试项目。如，对婴儿和初学走路孩子的产品规定了非常严格的条件：如甲醛的限定值是20ppm；而同皮肤直接接触的产品如床上用品、内衣、衬衫及宽松的上衣的甲醛限定值是75ppm，不与皮肤直接接触的产品如外衣（男女套装、外套）和家用装饰品（桌布、装饰织物、窗帘、家具上的织物、床垫）甲醛含量只须低于300ppm。可以对照一下，一个苹果的甲醛含量至少是20ppm。化妆品的甲醛是用作防腐剂的。像漱口水这样的产品，如果甲醛含量超过了100ppm就必须公告。按照法律，纺织品的甲醛含量如果1500ppm或更高就必须声明。

2. 主要考核项目和有毒物质的来源

（1）pH值

人体皮肤的表面呈弱酸性，这样有利于防止病菌的侵入，因此直接与皮肤接触的纺织品的pH值在弱酸性和中性之间，将不会引起皮肤的搔痒，不会破坏皮肤表面的弱酸性环境。

（2）甲醛

甲醛是一种有毒物质，它对生物细胞的原生质有害。它可与生物体内的蛋白质结合，改变蛋白质结构并将其凝固。含有甲醛的纺织品在穿着使用过程中会逐渐释放出游离甲醛，通过对人体呼吸道及皮肤接触，对呼吸道黏膜和皮肤产生强烈的刺激，引发呼吸道炎症及皮肤炎。长期作用将引起肠胃炎、肝炎、手指及趾甲发痛。另外，甲醛对眼睛也有强烈的刺激，一般当大气中的甲醛浓度达到4.00mg/kg 时，人的眼睛就会感到不适。经临床证明，甲醛是多种过敏症的显著诱发物，也可能会诱发癌症。织物中的甲醛主要是来自织物的后整理过程中。例如用做纤维素纤维的防皱抗缩整理中的交联剂，在棉织品的直接染料或是活性染料染色中为提高耐湿摩擦色牢度，用含有甲醛的阴离子树脂进行整理。

（3）可萃取的重金属

使用金属络合染料是纺织品上重金属的重要来源，而天然植物纤维在生长加工过程中也可能从土壤或空气中吸收重金属，此外，在染料加工和纺织品印染加工过程中也可能带入一部分重金属。重金属对人体的累积毒性是相当严重的。重金属一旦为人体所吸收，便会对健康造成一定的危害。这种情况对儿童更为严重，因为儿童对重金属的吸收能力远高于成人。Oeko - Tex Standard 100 中对重金属的含量规定等同于饮用水的规定。

（4）氯化苯酚（PC P/TeCP）和 OPP

五氯苯酚（PCP）是纺织品、皮革制品和木材、木浆采用的传统的防霉防腐剂。动物试验证明 PCP 是一种毒性物质，对人体具有致畸和致癌性。PCP 十分稳定，自然降解过程漫长，对环境有害，因而在纺织品和皮革制品中受到严格控制。2，3，5，6 - 四氯苯酚（TeCP）是 PCP 合成过程中的附产物，对人体和环境同样有危害。OPP 多用在织物的印花过程中浆料中，是 Oeko - Tex Standard 100 在 2001 年增加的测试项目。

（5）杀虫剂/除草剂

天然植物纤维，如棉花，栽种之中会用到多种农药，如各种杀虫剂、除草剂、落叶剂、杀菌剂等。棉花种植中使用农药是必需的，如果对病虫害和杂草不加控制的话，将严重影响纤维的产量和质量。有一个统计，如果美国所有的棉花种植都禁用农药，将使全美国的棉花产量下降 73%，显然这是无法想象的。在棉花生长过程中使用的农药，有一部分会被纤维吸收，虽然纺织品加工过程中绝大部分被吸收的农药被除去，但仍有可能有部分会残留在最终产品上。这些农药对人体的毒性强弱不一，且与纺织品上的残留量有关，其中有些极易经皮肤为人体所吸收，且对人体有相当的毒性。但是，如果对织物进行充分的煮炼，能够有效去除织物中残余的杀虫剂/除草剂等有害物质。

（6）有机锡化合物（TBT/DBT）

有机锡化合物能够破坏人体的免疫系统和荷尔蒙系统，具有相当的毒性。Oeko – Tex Standard 100 在 2000 年将其增加为测试项目。有机锡化合物在纺织品生产过程中主要用来做防腐剂和增塑剂。

（7）禁用偶氮染料

研究表明，部分偶氮染料在一定的条件下会还原出某些对人体或动物有致癌作用的芳香胺。纺织品/服装使用含致癌芳香胺的偶氮染料之后，在与人体的长期接触中，染料可能被皮肤吸收，并在人体内扩散。这些染料在人体的正常代谢所发生的生化反应条件下，可能发生还原反应而分解出致癌芳香胺，并经过人体的活化作用改变 DNA 的结构，引起人体病变和诱发癌症。目前市场上流通的合成染料品种约有 2000 种，其中约 70% 的合成染料是以偶氮化学为基础的，而涉嫌可还原出致癌芳香胺的染料品种（包括某些颜料和非偶氮染料）约为 210 种。此外，某些染料从化学结构上看不存在致癌芳香胺，但由于在合成过程中中间体的参与或杂质和副产物的分离不完善而仍可被检测出存在致癌芳香胺，从而使最终产品无法通过检测。

（8）致敏染料

在对涤纶、绵纶、醋酯纤维染色时，要用到分散染料。某些分散染料被证明具有致敏作用。目前，Oeko – Tex Standard 100 种规定的不可以使用的致敏染料一共 20 种。

（9）氯苯和氯甲苯

载体染色工艺是聚酯纤维纯纺及混纺产品常用的染色工艺，聚酯纤维由于其超分子结构相当严密，且链段上无活性基团，因此，在常压下染色时，常采用载体染色。某些廉价的含氯芳香族化合物，如三氯苯、二氯甲苯是高效的染色载体。在染色过程中加入载体，可使纤维结构膨化，有利于染料的渗透，但研究表明，这些含氯芳香族化合物对环境是有害的。对人体有潜在的致畸和致癌性。但现在，大多数工厂已经采用高温高压染色来代替载体染色工艺。

（10）色牢度

Oeko – Tex Standard 100 将色牢度作为测试项目，是从生态纺织品的角度考虑到纺织品的色牢度如果不好，则其中的染料分子、重金属离子等都有可能通过皮肤为人体吸收，从而危害到人体的健康。Oeko – Tex Standard 100 控制的色牢度项目包括：对水，对干/湿摩擦，对酸/碱汗牢度。另外，对第一级别的产品还检测耐唾液牢度。

3. Oeko – Tex Standard 100 标准修订解读

（1）以 2009 年版为例

国际生态纺织品标准一直是全球纺织产品的绿色标杆，它的修订直接影响到全球纺织品的生产、贸易及最终的使用。2009 年 1 月 1 日，Oeko – Tex 国际环保纺织协会发布了 2009 年版纺织品有害物质测试 Oeko – Tex Standard 100 标准。相比 2008 年版，新版标准将有如下变化。

①所有 Oeko – Tex&reg 认证体系中的限量值及测试指标今后均以 mg/kg 为计量单位。计量单位的修订主要是为了避免今后体积与质量单位之间换算而产生的混乱，如 "μl/l" 或 "mg/m"，同时更容易与其他有害物质清单中的指标进行比较。

②decaBDE 十溴二苯醚和 HBCDD 六溴环十二烷作为阻燃剂明确地列入禁用物质名录。该两种物质的考查，是基于两种物质被列入 REACH 法规公布的首批高度关注物质（SVHCs）清单中。Oeko – Tex Standard 100 标准中对第一级别、第二级别和第三级别产品严格禁止使用阻燃剂的规定已经实施了很久。

③phthalates 邻苯二甲酸盐 DEHP［邻苯二甲酸二（2 – 乙基己基）酯］、BBP（邻苯二甲酸丁基苄酯）、DBP（邻苯二甲酸二丁酯）总量的考察将扩延到第三级别和第四级别认证产品。上述物

质的扩延，是基于上述物质被列入了 REACh 法规公布的首批高度关注物（SVHC）清单中。

④对于重金属的测试，增加了铅（总铅）和镉（总镉）的考查。适用于所有非纺织附件和组件，以及在纺丝时加入着色剂生产的有色纤维。具体要求为：第一级别产品铅总量的限量值为 45.0mg/kg，第二、三、四级别产品铅总量的限量值均为 90.0mg/kg（不适用于铅玻璃附件）；第一级别产品镉总量的限量值为 50.0mg/kg，第二、三、四级别产品镉总量的限量值均为 100.0mg/kg。上述针对纺织品和玩具产品的测项，是基于去年美国市场对一些物质的含量要求和召回制度的实施，以及美国消费品安全委员会（CPSC）公布的有害物质要求。

⑤PFOS（全氟辛烷磺酸）和 PFOA（全氟辛烷磺酸及盐类）将被收入标准的考查项目中。在欧盟标准委员会工作组范围内，由于欧盟目前对于 PFOS 和 PFOA 的测试方法仍处于制定阶段，所以，国际环保纺织协会各成员机构目前继续采用自己研发的测试方法对列为 PFOS 的各类物质进行测试。

（2）以 2010 年版为例

新版 Oeko - TexStandard 100 标准已于 2010 年 1 月 1 日生效，与上一个版本相比，新版标准中的检测项目有所变化。一是关于多环芳烃。自 1 月 11 日起，对四个产品类别的合成纤维、纱线、塑料部件等进行多环芳烃（PAK）检测。16 种规定物质的总量限量为 10mg/kg，化学物质苯并［a］芘的限量为 1mg/kg。二是关于邻苯二甲酸二异丁酯。鉴于邻苯二甲酸二异丁酯（DIBP）将被列入 REACH 高度关注物（SVHC）清单，在环保纺织品认证（作为对邻苯二甲酸盐检测的补充）的框架中，也将排除使用这种软化剂。三是关于二辛锡。由于欧盟法规 2009/425/EC 对印花纺织品、手套和地毯纺织物等产品做出了明确说明，国际环保纺织协会将二辛锡（DOT）补充列入被禁止的有机锡化合物清单。婴儿用品（产品类别 I）的限量为 1.0mg/kg，其他产品类别适用的限量为

2. 0mg/kg。[①]

值得注意的是，2010 年版 Oeko – TexStandard 100 的内容的修订与 REACH 法规等欧盟法规的修订保持一致。我国相关检测机构与企业要随时追踪标准的修订，也应关注和研究欧盟涉及纺织品的相关法规，把握国际新动向，寻求应对之策。

（二）程序法规定与解读

1. 认证程序

Oeko – Tex Standard 100 认证是针对产品的认证，其颁发证书的关键是看认证的产品能否通过有关测试。申请厂商只需在认证机构的指导下，有步骤地进行各项程序。一般程序如下：

（1）申请

申请授权使用 Oeko – Tex Standard 100 者，必须填写相应的申请表，送达国际纺织品生态学研究与检测协会的机构或其认证的代理机构。

（2）准备样品材料

为了检测或为了参照的目的，申请人应提供足够的、有代表性的样品用于认证，样品材料应有包装说明。

（3）承诺声明

申请人要将承诺声明连同申请表一起签署，并应包括下列内容：申请书中规定的详细责任，告知标志授权人有关原材料、技术过程和配方的任何改变的承诺，在使用本标志的授权期满和撤销后，保证不再用本标志粘贴该产品的承诺。

（4）检测

申请人提供的样品材料和在生产场所抽取的参照材料由有关机构检测，检测形式和范围由机构确定，并取决于申请人提供的产品的形式和产品相关信息。

---

① 《国际生态纺织品标准有三项新变化》，载 http：//23abc. com/html/22/23617. html，访问日期：2011 年 5 月 1 日。

（5）质量控制

申请人要说明在其公司内采取的相应措施，以保证制造或销售的所有产品满足 Oeko – Tex Standard 100 标准的条件。

（6）质量保证

申请人要实施一个有效的质量保证体系，以保证制造或销售的产品同被检测的样品一致，从而向 Oeko – Tex 机构担保和证明：取自不同批次或不同颜色的产品，都是按照抽样检验的方式同 Oeko – Tex Standard 100 系列标准保持一致的，在授权证书的有效期内，机构有权对授权产品进行 2 次随机检测。检测费用由证书持有者承担。如果随机检测发现偏离限定值，则用不同的样品进行一次附加检测，检测费用同样由证书持有者承担。如果仍发现偏差，检测机构将立即撤销使用 Oeko – TexStandard 100 标志对现有的广告材料、展示材料、标签等使用的授权，限制在证书撤销之日起的 2 个月内。

（7）遵守声明

制造或销售 Oeko – Tex Standard 100 标志商品的申请人，必须单独声明对其生产或销售的产品符合 Oeko – Tex Standard 100 标准中有害物质的限量负完全责任。申请人的质量保证体系的可靠性对于获准使用 Oeko – Tex Standard 100 标志是必需的。申请人要对确保授权产品的质量负责。申请人可以向制造商、供应商和进口商转移部分质量保证。如果这样做，这种质量保证体系的有效性应再次告知检测机构。该遵守声明要填写在 Oeko – Tex 协会提供的遵守声明表上。

（8）标志授权的批准

如果满足本标准的所有条件，经检测证明不存在任何偏离申请人提供的细节，并且检测结果不超过所给的限制值，则应签发证书，授权申请人可在有效期内对其产品粘贴 Oeko – TexStandard 100 标志。

由于 Oeko – Tex Standard 100 认证是针对产品的认证，申请厂商在进行认证时，可以一次通过将其所有产品认证，也可以将产品系统分类，逐步在每一类产品上改进工艺，逐一获得认证。认证企业需要了解 Oeko – Tex Standard 100 对有害物质的规定和限量，以及各有害物质的来源，以便在进行生产时，能够在每一个环节加以控制。

2. 监控

国际环保纺织协会还建立了严格的品质监控体系以保护 Oeko – Tex Standard 100 标签产品的可靠性。具体表现在：在申请厂商递交认证申请时，必须签署品质相符证明书，向认证机构说明采取的品质控制措施，保证未来生产的大货同测试用样品一致。同时，认证机构一年中对证书持有者的认证产品大货可随机进行 2 次现场抽查。此外，每年，国际环保纺织协会从市场上销售的数以万计的 Oeko – Tex 标签商品中抽取约 10% 进行测试，极大限度地保证了 Oeko – Tex 标签产品的可靠性，阻止了对 Oeko – Tex 标签的滥用。

（三）对国际生态纺织品标准 Oeko – Tex Standard 100 的法律评析

国际生态纺织品技术标准的优点主要体现在它实行公开自愿的申请原则，平等地面向各国厂商，这符合 WTO 的非歧视性、透明性、公开性贸易原则。如对产品类别、标准、评价方法、管理机构、申请程序、标志图形、标志费用及标志证书等某些剥色剂、阻燃剂、去污剂和拒水整理剂，以及一些后处理剂等。①

但由于各国在经济发展水平和环保水平存在差异，国际生态纺织品标准极易在发展中国家成为绿色壁垒。国际纺织生态学研究测试协会依据"科学"的标准来制定规则，对发达国家与发展中国家"一刀切"，貌似公平，实际上则是无视发达国家与发展中国家的差异，为科学技术高度发展的发达国家提供了法律上的依据，从而制定严格的、发展中国家难以企及的标准，以此来阻止发展中国

---

① 《常见国际生态纺织品认证介绍》，载 http://www. quality – world. cn/tixi/828. html，访问日期：2011 年 5 月 1 日。

家纺织品的进入，形成绿色壁垒，因而实际上这些体现绿色壁垒的标准在一定程度上又违反了法的根本价值——正义和秩序。

国际生态纺织品标准 Oeko – Tex Standard 100 是一把双刃剑，它的颁布和逐步实施，会给中国等发展中国家纺织品出口带来限制。因为，中国纺织产业的国内发展环境远没有达到国际生态纺织品标准的水平，制定和实施这样的标准必定会促进进口商考虑出口国纺织品生产采取的环保标准。但是，这一标准的实施在一定程度上将促使中国制定和实施符合有关要求的纺织品行业和国家相关标准，特别是促进国家尽快出台服装环保的强制性国家标准，客观上有益于国民的健康和安全。

（四）国际生态纺织品标准 Oeko – Tex Standard 100 对我国的影响

国际生态纺织品标准对我国既有积极影响也有消极影响。

积极影响：因为生态纺织品标准越来越多，要求越来越苛刻，更新越来越快，比如说 Oeko – Tex Standard 100 有 2000 年版、2002 年版然后又不断更新有 2003 年版直至 2010 年版等，我国对生态纺织品标准的研究和应用还处在被动应付的水平，不能适应国际标准的要求，这就迫使我国务必打破发达国家设置的绿色技术壁垒，完善我国纺织品的法律法规，促进我国绿色贸易措施法律体系的建设。生态纺织品标准通常是以先进的环保技术为基础，因而科技促进了我国提高技术水平和产品质量，加快纺织品的生产发展，对全社会的可持续发展具有积极意义。

消极影响：生态纺织品标准在保护环境的同时，又成为变相的贸易保护主义措施，给中国等发展中国家的出口纺织品进入欧盟等发达国家的市场设置了重重障碍。欧盟等发达国家根据其生产和技术水平，通过国际组织，制定严格的纺织品绿色技术标准，以限制国外商品进入本国市场。欧盟要达到这些标准并无困难，但对我国来说则具有很大困难，导致我国纺织品被排斥在欧盟市场之外。具体表现在：一是对我国部分纺织品对外贸易的市场准入形成阻碍；

二是导致我国部分纺织品成本提高，市场竞争力下降；三是造成我国染料进口量逐年增加，大量耗用国家外汇。[①]

三、我国生态纺织品技术标准体系建设的现状与缺陷

（一）现状

1. 生态纺织品标准建设方面

在我国的法律体系中，没有对绿色技术法规做明确的规定，人们对绿色标准和绿色技术法规界限的认识较模糊。这是不符合国际贸易规则的。从 WTO/TBT 协议的定义来看，强制性标准不属于严格意义上的技术法规，但在我国起着技术法规的作用。我国《标准化法》规定，强制性标准必须执行，不符合强制性标准的产品，禁止生产、销售和进口，因此强制性标准在我国具有与技术法规同等的约束力。

纺织品标准主要有：GB 18401 – 2003（国家纺织产品基本安全技术规范）、HJDZ 30 – 2000《生态纺织品》等，这些标准采用 Oeko – Tex Standard 100 的内容比较高，标志着中国标准的制订工作已与国际标准接轨。这些标准对于规范和指导中国纺织品的生产和贸易，保护人民健康和生态环境是极其重要的。

2. 生态纺织品认证与评定方面

我国在生态纺织品认证与评定方面取得了一定的突破，认证主要有：

（1）CQC 生态纺织品类产品认证

CQC 是中国质量认证中心的英文简称。CQC 生态纺织品类产品认证与《生态纺织品》标准相配套，为在国内和国际推出中国的生态纺织品而制定的专用标志。CQC 的生态纺织品产品认证，直接采用 Oeko – Tex 100 标准（国际纺织品协会的专用标准），认

---

① 《欧盟环境标准对我纺织业影响》，载 http：//www.ica.gov.cn，访问日期：2011 年 5 月 1 日。

证采用测试标准的起点高，且采用国际通行的认证模式，使企业在对外贸易和国内销售中具有很强的证明效力。通过生态纺织品产品认证的企业，被授权在纺织品上加贴对应的 CQC 生态纺织品标签，是对认证企业质量的肯定，同时有助于消费者的选购。

（2）CQC 生态纺织品产品安全认证标志

《生态纺织品类产品安全认证规则》是中国质量认证中心于2004 年 12 月 31 日颁布，2005 年 1 月 1 日起实施的。适用于要求进行"生态纺织品"CQC 标志认证的各种纺织品及其附件，按照产品（包括生产过程各阶段的中间产品）的最终用途分为四类：Ⅰ类：婴幼儿（3 岁以下）用品；Ⅱ类：直接接触皮肤用品；Ⅲ类：不直接接触皮肤用品；Ⅳ类：装饰材料用品。对于长期生产的产品和单批生产的产品采用以下不同的认证模式：对于长期生产的产品按照"型式试验 + 获证后的监督"模式进行；一般情况下认证机构每年至少对生产的产品进行一次获证后现场抽验，对所发出证书的 10% 的企业进行市场监督检查。

（二）我国生态纺织品标准的缺陷分析

应该说，我国的纺织品绿色标准发展依然滞后于经济和贸易发展，特别是进出口贸易的要求，这是因为：

（1）生态纺织品标准没有以产品性能及应用中的实际需要制定我国现行的标准。

（2）现行的标准体制造成各行业间的标准缺乏沟通，标准的审查、修订工作滞后，以致我国纺织标准的修订周期很长。

（3）中国生态纺织品标准的总体水平还不高，安全和环保方面的标准更是寥寥无几。迄今为止，仅有《生态纺织品》环境标志产品技术要求和 2005 年 1 月 1 日实施的强制性标准《纺织品基本安全技术要求》。

（4）我国生态纺织品标准的法律地位和法律效率不确定，一些标准在制定后也没有向社会及时公布，透明度不高。

（5）生态纺织品标准水平对国际标准采纳度仍然不够。到目前为止我国已有标准近 2 万项，采纳国际标准的也仅只 8000 余项，约占全部标准的 43.5%。

（6）生态纺织品标准的协调性差，不统一。WTO/TBT 协议要求各国的标准协调一致，在一国内部更是理应如此。然而我国的标准现状却不统一，亟待清理。

四、加快制定和完善我国生态纺织品技术标准的法律对策

（一）制定与完善我国生态纺织品技术标准体系的思考

制定与完善我国生态纺织品标准体系，对提高我国纺织品生态质量水平，对打破国外技术贸易壁垒，增强国际市场竞争能力具有十分重要的意义。

我们认为，须从以下几方面制定和完善生态纺织品技术标准及相关法规，以建立我国自己的纺织品生态保障机制和跨越国际纺织品绿色贸易壁垒：

1. 制定和完善我国的生态纺织品技术标准体系的思路

我们应积极采用生态纺织品的国际标准；并根据 WTO/TBT 协定，制定和完善我国的生态纺织品标准，以接近国际先进标准。

为此，我们必须结合我国国情，参照 Oeko – Tex Standard 100 的每年修订版，制定或修订我国的系列生态纺织品强制性标准，改变标准严重滞后的状况。首先，深入研究 Oeko – Tex Standard 100 的每年修订版，并以之为基准完善我国的生态纺织品标准建设。其次，改革纺织品标准化法制定、修订体制，缩短制定、修订标准的周期和标准的出版周期，实施有效的标准复审制度，清理纺织品标准法规，使纺织品标准能够适应经济现实，克服滞后性。再次，有关部门应与国际有关生态检测研究机构沟通，通过检验界的交流，达到相互认同，尽快研究制定我国统一规范的、能和国际接轨的检验方法及标准，并将其列为强制性检验。最后，鼓励生态纺织品技术标准化委员会积极参加国际标准化活动，充分反映我国的特殊情

况，对于我国的纺织品优势项目要争取做国际标准的制定者。我们的目标是使我国的服装行业从采用国际标准，逐步成为国际标准制定者和引导者。

2. 制定和完善我国的生态纺织品技术标准体系的内容

我们认为，生态纺织品标准体系的制定和完善要围绕环保、健康和资源节约的目标来进行。制定和完善生态纺织品技术标准体系的目的是引导企业实施标准，最终实现纺织品的生产、消费和处理整个生命链的环保与健康。

（1）借鉴 Oeko – Tex Standard 100，制定纺织生产过程中使用的各种原材料（包括天然纤维、化学纤维、染化料助剂）中的有害物质限量标准，推动企业采取有效措施，最终将纺织品的有害物质降低到最小限度。① 使有害物质限量标准在调整产品结构、促进产品质量升级方面发挥更大的作用。

（2）制定纺织品及纺织原料中各种有害物质的检测方法标准，统一我国的纺织品有害物质检测手段，完善和提高我国纺织品的有害物质检测技术水平。打破国外技术壁垒，推动我国生态纺织品的发展。

（3）制定和完善配套实施细则和管理条例，加强管理、审查和检测。

3. 制定和完善我国的生态纺织品技术标准体系应注意的几个问题：

（1）尽量多采用国际标准，如，采用统一的术语，统一的试验方法，统一的检测手段。这样，可达到国际互认的目的。

（2）在产品的原材料获取、生产、使用和处置等整个周期中考虑到对于生态环境、人类健康可能造成的影响，应增加以下内容：通过改进生产工艺和技术，在制造和加工过程中尽量少耗资源、少耗能源、少污染环境，并确保制品废弃后尽量减轻地球的

---

① 《对我国生态纺织品标准体系的研究》，载 http：//info. biz. hc360. com/2004/09/22080324671. shtml，访问日期：2011 年 5 月 1 日。

负荷。

（3）制定适合中国国情的纺织品安全健康标准，防止发达国家向中国转移污染工业，倾销劣质产品。

（4）生态纺织品技术标准制定后及时向社会公布，提高透明度，以满足 WTO 对成员方的基本要求。

总之，在生态纺织品技术标准的制定时，要考虑与国际接轨，也可考虑等同采用 Oeko – Tex Standard 100 标准，目的是为我国技术先进的纺织品服装企业和外向型企业提出更高要求，通过该标准的实施和认证，更好地应对发达国家对我国纺织品服装设置的技术壁垒。

（二）推行生态纺织品技术标准认证制度

积极推行生态纺织品认证制度，加快与国际标准接轨步伐，突破绿色壁垒。主要做法有：

1. 广签纺织品国际多边互认协议

纺织品实施有效的认证管理是保障产品生态性能和突破国际生态纺织品认证影响的重要手段。应该广泛借鉴发达国家的经验，提高我国纺织品生态认证的技术水平，加强合格评定能力建设，努力开展在多边层次上的区域性协调互认和在双边层次上的两国之间的协调互认，增强我国纺织产品在国际市场中的竞争力；同时也提升我国纺织品合格评定机构的国际影响力。

2. 完善生态纺织品技术标准认证制度跨越绿色贸易壁垒

产品质量认证是国际上通行的一种科学的质量保证制度。我国对涉及人民健康和安全、环境保护、公共安全的纺织品实行强制认证制度，颁布了《强制性产品认证管理规定》，确定了统一适用的国家标准、技术规则和实施程序；然而对自愿性认证，我国没有制定相应的管理办法。因此，我们应该加紧制定《自愿性产品认证管理规定》，明确纺织品自愿性认证所应遵守的基本规则，使纺织品合格评定程序事业有序发展。为此，必须对生态纺织品技术标准认证的适用对象、申请条件、审查标准和程序、使用要求和期限、管理机构、争议解决、法律责任等做出规定，并由相关管理部门制定具体实施办法，从而在法律上保证其之实施。

3. 完善对生态纺织品技术标准认证机构的管理

目前国内的纺织品认证机构除了官方设立的以外，很多认证机构包括许多外国认证分支机构、民间机构，其资质参差不齐。对此，国家应完善《认证认可条例》，加强对申请者，已营业者所应具备的基本技术能力、人员素质、硬件等方面的检查，以国外著名认证机构标准结合我国情况制定相应的管理规则，监管其行为。

第八章　社会责任管理体系(SA8000)^①认证制度研究

20世纪80年代，在西方出现了企业社会责任运动，其是以劳工运动、人权运动、环保运动和消费者运动的高涨为背景，由民间推动而勃兴的。到20世纪末期，欧洲、美国和澳大利亚等都先后出现了一些关于"社会责任"的组织，并逐渐形成了一些评价体系和认证制度。SA8000是其中最著名的标准之一。1997年，美国经济权益促进委员会认可局（CEPAA）成立，积极关注劳工情况。同年，CEPAA基于《国际劳工组织公约》《联合国儿童福利公约》《世界人权宣言》的一些要求，制定了全球首个有关企业道德的标准——社会责任国际标准，即SA8000（Social Accountability 8000 International Standard），并建立起SA8000社会责任管理体系认证制度。2001年12月发表SA8000第一个修订版，深受欧美国家工商界和消费者的欢迎和支持。^②

作为我国支柱产业的纺织服装业，一直以来是以劳工标准低下、劳动力成本低廉在贸易出口中获得竞争优势，SA8000认证的

---

① 社会责任管理体系（Social Accountability 8000，简称SA8000）是一种基于国际劳工组织宪章（ILO宪章）、联合国儿童权利公约、世界人权宣言而制定的，以保护劳动环境和条件、劳工权利等为主要内容的新兴的管理标准体系。其以加强社会责任管理为名，通过认证，把人权问题与贸易结合起来，最后达到贸易保护主义的目的。它是全球首个道德规范国际标准。其宗旨是确保供应商所供应的产品，皆符合社会责任标准的要求。以劳工标准为本质的SA8000是TBT的一个表现形态。

② 郭燕：《后配额时代的中国纺织服装业》，中国纺织出版社2007年版，第149~150页。

到来势必会对我国在纺织服装领域的对外贸易产生重大影响。我国众多出口企业，包括纺织企业也已纷纷向 SA8000 靠拢，积极改善劳工环境、改善劳工待遇。截至 2007 年我国已有 202 家企业通过 SA8000 认证，其中纺织服装行业有 74 家，占据了 36.6%。这些数目都在逐年上升。

一、与纺织品和服装有关的 SA8000 认证及我国纺织服装行业出口现状

（一）与纺织品有关的 SA8000 全球认证

SA8000 认证标准于 1997 年成立以来，影响越来越凸显。截至 2013 年 9 月 30 日，全球共有 3258 家工厂通过了 SA8000 认证，其中审核涉及的工人数是 1829776 人，一共有 69 个国家参与，65 个行业参与 SA8000 认证（主要包括服装、纺织、清洁服务、建筑、服务行业等），其中员工数在 50 人以下的工厂占 29%，有 943 家；员工数在 50~250 的工厂占 36%，共有 1183 家；员工数在 251~1000 人的工厂占 22%，共 727 家；员工数大于 1000 的工厂占 12%，共 400 家。[①] 其国别和行业分布情况如下（见表 8-1、表 8-2）。

表 8-1 国别分布 TOP10

国别或地区	认证企业数量（个）
意大利 Italy	764
印度 India	238
中国（包括台湾 11 家）China	202
巴西　　　Brazil	91
巴基斯坦 Pakistan	49

---

① 《通过 SA8000 认证 2014 年最新工厂名单》，载 http://www.sa8k.com/news/shownews_598.html，访问日期：2015 年 5 月 7 日。

（续表）

国别或地区	认证企业数量（个）
越南　　Vietnam	35
泰国　　Thailand	25
西班牙　Spain	17
斯里兰卡 Sri Lanka	14
希腊　　Greece	9

资料来源：SAI 网站。

表 8－2　全球获得 SA8000 认证组织的行业分布

行　业	组织数	行　业	组织数
服装 Apparel	240	能源 Energy	32
纺织品 Textiles	113	家具 Furnishing	31
清洁服务 Cleaning Services	79	社会服务 Social Services	31
建筑 Construction	79	工业仪器 Industrial Equipment	28
服务 Services	69	塑料 Plastics	27
食品 Food	68	废物管理 Waste Management	21
生意服务 Business Services	57	附件 Accessories	19
运输 Transportation	57	化妆品 Cosmetics	19
金属制品 Metal Products	53	珠宝、钟表 Jewelry & Watches	18
化工 Chemicals	51	医药 Medical / Pharmaceutical	18
咨询 Consulting	45	建筑材料 Building Materials	17
电子 Electronics	42	电器设备 Electrical Equipment	17
鞋类 Footwear	38	运动商品 & 仪器 Sporting Goods & Equipment	17

（续表）

行　业	组织数	行　业	组织数
农业 Agriculture	16	安全 & 医疗仪器 Safety & Medical Equipment	9
食品服务 Food Service	16	医疗服务 Health Services	8
计算机产品 & 服务 Computer Products & Services	15	旅游业 & 娱乐 Tourism & Recreation	8
信息技术 Information Technology	15	环境服务 Environmental Services	7
纸制品 Paper Products	14	水泥 Cement	5
包装 Packaging	13	教育 Education	5
皮革 Leather	12	职员设置 Staffing	5
物流 Logistics	12	橡胶制品 Rubber products	4
机械 Machinery	12	政府 Government	3
金属和矿产 Metals & Mining	12	基础设施 Infrastructure	3
纸制品/印刷 Paper Products/ Printing	12	保险 Insurance	3
安全服务 Security Services	12	房地产 Real Estate	3
烟草 Tobacco	11	多元化服务 Diversified Services	2
玩具 Toys	11	游戏活动 Gaming Activities	2
家庭用品 House wares	10	玻璃制品 Glass Products	2
汽车 Automotive	9	工业服务 Industrial Services	2
工程/发展 Engineering / Development	9	电讯 Telecommunications	2
金融服务 Financial Services	9	木材产品 Wood Products	2

资料来源：SAI 网站。

Total	
Certified Facilities	1581
Industries Represented	62
Number of Employees	753847

从表 8 - 2 中可以看出，服装和纺织是全球获证最多的两个行业，两者共占了总数的 22.3%。这说明纺织服装行业是受到 SA8000 标准影响较为深刻的领域。

（二）与纺织品有关的 SA8000 国内认证

1998 年以来，SA8000 在我国开始盛行。截至 2007 年我国共有 202 家企业（包括台湾 11 家）获得了 SA8000 认证证书，从行业分布上看最多的是纺织服装行业，其中我国获 SA8000 认证的纺织服装企业一共有 74 家，占总量的 36.6%。其地理分布情况如下（见表 8 - 3）。

表 8 - 3　中国已通过 SA8000 认证的企业的地理分布情况

江苏	22 家	广东	92 家
苏州	7 家	深圳	28 家
常州	6 家	东莞	26 家
泰州	2 家	广州	11 家
淮安	2 家	中山	6 家
南京	1 家	佛山	5 家
无锡	1 家	珠海	4 家
南通	1 家	惠州	4 家
宿迁	1 家	肇庆	3 家
盐城	1 家	汕头	2 家

（续表）

港澳台	16 家	江门	2 家
香港	4 家	台山	1 家
澳门	1 家	福建	25 家
台湾	11 家	北京	3 家
山东	13 家	河北	3 家
浙江	9 家	湖北	3 家
上海	7 家	其他地区	9 家

资料来源：SAI 网站。

（三）我国纺织服装行业出口现状

据纺织商会海关统计数据显示，2006 年我国纺织服装出口总值是 1440 亿美元，占全国货物贸易出口的 14.9%。2007 年我国纺织服装出口总值达到 1712.1 亿美元，同比增长 18.9%[①]（见表 8 - 4）。

表 8 - 4　我国纺织服装出口变化状况

年度（年）	我国出口纺织服装金额（单位：亿美元）	我国纺织品出口增长率（%）	我国纺织服装占我国出口总额的比重（%）
2003	793.0		18.086
2004	951.0	19.924	16.026
2005	1150.0	20.925	15.092
2006	1440.0	25.217	14.859
2007	1712.1	18.896	14.056

资料来源：纺织商会海关统计数据。

---

① 载 http：//www.sa-intl.org/，访问日期：2011 年 5 月 25 日。

如表 8 - 4 所示，我国纺织服装总额不断上升，从未出现负增长，说明我国纺织服装行业应有很好的发展趋势。同时表 8 - 4 也显示出我国纺织品出口总额占我国出口总额的比重在不断下降，说明我国其他产业的出口呈现不断上升的势态。这也给我国纺织服装行业的出口带来了挑战，也敲响了警钟。

二、与 SA8000 相关的国际法律文件

（一）SA8000 中所体现的保障劳工权益的国际条约的内容

SA8000 标准主要包括 9 个方面：①工人的最低工作年龄，即禁止使用童工；②禁止对工人进行强制性劳动；③关注工人的健康和安全；④工人有组织工会的自由和进行集体谈判的权利；⑤消除人种、民族、宗教、性别等的歧视性待遇；⑥禁止对工人采取惩罚性措施；⑦工人工作时间的规定；⑧制定工人工资的最低标准；⑨企业要实施针对以上规定的管理体系，包括承诺、监督、控制等。

SA8000 有其合理的一面，其内容本身有利于维护人类道义，是社会经济发展的必然趋势。SA8000 又有其不合理的一面，各国历史、文化价值观和经济发展水平都有很大差别，容易被贸易保护主义滥用，影响国际贸易的正常秩序。其属于自愿性的民间壁垒，是否申请 SA8000 是公司自愿的选择，具有极强的隐蔽性但 SA8000 受到发达国家普遍认可。①

以上 9 个方面体现出了现今保护劳工权益的国际条约的内容主要是：①国际人权宪章，联合国通过的"三大人权公约"中，将人的工作权、休息权、自由择业权、同工同酬权、生活保障权、加入工会权、男女平等等作为基本人权的内容。它们为世界范围内的

---

① 张琪、于汶艳：《蓝色壁垒 SA8000 标准认证分析》，载 http://www.studa.net/guojimaoyi/090628/10272596.html，访问日期：2015 年 5 月 4 日。

人权保护提供了基本的原则并赋予了相应的实施机制。② "基本劳工公约"，又称 "核心劳工标准"，是指已被国际劳工组织（ILO）理事会确认的，不论成员国经济发展水平状况如何，为保护工作中的人权而应遵守的 7 项最基本的国际劳工公约。包括：1930 年《强迫劳动公约》、1948 年的《结社自由与保护组织权公约》、1949 年《组织权与集体谈判权公约》、1951 年《同工同酬公约》、1957 年《废除强迫劳动公约》、1958 年《（就业与职业）歧视公约》、1973 年《最低就业年龄公约》。"核心劳工标准" 主要通过成员国批准实施，一个国家在批准 "基本劳工公约" 后，该公约就成为本国法的一部分，在本国具有法律效力。如，相关的本国法同批准的国际公约有明显矛盾和冲突，应该修改本国法，使本国法同国际公约协调一致。①

（二）SA8000 中所体现的保障劳工权益的软法性文件的内容

软法性文件是指不具有国际法上强制约束力的意向性宣告。一般认为《国际法院规约》第 38 条所指国际条约、国际习惯、一般法律原则、司法判例和公法家学说是国际法渊源的权威说明。而且只有国际条约和国际习惯被公认为是具有国际法上的强制约束力。国际组织的宣言因为缺少法律确信或一般实践的某一方面或者同时缺少两个方面不能被认定是国际习惯。但是此类宣言可以成为正在形成中的国际习惯法规则的证明，因此宣言中所体现出来的保障劳工权益的内容同 SA8000 相重合的部分就具有了证明国际劳工法规则存在或正在形成的证明价值。

这些宣言包括 1944 年由 ILO 通过的《费城宣言》；第 86 届国际劳工大会 1998 年通过的《劳工权利基本原则宣言》；联合国1999 年针对企业界提出的《全球契约》（Global Compact）；2000

---

① 梁晓春：《国际法视野下的企业社会责任与劳工权益保护——兼论社会责任标准在我国的实施》，载《甘肃政法学院学报》2008 年第 2 期。

年联合国总部启动的全球协定》；2002 年联合国经合作组织通过的《跨国企业行动纲领》；2003 年联合国人权委员会通过的《跨国公司及其他商业行为在人权方面的责任准则》草案等①。以上宣言表明包括发展中国家在内大多数国家对于有关国际劳工权益保护立法趋向的认同。

三、与 SA8000 相关的国际法律文件在我国劳工保护法律制度中的适用

国际法律文件包括国际条约和软法性文件，国内法又可以分为宪法和一般法律。由于只有国际条约具有国际法上的强制拘束力，所以以下仅从国际条约在国内法上适用的国际法规则和我国国内法实践来探讨与 SA8000 相关的国际法律文件在我国劳工保护法律制度中的适用。

（一）与 SA8000 相关的国际法律文件在国内法上适用的国际法规则和我国的国内法规定

有关国际条约在国内法适用的国际法律基础是条约必须遵守原则。条约必须遵守是一项国际法基本原则。1969 年《维也纳条约法公约》首先明确指出条约必须遵守原则在国际法上的地位和作用：鉴悉自由同意与善意之原则以及条约必须遵守原则乃举世公认，念及联合国人民兹决心创造适当环境可维持正义即尊重有条约而起之义务，进而在第 26 条有关"条约必须遵守"中规定为：凡有效之条约对各当事国有拘束力，必须由各国善意履行。条约各当事方在善意履行条约中，最根本的是使其行为符合条约的宗旨和精神，依法行使条约所规定的权利，依法承担条约中规定的义务。有的条约依其宗旨和精神，其相关条款需要在国内法律秩序中得到适用；有的条约明确规定某些原则和规则需要在国内法律秩序中得到

---

① 梁晓春：《国际法视野下的企业社会责任与劳工权益保护——兼论社会责任标准在我国的实施》，载《甘肃政法学院学报》2008 年第 2 期。

适用。国际法只要求缔约方善意履行国际义务，并不具体规定缔约方在其管辖范围内具体履行义务的方式。现在，许多条约明确规定缔约国应采取必要的国内法措施确保条约相关规定的实施。这不仅使有关国际条约在国内法律秩序中适用国际法规则更加明确具体，还促进了各国在实施国际条约的国内法规则方面的协调。

我国《宪法》没有直接规定国际条约在中国法律体系中的地位，但宪法中有缔约权和缔结条约程序的规定。根据《宪法》第89条、第67条、第81条的规定条约和法律在中国法律体系中有同等的效力。由于《宪法》没有对国际法在中国的法律体系中的地位作出明确的规定，我们必须更多地关注中国一般法律对国际法的规定。此类规定包括三类：①国内法直接明确规定应直接适用国际条约，李浩培先生认为上述情况下"条约的规定无须转变而纳入国内法接受"。②国内法明确规定在国际条约与国内法冲突时应优先适用国际条约。但中国声明保留的条款除外。③国内法没有明确规定应直接适用国际条约而采用修改或补充立法的方法是使国际条约的规定在国内得到适用。

在国际上，我国除了已批准23项国际劳工公约外，还批准了《经济、社会及文化权利国际公约》，这些公约成为我国劳工法的法律渊源之一，实际上就是承认了国际劳工组织提出的核心劳工公约。SA8000的最终目的是强化国际劳工标准的实施，保护劳动者权益，促进社会进步，其内容与核心劳工标准是一致的。从内容上来看遵守国际劳工标准与实施SA8000并不矛盾。从我国对劳工权益保护的法律、法规的内容来看，除了在结社自由、罢工问题上的规定与国际社会的一般规定不同外，其他方面与国际通行做法基本一致。①

---

① 梁晓春：《国际法视野下的企业社会责任与劳工权益保护——兼论社会责任标准在我国的实施》，载《甘肃政法学院学报》2008年第2期。

（二）与 SA8000 相关的国际法律文件在我国劳工保护法律制度中具体适用的实践

我国劳工保护法律制度包括专门性的劳工立法和散见于其他法律、法规、条令条例及规章制度中的规定。

SA8000 标准规定"公司不可雇用或者支持雇用强制性劳工的行为，也不可要求员工在受雇之时缴纳押金或者存放身份证于公司"。反对强迫劳动作为一种基本人权，已经得到了各国的普遍理解和认同。我国《劳动法》第 3 条规定，劳动者享有平等就业和选择职业的权利；第 17 条规定，订立和变更劳动合同，应当遵守平等自愿、协商一致的原则，不得违反法律、行政法规的规定。同时，第 96 条规定了强迫劳动所受的制裁。可见，我国法律在严禁强迫劳动这一点上与 SA8000 标准一致。

SA8000 标准关于健康与安全的规定有："企业必须提供安全健康的环境，采取必要的措施，最大限度地降低工作环境中的危险隐患，以避免在工作中发生由于工作或者与工作有关的事故对健康的危害；指定高层专员负责健康和安全工作；为员工提供干净的厕所、可饮用的水，可能的话提供储藏食品的卫生设施。企业如果提供员工宿舍，应该保证宿舍设施干净安全并且能满足员工基本需要。"我国《劳动法》第 6 章、《安全生产法》《职业病防治法》《矿山安全法》以及大量数量众多的行政法规条例，包括《防止和消除劳动过程中伤亡事故的技术规则》《防止和消除职业病的劳动卫生制度》，形成了内容完整的劳动保护制度，保护劳动者在劳动过程中的安全和健康。①

SA8000 标准关于工作时间的规定性要求有：①企业应该遵守法律和行业标准中有关工作时间的规定。标准工作周时间根据法律规定，不得经常超过 48 小时；每 7 天至少 1 天休息时间，每周加

---

① 邱娟：《SA8000 标准与我国劳动法——谈企业社会责任》，载《时代经贸（中旬刊）》2008 年第 2 期。

班时间不得超过 12 小时。② 所有的加班工作应该支付额外津贴。③所有加班应该是自愿的。我国劳动者的工作权和休息权是《宪法》所规定的劳动者的基本权利，在《劳动法》《国务院关于职工工作时间的规定》等法律法规中得到了具体的保护。SA8000 标准对工资报酬的规定有：①标准工作周内所付的工资至少达到法定或者行业最低工资标准并能够满足员工基本需要，以及提供一些可随意支配的收入。②禁止因惩戒性目的扣减工资；向工人提供工资清单，列明工资组成。③ 工资待遇应用现金或支票两者中方便员工的形式支付。我国《工资支付暂行规定》等规定，工资实行货币支付、直接支付、全额支付、定期支付、优先支付等，禁止非法扣除工资，实行最低工资保障。①

SA8000 标准在《劳动合同法》中也有所体现，如，①在劳动法的基础上进一步在劳动管理中确定员工主体性，对劳动关系实行行政干预；② 对劳动关系成立日期进一步明确的界定。本法规定："用人单位自用工之日起即与劳动者建立劳动关系，订立书面劳动合同，用人单位应当建立招工名册备查。"③对试用期作了进一步的规范，规定："劳动合同期限不足 1 年的，试用期不得超过 1 个月；劳动合同期限 1 年以上 3 年以下的，试用期不得超过 2 个月。"SA8000 标准对工资报酬有相关规定，也认为工资必须达到法定的或者行业规定的最低限额等。②《公司法》第 15 条第 1 款规定：公司必须保护职工的合法权益，加强劳动保护，实现安全生产。

四、SA8000 标准与纺织品与服装行业劳工保护法律制度的监督

如图 8 - 1 所示，我国纺织品与服装行业工人工资福利待遇一

---

① 邱娟：《SA8000 标准与我国劳动法——谈企业社会责任》，载《时代经贸 (中旬刊)》2008 年第 2 期。

② 邱娟：《SA8000 标准与我国劳动法——谈企业社会责任》，载《时代经贸 (中旬刊)》2008 年第 2 期。

直处于较低水平，我国与其他发达国家、新兴发达国家和发展中国家纺织业的小时工资相比还存在非常大的差距。

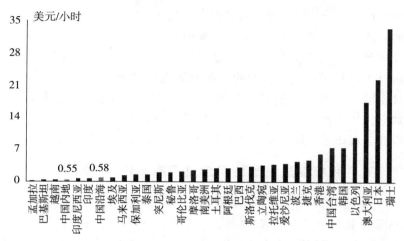

图 8 – 1　2007 年世界各国（地区）纺织行业每小时劳动力成本对比

长期以来，我国纺织品与服装业工人的职业安全卫生条件差，加班现象更是屡见不鲜，这些均显示我国大部分纺织服装企业没有达到国际劳工标准的要求。SA8000 的出现给跨国公司提供了审核我国出口企业的依据。对我国纺织与服装业来说，影响巨大。因为如果不符合这些劳工标准就意味着无法得到订单，我国纺织与服装业的产品就无法进入国际市场或被迫退出已经占有的国际市场，从而降低我国纺织产品的出口数量。

因而，我国纺织与服装企业的经营与管理者必须清醒地认识到，损害劳工权利的做法只会产生低满意度和高流动率，使企业难以吸引并保持人才，进而削弱企业的国际竞争力。纺织服装行业应该把管理和技术创新作为降低成本、增强竞争力的主要途径；要认识到遵守法律、符合社会责任标准并不单单是提高成本，同时也是获得竞争优势的一种途径。改善劳工待遇可为企业带来多方面的价值：提高员工满意度，使员工发挥出较高的绩效；降低流动率，增强人才吸引力；提高企业的社会形象；改善企业与公众、政府的关系等；改善企业的国际形象。从长远来看，SA8000 标准作为一种外部强制措施，迫使中国纺织与服装企业在追求生产效益的同时，更多地把劳动保护方面的内容考虑进去，促使其从原始积累状况中的经济发展尽快走向人道主义发展模式。这也有利于国家的可持续发展和社会公正，以及社会稳定。SA8000 已成为与 ISO9000 与 ISO14000 同等地位和影响的、在全球范围内被普遍接受的国际标准。因而，建立符合国际劳工标准的我国劳工权益保护法律制度，加强执法力度、完善监督体制，使我国的纺织品与服装企业真正具有社会责任感，这是我国纺织品与服装业发展的必由之路。

五、积极推进我国纺织企业实施 SA8000 标准

其一，政府应通过制定政策和提供资金积极引导企业参与 SA8000 认证。政府相关部门应该加强对 SA8000 标准的宣传，引导企业结合自身实际积极实施 SA8000，有条件的地区还应该为企业实施 SA8000 创造条件，提供政策支持甚至提供资金帮助。[①]

其二，企业为完善企业管理体系，应积极参与 SA8000 认证。推进 SA8000 标准，企业是核心。企业必须切实采取有效措施保障员工根本利益。如，不断改善员工的工作条件和生活条件，注重保护企业员工的各项权利，健全工会制度，确保员工的民主权利的实现，完善企业管理体系。[②]

其三，完善我国有关劳动立法，严格执法，为企业实施 SA8000 提供法制保障。我国目前劳动立法的很多规定与 SA8000 的要求是一致的，但我国的立法在对职工民主权利的规定等方面还存

---

① 程世宝：《推进社会责任国际标准体系（SA8000）的意义和措施》，载 http：//www. redlib. cn/html/12347/2008/55359072. htm，访问日期：2015 年 5 月 5 日。

② 程世宝：《推进社会责任国际标准体系（SA8000）的意义和措施》，载 http：//www. redlib. cn/html/12347/2008/55359072. htm，访问日期：2015 年 5 月 5 日。

在不足，如，现实中企业大量存在超出劳动法规定的法定劳动时间而擅自延长职工劳动时间的现象以及大量使用童工的现象等。① 因此，完善相关立法，使我国的有关法律与 SA8000 的要求相适应，为企业实施 SA8000 扫除法律障碍，是我们当前的最大要务。

其四，建立相应的管理体系。参考职业安全卫生管理体系（OHSAS18001）和 SA8000 中的合理成分，在中国建立类似的管理体系；在出口行业加以推广应用并开展认证。②

其五，完善职业安全卫生管理监督制度，并依据我国目前已有的相关行业和工业劳动标准，不定期地对企业进行抽查。对于使用童工、违反工资和工时规定、存在严重职业安全的企业处以重罚。为工人反映情况创造便利的渠道，劳动管理部门应迅速做出答复，以保护劳工的权利。③

---

① 程世宝：《推进社会责任国际标准体系（SA8000）的意义和措施》，载 http：//www. redlib. cn/html/12347/2008/55359072. htm，访问日期：2015 年 5 月 5 日。

② 《标准的价值：从 SA8000 到 ISO26000》，载 http：//www. sina. com. cn，访问日期：2015 年 5 月 5 日，见《第一财经日报》2007 年 9 月 30 日。

③ 孔令刚：《社会道德责任标准产生背景及对我国经济的影响和对策》，载 http：//www. lwlm. com/biyelunwenzhuanti/200501/9539. htm，访问日期：2015 年 5 月 5 日。

第九章　国际职业安全卫生管理体系及认证研究

职业健康安全管理体系（OHSASI8000）是继 ISO9000 族质量管理体系和 ISO14000 系列环境管理体系之后又一个重要的标准化管理体系。它是由欧洲十几个著名认证机构及欧、亚、太一些国家共同参与制定的职业安全卫生管理体系系列标准。目前已颁布了"Occupational health and safety management systems – Specification（OHSAS18001：1999）"（职业安全卫生管理体系—规范）和"Occupational health and safety management system – Guideline for the implementation Of OHSASl8001（OHSASl8002：1999）"（职业安全卫生管理体系—OHSASl8001 应用指南）。OHSAS18001 规范之架构与 ISO14001 一致，而 OHSAS18002 实施指导纲要之内容则多参考 ISA2000。此标准系列可供任何国家及组织采用。标准系列颁布后，在世界范围内引起了较大反响。根据目前国际范围内对职业安全卫生管理体系标准的需求及实施状况，它已成为当今国际社会被广泛采纳、最具权威性的"标准"。

客观地说，职业安全卫生管理体系认证也是一种非关税贸易壁垒，是我国纺织业所面临的认证类壁垒之一。职业安全卫生工作为全世界所关注。根据国际劳工组织的估算，全世界每年因职业事故和工作相关的疾病而死亡的人数约有 200 万人。由此而造成的经济损失相当于全球国内生产总值的 40%。[①] 因而，认真研究并及早建

---

① 《联合国：全球每年 200 万人因工伤或职业病死亡》载 http：//gb. cri. cn/27824/2012/04/26/6011s3659263. htm，访问日期：2012 年 4 月 26 日。

立应对体系，可帮助我们纺织产业跨越贸易壁垒，抢占国际贸易先机，促进纺织品与服装出口贸易的发展。

一、职业健康安全管理体系产生的背景

随着职业安全健康问题的日益被关注，20 世纪 80 年代以来，一些发达国家率先开展了实施职业健康安全管理体系的活动。1996年，英国标准化组织在全球率先制定职业健康安全管理体系指南（BS8800：1996《职业健康安全管理体系指南》国家标准），同年，美国工业卫生协会制定了关于《职业健康安全管理体系》的指导性文件，许多企业将该指南作为纲要来建立职业健康安全管理体系。1997 年澳大利亚/新西兰提出了《职业健康安全管理体系原则、体系和支持技术通用指南》草案，日本工业健康安全协会（JISHA）提出了《职业健康安全管理体系导则》，挪威船级社（DNV）制订了《职业健康安全管理体系认证标准》；1999 年英国标准协会（BSI）、挪威船级社（DNV）等 13 个国际知名组织提出了职业健康安全评价系列（HSAS）标准，即《职业健康安全管理体系—规范》（OHSAS18001：1999）、《职业健康安全管理体系—OHSAS18001 实施指南》（OHSAS18002：1999）。①

二、OHSAS18000 标准的内容

（一）认证范围

OHSAS18000 标准为明确职业安全健康管理体系的基本要求，鼓励用人单位采用合理的职业安全健康管理原则与方法，控制其职业安全健康风险，持续改进职业安全健康绩效，特制定职业安全健康管理体系审核规范。本规范适用于任何有以下愿望的用人单位：

（1）建立职业安全健康管理体系，有效地消除和尽可能降低

---

① 载 http：//www. safety – china. com/ynzx_ list. asp？ ArticleID = 483，访问日期：2014 年 5 月 1 日。

员工和其他有关人员可能遭受的与用人单位活动有关的风险；

（2）实施、维护并持续改进其职业安全健康管理体系；

（3）保证遵循其声明的职业安全健康方针；

（4）向社会表明其职业安全健康工作原则；

（5）谋求外部机构对其职业安全健康管理体系进行认证和注册；

（6）自我评价并声明符合本规范；规范中提出的所有要求，旨在帮助用人单位建立职业安全健康管理体系，其适用的程度取决于用人单位的职业安全健康方针、活动的特点及其风险的性质和运行的复杂性。

（二）认证意义

实施 OHSAS 18000 职业安全卫生管理体系标准的意义在于：

（1）提高管理水平，产生直接和间接的经济效益；

（2）推动职业安全卫生法律、法规的贯彻落实；

（3）促进企业的健康安全管理与国际接轨，清除贸易障碍，顺利开展贸易活动；

（4）助于企业树立良好的社会形象，增加市场竞争力；

（5）提高员工的安全意识，使员工在生产经营活动中自觉地防范健康安全风险，增强公司凝聚力。

三、实施步骤与措施

组织建立职业安全卫生管理体系应采取如下步骤：

（1）领导决策；

（2）成立工作组；

（3）人员培训；

（4）初始状态评审；

（5）体系策划与设计；

（6）职业安全卫生管理体系文件编制；

（7）体系试运行；

（8）内部审核；

（9）管理评审。

四、职业安全卫生管理体系在中国的实施

我国是 ISO 正式成员国，对职业安全卫生管理体系标准化的关注与跟踪研究相对比较早。早在 20 世纪 80 年代，中国开始全面推广实施职业安全卫生管理体系工作，并依据 OHSAS/SD18001 职业安全卫生管理体系标准，国家经济贸易委员会颁发了"关于开展职业安全卫生管理体系认证工作的通知"。1995 年 4 月，我国政府派代表参加了 ISO 的特别工作组。1996 年 3 月，我国成立了"职业安全卫生管理体系标准化协调小组"。1998 年 2 月，原劳动部批准同意在国内发布职业安全卫生管理体系标准，并对企业进行试点实施。随着 1999 年 4 月 OHSAS18000 系列标准的正式发布并介绍到国内，国内企业与认证机构即对该标准的实施极为关注。因为我国企业多年来积累的极其宝贵的安全生产管理经验与 OHSMS 的要求在很大程度上原理一致，且方法相近。但整体上说，我国企业安全生产管理尚未达到 OHSMS 标准所要求的科学性、全面性和系统性。2000 年 7 月 31 日，国家经济贸易委员会发文成立全国职业安全卫生管理体系认证指导委员会，该指导委员会下设认可委员会和注册委员会，标志着我国国内职业安全卫生管理体系认证工作的正式启动。

结语：技术性和绿色贸易壁垒和
中国纺织品与服装贸易
安全体系的法律构建

如前几章所述，目前，各国保护国内产业的形式越来越多，不再局限于使用反倾销、反补贴、保障措施等贸易救济措施。发达国家多以名目繁多的技术性和绿色贸易壁垒为武器，加大了国内市场的保护力度。据不完全统计，2014 年我国有 36.1% 的出口企业受到国外技术性贸易措施不同程度的影响；全年出口贸易直接损失755.2 亿美元。[①] 这对我国纺织品出口贸易也造成了极为不利的影响。积极应对国际贸易摩擦和贸易壁垒，保障纺织品与服装出口贸易；构建和完善我国纺织产业的技术性和绿色贸易壁垒体系以保障国内产业安全，已成为确保我国纺织工业持续、健康、协调发展的第一要务。[②]

一、国外技术性和绿色贸易壁垒对我国纺织产业安全的影响

后配额时代，发达国家主要通过技术立法或制定严苛的技术标准，以遏制国外产品的进口，达到保护其国内纺织产业的目的。国

---

① 《2014 年 36.1% 出口企业受到国外技术性贸易措施影响》，载 http://www.cqn.com.cn/news/cjpd/1054200.html，访问日期：2015 年 6 月29 日。

② 《产业安全是第一要务》，载 http://www.texjournal.cn/magazine/magadetail.php? fID = 782，访问日期：2011 年 5 月 1 日。

外的纺织品技术法规与标准主要有三类：第一类是对人体健康有害指标控制的标准；第二类是阻燃纺织品法规，这些法规内容较为全面详细，从儿童睡衣、服装至床上用品，范围广泛，指标具体，可操作性强；第三类是纺织品和服装标签标准或法规，包括维护说明和纤维含量等。这些要求极其严格的技术法规与标准对我国纺织品服装出口贸易有较大影响。此外，在国际纺织贸易的发展趋势中，越来越关注人权问题（劳工的工资、福利待遇、劳动条件、劳动时间等）、清洁生产和企业诚信问题等。SA8000 是全球第一个针对企业的社会责任认证标准，该标准对企业在强迫职工劳动、职工健康与安全等方面做出了规范性要求，成为欧美国家的又一重要贸易保护手段，严重影响中国纺织企业的生存和发展。①

但与此同时，我国面临的产业安全形势是严峻的，纺织产业尤甚，我国亟待建设自己的纺织品技术性和绿色贸易壁垒，以保护自己的产业。

二、域外经验

目前，在关税壁垒逐步降低的同时，技术性贸易壁垒成为一些发达国家推行新贸易保护主义的重要手段，即运用 TBT 协议的某些条款堂而皇之地保护其国内产业。

以美国为例，美国从建国以来就没有放弃过产业保护，一直实行高关税政策保护国内产业。近年来，更是频繁利用技术壁垒限制进口，规定进口产品必须符合美国有关部门制定的技术法规和标准，并获得进口许可证。为了保护国内产业，美国制订了细致的法律。在众多的对外贸易法律中，《美国贸易法》是其最主要的一个，它构筑了美国外贸法的基本框架，其他外贸法律则是《美国

---

① 《纺织品配额取消后厦门纺织服装产业发展前景与对策》，载 http：//zhejiang. acs. gov. cn/sites/zhejiang/ktC. jsp? contentId = 1032，访问日期：2011 年 5 月 1 日。

贸易法》原则和规定的延伸和细化。①

美国在国际贸易领域中维护产业安全的政策和方法的可借鉴之处归纳如下：（1）贸易自由与贸易保护都是维护国家利益的手段。自由主义与保护主义不过是不同条件下的应对方式，目标是保证国内产业发展和产业安全。（2）通过完善的立法确保国内产业不受损害。（3）维护产业安全，政府、产业界及企业间的密切配合是至关重要的。只有上下协调才能形成合力，以维护产业安全。美国更多的是用法律手段保护国内产业，在这种合法的方式后面，是政府、行业协会和企业间极为默契的配合。②（4）高度重视贸易摩擦预警机制的建设，为产业发展提供各种形式的信息服务。为了维护产业、企业和消费者的利益，美国在各个层次建立了完善的贸易摩擦预警机制，其预警机制是以相关的政府部门为主导，行业组织、企业和消费者个人积极参加的动态体系。政府、行业协会、企业在预警机制中互有职责，共同受益，三方形成了良性互动的关系。③

三、维护国内纺织产业安全的法律对策

（一）维护国内产业安全的必要性

即便发达国家都拼命保护其国内夕阳产业——纺织产业的安全。我国作为发展中国家，切不可轻易放弃纺织产业保护。如前所述，目前，我国国内纺织产业安全的形势令人担忧。因而，深入研究和开展纺织产业安全保护工作，提高纺织产业国际竞争力刻不容缓。

---

① 景玉琴、宋梅秋：《美国维护产业安全的政策及其借鉴意义》，载《当代经济研究》2006年第5期。

② 景玉琴、宋梅秋：《美国维护产业安全的政策及其借鉴意义》，载《当代经济研究》2006年第5期。

③ 《国际贸易领域中维护产业安全对策研究》，载 http：//www.cnsb.cn/html/news/195/show_195225.html，访问日期：2014年5月1日。

（二）维护国内纺织产业安全的主要法律对策

1. 加强对纺织产业安全法律问题的研究与应用

我们应重视 WTO 有关规则的研究和利用，要积极借鉴发展中国家的经验和发达国家的某些做法，不断增强自我保护的能力。很多发达国家在被迫放弃传统的非关税壁垒之后，又从各种角度制定或形成了很多新的技术性贸易壁垒和环境性保护壁垒。① 我们应通过立法、制订与国际接轨的各类标准和建立各种规范化运作的评定程序以建立我国纺织产业的技术性和绿色贸易壁垒体系。为此，应做好如下工作：（1）加入国际标准化机构，争取参与标准制定；（2）在我国相关基础性标准和方法标准中，尽可能地采用国际标准或国外先进标准；（3）改革中国现行标准体制；（4）利用 TBT 协定对发展中国家的有关规定，争取在国际标准中体现中国技术水平；（5）根据 WTO/TBT 协定，整合中国现有标准，达到国际互认、相互衔接且接近国际先进标准。②

2. 让行业组织依法履行职

为维护纺织品与服装产业的安全，重视并充分发挥行业组织的作用。让行业组织协助政府加强行业发展和产业政策的研究。在对行业基础调查和资料收集的基础上，制定好中国服装行业的发展规划等工作。在加强国际贸易规则和贸易技术壁垒的研究和培训、国际贸易市场动态的及时发布，建立日趋高效、完善的行业预警机制等方面，行业组织可以大有作为。

3. 完善应对纺织品与服装产业贸易壁垒的预警系统

做好预警工作是维护产业安全的有效措施。应由政府部门协调、行业主导、企业参与共建和完善预警系统，把产业安全工作前

---

① 孙瑞华：《提升产业国际竞争力的产业安全意义》，载 http://www.studa.net/qiye/080809/1124563.html，访问日期：2014 年 5 月 1 日。

② 《纺织服装产品出口绿色壁垒新趋势与对策》，载 http://info.hotel.hc360.com/2007/05/22094278008 - 5.shtml，访问日期：2014 年 5 月 1 日。

置化。该预警系统的主要任务就是向纺织与服装企业提供风险预警及市场准入信息，提高业内人士对环境与贸易问题的理解，加强风险防范意识。① 在国际贸易博弈中争取更多主动，维护中国服装产业安全。

4. 依法促进纺织企业提高劳工标准

加强对社会责任标准如 SA8000 等的研究，以保护劳工的权利。使社会责任成为企业进入国际市场的润滑剂，而不是贸易壁垒。同时，还应监督企业节约资源，倡导和发展清洁生产，克服国际上的绿色壁垒，为产品出口国外扫清障碍，做到纺织服装行业可持续发展。

5. 建立培训和咨询机构

全面研究绿色壁垒的最新动态，开发和采用各种"绿色"原料、改进生产工艺、扩大信息渠道和提高信息技术水平、加强检测技术的研究和提高技术装备水平、建立完善的质量管理和监督体系。

6. 鼓励纺织企业进行国际认证

在生产方面，实施清洁生产，进行 ISO14000 环境管理体系认证；在产品方面，企业应积极进行环境产品标志有关的认证；开发绿色原料和产品，设计与制造绿色产品；同时，要求产品在使用后可回收利用或易回收降解。走我国纺织业的可持续发展道路，提高我国纺织业的国际竞争力；同时也为消费者提供全面的"绿色"安全保障。通过 ISO9000 认证，表明企业质量管理达到一定水平，产品质量将得到有效保证和不断改进；通过 ISO14000 系列环境管理体系标准认证，表明企业爱护环境，是对社会负责任的；符合 ISO14000 认证要求的产品将具有更强的竞争力，否则将有可能被无情地挡在世界贸易市场的大门之外。通过 OHSAS18000 职业健康与安全体系认证，表明企业尊重人权、重视人身健康与安全，处处

---

① 《纺织服装产品出口绿色壁垒新趋势与对策》，载 http://info. hotel. hc360. com/2007/05/22094278008 - 5. shtml，访问日期：2015 年 5 月 10 日。

以人为本，讲究道德和信誉。①

7. 利用 WTO 争端解决机制，解决绿色贸易争端

WTO 设置了专门的机构来解决成员国之间的贸易纠纷，这在很大程度上抑制了国际贸易全靠权力外交的做法，扼制了强权行为，为发展中的中小弱国提供了较大保障。WTO 是解决绿色壁垒争议值得信赖的裁判场所，因此我们应尽快熟悉这一机制的运作，善于利用这一机制来对抗那些不正当的绿色壁垒，以维护自己的合法权益。

8. 建立纺织行业应对机制，积极抗辩

我国在面对发达国家违反非歧视原则而设置的贸易壁垒，可根据双边或多边贸易协定所确定的国民待遇原则和最惠国待遇原则提出抗辩，充分利用环境条约协议对发展中国家的特殊照顾原则，通过双边磋商、谈判解决。国外的经验表明：在市场经济条件下，只有建立行业应对机制，由行业组织帮助企业应对国外贸易壁垒，才能取得较好的效果。② 行业组织要发挥组织协调和援助作用，为企业提供咨询和指导，分析国外贸易壁垒发展趋势，必要时，也可以作为行业整体代表应诉。

四、完善我国纺织产业技术性和绿色贸易壁垒体系的法律思考

从长远来看，构筑与完善我国纺织产业技术性和绿色贸易壁垒体系，是一项庞大的系统工程，需要方方面面的协调与配合。

我们认为，应以欧美为借鉴，着力完善我国纺织产业技术性和绿色贸易壁垒体系。

---

① 胡松柏：《新贸易保护主义挑战中国》，载 http://www.dss.gov.cn 8k. 访问日期：2015 年 5 月 10 日。

② 刘辉、赵琳晶：《我国出口贸易所面临的绿色壁垒综述》，载《北方经济》2006 年第 11 期。

（一）在立法指导思想上要紧扣合法目标和相关原则

我国的标准化法未明确提及国家安全等目标。在完善我国纺织品与服装绿色贸易措施时应特别补充保护国家经济安全等内容。此外，我们认为，在WTO诸多原则中，最重要的是非歧视原则，如国民待遇原则和最惠国待遇原则；遵循非歧视原则，这也是WTO成员国的义务。在我国已有的有关进口纺织品的绿色标准、绿色认证与评定方面，如有与国民待遇和最惠国待遇原则不一致的，必须改变，否则容易引起贸易纠纷。

（二）加强立法人才队伍建设

加强立法工作者队伍的培养与建设，使立法工作有源源不断的专家和人才做保证，以提高立法质量。

（三）强化绿色技术法规建设

建立有效的生态纺织品技术法规体系是摆在我们面前的一项十分紧迫而又长期的任务。因为我们过去完全忽略技术法规的建设，简单地用强制性标准来取代技术法规。而这种做法与TBT协议的精神和要求是大相背离的。因此，建构生态纺织品技术法规体系的工作刻不容缓。当然，因为工作量大，它也是一项长期的任务。在技术法规的建设方面，我们可以借鉴美国的做法，建立健全技术法规体系。

第一，关于绿色技术法规建设的总体思路。首先，应对纺织品绿色技术法规给予明确定位，并界定其内涵；明确制定纺织品绿色技术法规的形式、制定和批准的权限；对现行的绿色技术法规进行全面清理，删除其中与国际惯例不一致的条款；并将涉及行业安全、健康和环境等保护消费者利益的重要问题，作为纺织品绿色技术法规建设的重点。其次，应大量移植欧盟、美国的相关技术法规，越全面、越具体越好。最后，按照纺织行业的中长期规划，针对中国的国情，有步骤地计划和完成相关技术法规的立法工作。

第二，关于有害物质控制条款的完善。目前，我国在与生态纺织品有关的偶氮染料、阻燃剂、多氯联苯、有机锡化合物、重金属等有害物质控制方面的立法基本属于空白。2003 年 11 月 27 日，我国第一个有关纺织品生态安全性能要求的国家强制标准 GB 18401 - 2003《国家纺织产品基本安全技术规范》正式出台，并向 WTO 及时通报。它标志着我国在生态纺织品领域的法制化和标准化迈出了实质性的重大一步。该标准涉及由天然或化学纤维为主要原料的服用或装饰用纺织材料，其考核内容包括 pH 值、甲醛含量、色牢度（耐水、耐汗、耐摩和耐唾液）、禁用偶氮染料和异味等，但对一些国际生态纺织品标准关注的多氯联苯、有机锡化合物、重金属等有害物质却没有提及。该标准无论是从法律的层面上，还是从技术的层面上，或是基于技术经济的发展程度和从可执行的程度上看，都与欧盟的同类纺织品技术规范存在很大差距。此外，欧盟有关偶氮染料、阻燃剂、多氯联苯、有机锡化合物、重金属等有害物质的控制是通过以指令的方式出现的，而我国则以强制性标准表现出来的。因此，我们一是要借鉴欧盟的做法，在与偶氮染料、阻燃剂、多氯联苯、有机锡化合物、重金属等有害物质控制条款中予以完善；二是积极参与制定纺织品有害物质控制有关的国际公约，在制定的过程中，体现发展中国家纺织行业的声音；三是通过推动相关的国际立法，解决发达国家和我国等发展中国家环保标准不同而引起的国际贸易争端；四是通过签订双边或多边贸易协定来消除纺织品绿色贸易壁垒。如，在协定中，应设计给予发展中国家相对宽松的环保优惠政策或资金、技术上的援助的条款，以此推动发展中国家的纺织行业提高环保水平。①

第三，制定相关配套实施细则，使纺织品绿色技术法规有可操作性。

---

① 廖霞林：《国际贸易中环境壁垒对我国外贸的影响及法律对策》，载 http：//www. riel. whu. edu. cn/list. asp？cid = 35，访问日期：2015 年 5 月 8 日。

（四）绿色标准方面

我们应以 Oeko – Tex Standard 100 和 Eco – Label 标准为基准，制订我国生态纺织品强制性标准。为此，首先，要对我国纺织产品生态指标情况进行全面、系统地调查、摸底。其次，加强对 Oeko – Tex Standard 100 和 Eco – Label 标准的全方位研究。Eco – Label 标准是欧盟针对生态纺织品的技术要求制定的迄今为止最严格的纺织品生态标准，该标准在全欧盟具有法律地位；Oeko – Tex Standard 100 是由"国际生态纺织品研究和检验协会"发布的有关纺织品上有害物质的限定值和检验规则的生态防治技术要求。尽管是民间组织制定的标准，但具有权威性。Oeko – Tex Standard 100 每年修订都受 Eco – Label 标准的影响，因此，我们必须非常重视这两个在国际上通用的生态标准，并研究对策。最后，在充分借鉴 Oeko – Tex Standard 100 和 Eco – Label 标准的基础上，尽快研究制定我国的各类纺织品绿色检验方法及标准。

其一，完善对涉及纺织品上的有毒有害物质实施限制的条款。如，对纤维中禁用阻燃剂、染料，或者是否在限用量范围以内等予以明确规定。

其二，积极采用国际标准。根据国际惯例，要构建纺织品绿色贸易壁垒，必须积极采用有关纺织品的国际标准。但中国在纺织品标准化方面与欧盟等发达国家存在一定的差距，亟待完善。当然，纺织品绿色技术标准和规则的制定是一个动态过程。因此，了解最新信息，获取国外最新纺织品绿色技术标准，并积极采标是行之有效的经验。我国的《生态纺织品 HJDZ 30 – 2000 标准》是第一个与国际接轨的生态纺织品标准。该标准参考采用了 Oeko – Tex Standard 100 – 2000《生态纺织品通用及特殊技术要求》。与 Oeko – Tex Standard 100 相比，新增了婴幼儿用品耐唾液色牢度的限量值和产品的判定原则。此外，我国纺织品强制性国家标准 GB 18401 – 2003《国家纺织产品基本安全技术规范》、GB/T 18885 – 2002《生态纺织品技术要求》等在与国际接轨方面做出了贡献。但仍需努力向 Oeko – Tex

Standard 100 和 Eco – Label 标准靠拢，以形成我国的生态纺织品标准体系。

其三，改革纺织品标准化法制定、修订体制，克服滞后性。具体而言，要缩短制定、修订标准的周期，缩短标准出版周期，实施有效的标准复审制度，以及消除由于滞后性而带来的标准间的不协调性。

其四，紧密跟踪主要贸易伙伴的纺织品绿色标准，推进标准国际化。为此，我国的 WTO/TBT 咨询中心要加强对外国纺织品绿色标准的收集、研究工作，掌握国外绿色技术标准的最新发展趋势和动向，为我国纺织品绿色标准制订向国际化靠拢奠定基础。

（五）绿色认证与评定方面

第一，积极推进生态纺织品国际互认。我国的纺织品认证机构要积极与其他成员方的认证机构签订多边互认协议，为我国纺织品出口商提供便利，也可提升我国纺织品合格评定机构的国际影响力。

第二，改革纺织品质量认证制度。2009 年，我国出台了《强制性产品认证管理规定》，对涉及人民健康和安全、环境保护、公共安全的纺织品实行强制认证制度，确定了统一适用的国家标准、技术规则和实施程序；然而对自愿性认证，则没有制定相应的管理办法。因此，我们应加紧制定《自愿性产品认证管理规定》，从而可以使纺织品合格评定程序更规范。

第三，加强对生态纺织品认证机构的监管。目前，国内的纺织品认证机构很多，既有官方设立的，也有民间机构、外国认证分支机构等，资质参差不齐。对此，国家应完善《认证认可条例》，加强对申请者、已营业者的检查，以国外著名认证机构标准结合我国情况制定相应的管理规则，监管其行为。

后　　记

本书是在我承担的 2005 年度国家社会科学基金一般项目"技术性和绿色贸易壁垒法律问题研究：以纺织品与服装为中心"结题报告的基础上多次修订而成的。本成果也系法治湖南建设与区域社会治理协同创新中心平台建设阶段性成果。

用"十年磨一剑"来形容本书的成书一点也不为过分。从时间跨度来看，自立项至今已逾十年，而如果算上立项前的研究，则超过十三年。这些年来，我和课题组的同志们一直在努力，尽管很多人已分布在祖国的四面八方和不同行业，但我们仍然专注于本课题的研究、关注世界贸易组织法的研究。十余年中，尽管我的研究方向自 2009 年后有些许变化（更专注于研究国际反腐败以及反腐败立法），但我仍然钟情于本课题的深化研究，每年坚持参加"中国法学会世界贸易组织法年会"，及时收集与补偿新的资料，并把研究成果带到会上做交流，以求教于方家。应该说，本书只是我们的阶段性研究成果。世界贸易组织法将一直在我的研究路上，也希望有更多的专家、学者共同关注纺织品技术和绿色贸易壁垒的研究，关心、支持中国纺织与服装产业的可持续发展。

参加本书初稿写作的作者及他们承担的章节撰写任务分列如下：

绪　　论：聂资鲁

第一编：第一章：聂资鲁

　　　　第二章：聂资鲁

第二编：第三章：聂资鲁、林帅、侯彦林、谢峰、曹玲、王晓燕、陈芳萍、刘小春

第四章：李正红、陈芳萍、聂资钝

第五章：聂资鲁

第六章：陈芳萍、聂资鲁

第三编：第七章：聂资鲁

第八章：蔡岱松、聂资钝

第九章：聂资鲁、秦晓琼、刘小春

结　语：聂资鲁、李正红、车润吾

此外，初稿完成后，我们还邀请了多名法学、经济学、管理学和纺织学方面的专家，对研究成果进行了研讨，研究成果得到了专家们的较高评价和认可。在此，对专家们的辛勤劳动表示谢意。

需要说明的是，由于国内学术界少有人对美、日、欧盟等中国主要贸易伙伴国家的纺织品技术法规、技术标准和合格评定程序进行翻译，且研究成果不多，作者在本书的有关章节中介绍上述国家的相关制度与程序时尽可能多介绍或引用所翻译的法律文献的内容，有纷扰读者之处，在此致歉。

书中引用了大量专家学者的智力成果，尽管我们想一一标明，为此也付出了许多努力，但遗漏和疏忽之处在所难免。尚乞谅解。

感谢湖南大学领导及法学院领导的关心与垂爱，以及院学术委员会的支持，把本书列入丛书之中。也感谢法治湖南建设与区域社会治理协同创新中心对本书的支持。

感谢责任编辑的忘我工作，使本书能够在很短的时间内高质量出版。

感谢家人的勉励与支持。妻董奇志副教授、儿聂逸悠对本书的支持和耐心也是超常的，妻十年来一直默默地奉献和操持家务，让我能专心做研究；儿不管是大学期间，还是作为土建见习工程师期间，都热情不减地与我讨论书稿的内容及与我分享他对 WTO 的理解，让我对技术性贸易壁垒的"技术"和"标准"有了更为清楚的了解。姐聂资慧女士、聂资敏女士，弟聂资钝先生都以不同的方式支持我的工作，关注本研究的进程。浓浓亲情与默默关心，使我不敢懈怠研究。

2015 年 6 月，本书稿杀青之时，适逢我 88 高龄的父亲（湖南省益阳市一中退休教师）由于脑萎缩而常常失去控制，把自己摔得全身是伤，常常住进医院，我心痛不已，几次回益阳看望，想多住几天陪伴父亲，但父亲总是劝阻，说身体无大碍，吃得消，让我全力投入定稿工作。母亲已走，父亲的爱弥足珍贵，父亲的身体更让我担忧。2015 年 9 月，父亲由于疾病不幸辞世，我悲恸万分，我努力克制自己的情绪，牢记父亲的教诲，重新审读了书稿，并做了部分修改，尽量减少书中的错误，以不辜负父亲的期望。

谨以此书献给我最亲爱的父亲聂中凡先生！

聂资鲁

2011 年 7 月第一稿于长沙

2014 年 12 月二稿于长沙

2015 年 6 月定稿于益阳、长沙

2016 年 10 月修订于长沙